Franziska Sick / Helmut Pfeiffer
(Hrsg.)
—
Lüge und (Selbst-)Betrug

Lüge und (Selbst-)Betrug

Kulturgeschichtliche Studien
zur Frühen Neuzeit in Frankreich

herausgegeben von
Franziska Sick / Helmut Pfeiffer

Königshausen & Neumann

Die Deutsche Bibliothek — CIP-Einheitsaufnahme

Ein Titeldatensatz für diese Publikation
ist bei der Deutschen Bibliothek erhältlich.

© Verlag Königshausen & Neumann GmbH, Würzburg 2001
Gedruckt auf säurefreiem, alterungsbeständigem Papier
Umschlag: Hummel / Lang, Würzburg
Bindung: Rimparer Industriebuchbinderei GmbH
Alle Rechte vorbehalten
Dieses Werk einschließlich aller seiner Teile ist urheberrechtlich geschützt.
Jede Verwertung außerhalb der engen Grenzen des Urheberrechtsgesetzes ist
ohne Zustimmung des Verlages unzulässig und strafbar. Das gilt insbesondere
für Vervielfältigungen, Übersetzungen, Mikroverfilmungen und die Einspeicherung
und Verarbeitung in elektronischen Systemen.
Printed in Germany
ISBN 3-8260-1735-8
www.koenigshausen-neumann.de

Inhalt

Vorwort

Franziska Sick / Helmut Pfeiffer:
Marginalien zur Theorie der Lüge...7

I. Aussagesysteme

Gisèle Mathieu-Castellani:
„Mentir de bonne foi": la vérité du mensonge dans les *Essais*
de Montaigne..15

Andreas Gipper:
Lüge und Rhetorik bei Pascal
oder von der homöopathischen Wirkung des Selbstbetrugs.....31

Helmut Pfeiffer:
Wahrheit, Lüge, Fiktion: Jean-Jacques Rousseau.......................45

Gerhild Fuchs:
„D'abord faut-il y croire, ou veut-il seulement tromper tout
le monde, et jusqu'à la fin?" Das „Lügengeflecht" der *Liaisons
dangereuses* als inner- und metatextuelles Phänomen...................61

Walburga Hülk:
Lügenzauber und Wahrheitsterror..79

II. Anthropologische Modelle

Rudolf Behrens:
Zwiespältige Einbildungskraft. Zum Thema der Selbst-
täuschung im erkenntnistheoretischen Diskurs und im
Roman (Prévosts *Histoire d'une Grecque moderne*).......................95

Frank Wanning:
Sympathische Betrüger? Anmerkungen zu Diderots
Jacques le fataliste..119

III. Interaktionsmodelle

Matthias Waltz:
Das Objekt des Begehrens im Betrug
(Boccaccio, Crébillon fils)..131

Franziska Sick:
Die inszenierte Wahrheit der Leidenschaft:
Jean Racine..143

Franziska Sick / Helmut Pfeiffer

Marginalien zur Theorie der Lüge

Der Band untersucht Lüge und Selbstbetrug anhand von literarischen Texten aus dem 17. und 18. Jahrhundert in Frankreich. Trotz oder wegen des eng gefaßten Themas mag einleitend eine weiter gefaßte, wenn auch nur überschlägige Betrachtung zur Lüge angebracht sein.

Bekanntlich ist das Verständnis der Lüge historisch und methodisch höchst variant. Es tangiert mit der Frage nach der Wahrheit eines der philosophischen Kernprobleme, verweist auf die Bereiche von Ethik und Anthropologie und läßt sich ferner – in einer mehr deskriptiven Weise – historisch und sozialgeschichtlich sowie linguistisch und – in jüngerer Zeit – evolutionsbiologisch[1] deuten. Zur Eingrenzung und Bestimmung von Thema und Begriff empfiehlt sich eine überschlägige Konfrontation dezidiert klassischer Theorieansätze mit neueren Deutungsansätzen.

Aristoteles handelt die Lüge unter den homiletischen Tugenden ab[2]. Anders als in der kanonischen Bestimmung der Lüge – wie sie beispielsweise im *Historischen Wörterbuch der Philosophie* festgeschrieben ist[3] – gerät die Lüge damit mehr von außen her, hinsichtlich ihrer sozialen Erscheinungsweisen in den Blick. Die wohl tiefgreifendste, bis heute nachwirkende Umbildung erfährt der antike Begriff der Lüge mit Augustinus[4]. Augustinus definiert die Lüge als Falschaussage mit der Absicht zu täuschen[5]. Neu ist diese Definition, weil sie die Lüge aus der Differenz von innerer Intention und verlautbarter Äußerung bestimmt. Möglich ist diese

---

[1] Vgl. V. Sommer, *Lob der Lüge*. Täuschung und Selbstbetrug bei Tier und Mensch, München 1992.

[2] Vgl. Aristoteles, *Die Nikomachische Ethik*. Übersetzt und herausgegeben von O. Gigon, München 1972, IV, 13, S. 146-148.

[3] Vgl. G. Bien, „Lüge", in: J. Ritter/ K. Gründer (Hrsg.), *Historisches Wörterbuch der Philosophie*, Bd. 5, Darmstadt 1980, S. 533-544.

[4] In seinem Beitrag für das *Historische Wörterbuch der Philosophie* nimmt Bien die aristotelische Position durchaus zur Kenntnis. Er entscheidet sich aber – bei aller Skepsis – im Grunde für die augustinische Definition der Lüge. Teile der im folgenden vorgetragenen Kritik an Augustinus finden sich im übrigen bereits bei ihm.

[5] Vgl. A. Augustinus, *Die Lüge und Gegen die Lüge*, hrsg. von P. Keseling, Würzburg 1953.

Bestimmung auf der Grundlage der verbum mentis - Lehre[6]. Die verbum mentis - Lehre konzipiert erstmals so etwas wie ein inneres Sprechen, sie versteht Sprache nicht als ein bloßes Mittel der Kommunikation. Erst wenn Denken als inneres Sprechen gefaßt ist, kann die Lüge als von der inneren (wahren) Rede abweichende Falschaussage gedeutet werden.

„Die Lüge ist eine unwahre mit dem Willen zur Täuschung vorgebrachte Aussage"[7]. Diese Definition besitzt sowohl ein objektives Kriterium, die Wahrheit, als auch ein subjektives Kriterium, die Absicht zu täuschen. Das erste Definitionsglied, das sich an der Wahrheit der Aussage orientiert, kann den „Subjektivismus" des zweiten Definitionsglieds nur schwach und nur um den Preis einer inkonsistenten Bestimmung kompensieren. Zum einen fordert die Zwieschlächtigkeit der augustinischen Definition zur Konstruktion von Fallbeispielen heraus, die diese ambivalente Bestimmung auf die Probe stellen[8]: Wie wäre eine Äußerung zu beurteilen, die trotz der Absicht zu täuschen wider Willen die Wahrheit sagt? Zum anderen provoziert der unauflösbare „Subjektivismus" dieser Definition die Frage, ob es angemessen ist, gerade bei einem Phänomen wie der Lüge das unterscheidende Kriterium in die Absichten des Lügners zu verlegen. Ehrliche wird man dem Lügner nicht unterstellen wollen. Partiell tragfähig kann eine solche Theorie der Lüge unter theologischen Bedingungen, will heißen: unter dem Blick eines allwissenden Gottes sein. Ungeeignet ist sie unter intramundanen Bedingungen, und das heißt zuvörderst unter dem Blick des Belogenen. Denn unter intramundanen Bedingungen kann es nur irritieren, daß gerade die verhohlene Absicht des Lügners zum Merkstein von Wahrheit und Lüge erhoben wird. Naivgläubig wird so in letzter Konsequenz der Lügner selbst befragt, ob er lügt. Der Einwand, daß der Lügner sich da und dort in seinen Absichten verrät, verfängt nicht. Denn wenn man einen solchen Maßstab anlegt, legt man nicht länger die Absichten des Lügners als das eigentliche Kriterium zugrunde, sondern Indizien, Lügensignale oder wie immer man dasjenige nennen will, woran die Lüge für den Belogenen lesbar wird.

Das Defizit der augustinischen Definition der Lüge besteht also darin, daß in ihr das Problem der Glaubwürdigkeit oder, anders gesagt, das Problem der sozialen Beziehung ausgeklammert bleibt. Offen muß in diesem Bezugssystem bleiben, woran die Lüge für den Belogenen erkennbar ist, oder – weniger auf den Belogenen zugesprochen –, wie sie sich sozial äußert. Wie zeigt sich die Lüge in Sprache und Verhalten? Was macht in unterschiedlicher Weise als Sprachhandlung oder aber auch genereller, historischer gefaßt, was macht in Beziehung auf unterschiedliche Diskurstraditionen die Diskursivität von Wahrheit und Lüge aus? Zu messen

---

[6] Vgl. T. Borsche, *Was etwas ist*. Fragen nach der Wahrheit der Bedeutung bei Platon, Augustin, Nikolaus von Kues und Nietzsche, 2. Aufl., München 1992, S. 161-164.

[7] A. Augustinus, *Die Lüge und Gegen die Lüge*, S. 7.

[8] Vgl. hierzu die Arbeit von G. Falkenberg, *Lügen*. Grundzüge einer Theorie sprachlicher Täuschung, Tübingen 1982.

sind solche Wahrheitspiele weniger an den Absichten des Sprechers als vielmehr an seinem Sprechen, seinem Verhalten und nicht zuletzt an dem „Wer spricht?"

Die Doppelbödigkeit von Aussage und Verhalten und Sprecher ist mit am knappsten in dem Lügenparadox des Kreters enthalten. Denn es ist nicht die Absicht des Kreters, sondern seine soziale Zugehörigkeit, die seine Rede wenn nicht Lügen straft, so doch paradox erscheinen läßt. Foucault hat an anderem Belegmaterial gezeigt, wie sehr griechischer Auffassung zufolge die wahre Rede Attribut ihres Sprechers ist. Wahr spricht der parrhesiastes[9]. Wenn Paulus in seinem Referat des Kreters die Geschichte folgendermaßen wiedergibt: „Einer von ihnen war ein Prophet, als er sagte: Die Kreter sind immer Lügner, böse Tiere und faule Bäuche. Dieser Spruch ist wahr"[10], so bestätigt dies Foucaults Analyse gegenbildlich für das Lügenparadox des Kreters.

Es bleibt nach Augustinus unter anderen den Logikern vorbehalten, die soziale Dimension der Lüge in diesem Falle zugunsten der formalen Wahrheit zu eskamotieren. Als unreine, da nicht sprachlich ausformulierte Paradoxie gilt ihnen der Tatbestand, daß der Widerspruch im Paradox des Kreters sich nur zwischen dem Sprecher und dem Ausgesagten ergibt. Die Logiker transformieren deshalb das Lügenparadox in die reine Sprachform: „Dieser Satz ist falsch". Häufig wird dieser Satz in der Literatur als „Lügner" bezeichnet. Es ist kein Zufall, daß der „Lügner" in dieser Formulierung und Theorie kein Mensch, sondern ein Satz ist. Denn die Logiker versuchen gerade von der kontingenten Bedingung, und dies ist in diesem Fall der Sprecher, zu abstrahieren. Unscharf genug ist die Reformulierung des „Lügners" dennoch. Denn der Satz, den die Logiker den „Lügner" nennen, stellt weniger eine Lüge als vielmehr eine logisch falsche oder aber auch paradoxe Aussage dar. Woran sich nicht zuletzt zeigt, daß man aus der Lüge nicht ungestraft den Lügner als Person und Sprecher entfernen kann. Nach dieser Abstraktion läßt sich eine Theorie logischer Wahrheit und Unwahrheit, aber keine Theorie der Lüge formulieren.

Auch wenn man der naivgläubigen Frage des Augustinus nach den Absichten des Lügners mißtraut, ist dasselbe Mißtrauen einer allzu logisch planen Auflösung der Lüge entgegenzubringen. Denn während man im einen Fall die Wahrheit dem Lügner überantwortet, kommt man im anderen Fall zwar logisch hinter die Lüge – aber um den Preis, daß man den Lügner und damit das eigentliche Problem ausscheidet[11].

---

[9] Vgl. M. Foucault, *Diskurs und Wahrheit*. Berkeley-Vorlesungen 1983, hrsg. von J. Pearson. Aus dem Englischen übersetzt von M. Köller, Berlin 1996, S. 9-24.

[10] „Der Brief des Paulus an Titus", I, 12-13, in: *Die Bibel oder Die ganze Heilige Schrift des Alten und Neuen Testaments*. Nach der Übersetzung Martin Luthers. Mit Apokryphen. Revidierter Text 1975, Stuttgart 1978, *Neues Testament*, S. 226.

[11] Es bleibt anzumerken, daß bereits der Kreter – obwohl man ihn gerne im Zusammenhang der Lüge zitiert – im eigentlichen Sinne nicht lügt. Denn kein Lügner, wenn er irgend seine Absichten verbergen wollte, würde sagen, daß er lügt. Der Satz des Kreters ist deshalb keine

Fragwürdig muß deshalb eine allzu einlinig auf Aussagegehalte abhebende Bestimmung der Lüge bleiben. Auffällig ist, daß linguistische Ansätze eher zu einer changierenden Definition der Lüge neigen, die den Unterschied zwischen Wahrheit und Lüge in das Ja und Nein verlegt. So gibt etwa Harald Weinrich folgende Definition der Lüge: „Ein gesagter Satz verbirgt einen ungesagten Satz, der von diesem um das Assertionsmorphem abweicht"[12].

Unter der Hand rekurriert der Linguist damit auf eine Differenz von innerem und äußerem Sprechen, die so im Grunde bereits bei Augustinus gegeben war. Letzter Ausweis der Lüge sind einmal mehr die verborgenen Absichten des Lügners. Der Tatbestand, daß der Linguist Weinrich sich immer wieder auf Augustinus bezieht, ist deshalb nicht hoch genug zu bewerten.

Schärfer, da strikt von einem semiotischen Standpunkt aus formuliert, zeigt sich die Indifferenz der Linguistik gegenüber der Lüge bei Umberto Eco. Wie bei Weinrich dient die Reflexion über die Lüge bei Eco weniger einer Bestimmung der Lüge als vielmehr einer Verortung der eigenen Wissenschaft. Während Weinrich den Beziehungsreichtum der Lüge dazu nutzt, das Erfordernis einer Textlinguistik aufzuweisen[13], dient sie Eco dazu, die Indifferenz der Semiotik gegenüber der Wahrheit zu betonen.

> Die Semiotik befaßt sich mit allem, was man als Zeichen *betrachten* kann. Ein Zeichen ist alles, was sich als signifizierender Vertreter für etwas anderes auffassen läßt. Dieses andere muß nicht unbedingt existieren oder in dem Augenblick, in dem ein Zeichen für es steht, irgendwo vorhanden sein. Also *ist die Semiotik im Grunde die Disziplin, die alles untersucht, was man zum Lügen verwenden kann.* Wenn man etwas nicht zum Aussprechen einer Lüge verwenden kann, so läßt es sich umgekehrt auch nicht zum Aussprechen der Wahrheit verwenden: Man kann es überhaupt nicht verwenden, um ‹etwas zu sagen›. Ich glaube, daß die Definition einer ‹Theorie der Lüge› ein recht umfassendes Programm für eine allgemeine Semiotik sein könnte.[14]

So wie Kant gegen die Metaphysik betont, daß Sein kein reales Prädikat und reine Vernunft deshalb zu kritisieren sei, so weist Eco vom linguistischen Standpunkt aus zurück, daß die Semiotik eine Theorie der Wahrheit sein könne. Die Semiotik sei eine Theorie der Bedeutung und als solche indifferent gegen Wahrheit und Lüge. Aufgrund dieser Indifferenz und um die falsche Allianz von Wahrheit und

---

Lüge, sondern ein Sprachspiel, das metakommunikativ das Verhältnis von Wahrheit und Lüge problematisiert.

[12] H. Weinrich, *Linguistik der Lüge*. 6., durch ein Nachwort erweiterte Auflage, München 2000, S. 62.

[13] Die Überlegungen zum Assertionsmorphem (*Linguistik der Lüge*, S. 50-61) stellen in Weinrichs Studie zur Lüge nur einen Aspekt dar. Methodisch geht es Weinrich nicht eigentlich um eine Bestimmung der Lüge, sondern darum, das Erfordernis einer Textlinguistik, die die linguistischen Teildisziplinen der Morphologie, Syntax und Semantik aufsprengt, zu begründen.

[14] U. Eco, *Semiotik*. Entwurf einer Theorie der Zeichen. Übersetzt von G. Memmert. 2., korrigierte Auflage, München 1991, S. 26.

Semiotik zu konterkarieren, formuliert Eco die Theorie der Semiotik ironischerweise als Theorie der Lüge.

So enttäuschend da und dort die Bestimmungen der Linguisten zur Lüge ausfallen mögen, so unabweisbar ist doch, daß Lügen in den Bereich des Sprachlichen fallen und deshalb dort ihren Niederschlag finden. Freilich stellt sich das Phänomen vielschichtig dar. Wenn der Lügner seine Absichten verbergen will, zeigen sie sich dort, wo es ihm nicht mehr gelingt, seine Aussagen und sein Verhalten auf allen Ebenen zu kontrollieren. Das ist zuvörderst dort der Fall, wo mehrere Schichten von Sprachlichkeit sich überlagern. Eine Theorie der Lüge muß deshalb plural sein, sie darf das Problem der Lüge keinem fixierten Bereich des Sprachlichen zuweisen, sondern muß mit offener Aufmerksamkeit die Bruchstellen im Text finden. Wenn Weinrich seinen ganzheitlichen, textlinguistischen Ansatz eben an der Lüge exemplifiziert, trägt er diesem Tatbestand Rechnung.

Wollte man bloß die Brüchigkeit im Mehrschichtigen unterstellen, bliebe sie freilich im Vagen und Disparaten. Man hielte bei kaum mehr als bei der dürren und uneingelösten Einsicht, daß die Wege des Lügners vielfältig sind und ebenso die ihrer Analyse.

Angemessener scheint es, in Teilstudien unterschiedlichen Aspekten nachzugehen, um, Einseitigkeit wissentlich in Kauf nehmend, besonderen Teilbereichen Kontur zu verleihen. Kein geschlossenes System, aber ein Mosaik, etwas Fragmentarisches ergibt sich so allemal. Im Sinne einer solchen Paradigmatik sind die Beiträge dieses Bandes zu verstehen. Weitestgehend gemeinsam ist ihnen, daß sie die Lüge in einem Spiel analysieren, das auf unterschiedlichen Sprachebenen statthat. Dieses Spiel kann sich verhaltenspraktisch artikulieren, es kann sich in der Verhakung gegenläufiger Diskurstraditionen wie etwa der von Theologie und Rhetorik, in der ambigen Beziehung von autobiographischer Wahrheit und literarischer Fiktion, in einem Wandel von Interaktionsmodellen und nicht zuletzt im Rekurs auf unterschiedliche anthropologische Bezugspunkte zeigen. Vorgestellt werden die Studien von Literaturwissenschaftlern. Mit im Blick stehen bei aller Hinterfragung der Texte, bei aller Verschiedenartigkeit der Versuche, hinter die Lüge zu kommen oder ihr Funktionieren zu beschreiben, deshalb, wenngleich mit unterschiedlicher Akzentsetzung, ästhetische und begriffsgeschichtliche Positionen – und deren Wandel. Es geht also um mehr als um bloß linguistisches Belegmaterial zur Lüge.

Eine solche Rückbindung erfolgt, zumal bei philosophischen Positionen, nicht ohne das Risiko einer unscharfen Bestimmung der Lüge. Denn gerade im philosophischen Begriff der Lüge vermischen sich häufig Ontologie, Sachwahrheit und zwischenmenschliche Wahrheit oder Glaubwürdigkeit. So bezeichnet bei Augustinus die Lüge die Gegenposition zu Christus' Diktum: „Ich bin die Wahrheit und das Leben". Lüge ist deshalb mit Gottferne, mit einer Aberration von dem Sein, das die Wahrheit ist, gleichzusetzen.

Noch Nietzsche – wenn auch mit diametral anderer Orientierung – setzt die Lüge unter dem Stichwort einer Artistenästhetik des Scheins[15] mehr in Beziehung zu erkenntnistheoretischen Problemen als zu genuin zwischenmenschlichen Verhältnissen. In Unwahrheit und Lüge wirkt unser biologisches Erbe nach, der Zwang, Besonderheiten überspringend, die Beute schnell identifizieren zu müssen. Uneigentlich ist an dieser Stelle die Rede von der Lüge, weil nicht eigentlich eine soziale Beziehung der Täuschung zur Diskussion steht. Angemessen ist diese Rede, weil sie unter dem Zeichen der Genealogie der Moral die Moral der Erkenntnis desavouiert: „Der Dichter sieht in dem Lügner seinen Milchbruder, dem er die Milch weggetrunken hat; so ist jener elend geblieben und hat es nicht einmal bis zum guten Gewissen gebracht"[16].

Einer zweiten Betrachtung bedürfte es allerdings, daß Nietzsche unter dem Theorem des freien, aristokratischen Geistes das Thema von Lüge und Wahrheit mit Selbstbetrug und der Kraft, die Wahrheit zu ertragen, gleichsetzt. Die Lüge hat so zwar weniger zwischenmenschliche Bedeutung, aber sie betrifft das Verhältnis zu sich.

Handhabbarer als solche implikationsreichen Begriffe erscheint auf den ersten Blick ein Begriff von Lüge, der sich an das Nächstliegende des common sense hält: In der Lüge belügt ein Lügner einen Belogenen. Die Lüge stellt primär ein zwischenmenschliches Verhältnis oder – im Falle des Selbstbetrugs – ein Verhältnis zu sich dar. Eine solche Herangehensweise mag gegenüber dem tradierten philosophischen Begriff der Lüge klarer, da mit engeren und deshalb präziseren Kriterien ausgestattet erscheinen – zumal dann, wenn man diese Position methodisch auf sozial- und kulturwissenschaftliche Paradigmen bezieht: Wir können vermutlich, anders als frühere Zeiten, die Lüge in stärkerem Maße als zwischenmenschliches Verhältnis fassen, weil wir gelernt haben, Sachfragen von Fragen persönlicher Beziehungen zu trennen, weil wir den persönlichen Beziehungen vor dem Hintergrund der Psychologie und der Sozialwissenschaften einen größeren Stellenwert einräumen.

Dennoch ist eine solche vermeintlich metaphysikfreie Herangehensweise – abgesehen davon, daß geistesgeschichtliche Bezüge nicht einfach auszusperren sind – nicht ohne jeglichen Hintergrund von Metaphysik zu denken. Wer nach der Lüge fragt, bezieht eine Position des Mißtrauens, der Hinterfragung. Diese betrifft, zumal wenn sie sich auf kanonische Texte bezieht, mehr als nur eine Hin-

---

[15] Zur Artistenästhetik bei Nietzsche, vgl. N. Bolz, *Eine kurze Geschichte des Scheins*, 2., unveränderte Auflage, München 1992, S. 52-94. Wie dominant bei Nietzsche im Falle von Wahrheit und Lüge erkenntnistheoretische Fragen sind, läßt sich bis in inhaltliche Schwerpunktsetzungen der Darstellung von Bolz entnehmen. Unter dem Stichwort Rhetorik diskutiert Bolz ausschließlich erkenntnistheoretische Probleme – die Verführung der Erkenntnis durch die Metapher.

[16] F. Nietzsche, *Die fröhliche Wissenschaft*, in: F. N., *Werke*, 3 Bde., hrsg. von K. Schlechta, Nachdruck der 6., durchgesehenen Auflage 1969, Frankfurt a. M./Berlin/Wien 1976, Bd. 2, S. 281-548, hier: S. 425.

terfragung persönlicher Beziehungen. Mit ihr steht stets auch die Hinterfragung der Tradition, ihres Glaubens an die Wahrheit, zur Disposition. Werken solcherart ihre Unwahrheit, genauer: ihre Bezogenheit auf die Lüge einzuschreiben, ist ein antimetaphysisches Unterfangen. In dieser Hinsicht ist ein Studium der Lüge, wie neutral es sich auch immer geben mag, stets schon auf Metaphysik bezogen – als ihre Dekonstruktion.

Die meisten der nachstehenden Texte sind von einem solchen Mißtrauen geprägt. Es ist vermutlich unser Unglauben, der uns nach der Lüge fragen läßt – auch wenn wir das Thema so nüchtern und so deskriptiv wie nur irgend möglich vortragen.

Die Beiträge des Bandes gehen zurück auf die Arbeit einer Sektion des Frankoromanistentages 1998 in Mainz. Die Herausgeber danken den Teilnehmerinnen und Teilnehmern für ihre Diskutierfreudigkeit und ihre Geduld, den Mainzer Organisatoren der Tagung für die Bereitstellung der erforderlichen Infrastruktur und der Humboldt-Universität zu Berlin sowie der Vereinigung von Freunden der Universität Stuttgart für ihre finanzielle Unterstützung bei der Drucklegung des Bandes.

Gisèle Mathieu-Castellani

"Mentir de bonne foi": la vérité du mensonge dans les *Essais* de Montaigne

Avant même qu'une accusation de mensonge portée contre un Président donne lieu à un ahurissant débat-déballage en cet été 1998, on avait eu naguère la surprise d'entendre un homme d'affaires français (hors normes) égaré en politique répondre à ses juges, alors qu'il était convaincu de faux témoignage: "J'ai menti de bonne foi!". Si l'on en croit les grammairiens allégués par Montaigne dans le singulier chapitre "Des menteurs"[1], il eût été plus habile de déclarer: "J'ai dit mensonge de bonne foi!":

> Je sais bien que les grammairiens font différence entre mensonge, et mentir: et disent, que dire mensonge, c'est dire chose fausse, mais qu'on a prise pour vraie, et que la définition du mot de mentir en Latin, d'où notre Français est parti, porte autant comme aller contre sa conscience, et que par conséquent cela ne touche que ceux qui disent contre ce qu'ils savent, desquels je parle. (I. IX, p. 35)

Cette allégation ne manque d'ailleurs pas d'éveiller quelque soupçon; le psychologue-moraliste qui dénonce ce "maudit vice":

> En vérité le mentir est un maudit vice.(I. IX, p. 36),

et se défend vigoureusement de mentir, mettant sur le compte d'un défaut naturel, les défaillances de sa mémoire, ce qu'on lui impute comme défaut de conscience, ne justifierait-il pas ici, sous couleur d'une mise au point philologique et d'une réflexion d'ordre général, une subtile stratégie personnelle du mensonge par ignorance, du mensonge de bonne foi? *Les Essais* ne seraient-ils pas, bien avant le roman d'Aragon, un chef-d'œuvre du mentir vrai?

On observera d'abord que la critique fort sévère du mensonge, dans la bouche du philosophe moral qui plaide éloquemment pour le respect de la parole, et condamnerait volontiers au bûcher les menteurs:

---

[1] Toutes références à l'édition des *Essais* procurée par P. Villey, réimprimée sous la direction de V. L. Saulnier [PUF], 3 vol., Paris 1965; le chiffre arabe entre parenthèses renvoie à la page dans cette édition. Je modernise l'orthographe.

> Si nous en connaissions l'horreur et le poids, nous le poursuivrions à feu plus justement que d'autres crimes. Je trouve qu'on s'amuse ordinairement à châtier aux enfants des erreurs innocentes très mal à propos, et qu'on les tourmente pour des actions téméraires qui n'ont ni impression ni suite. La menterie seule et, un peu au-dessous, l'opiniâtreté me semblent être celles desquelles on devrait à toute instance combattre la naissance et le progrès. (I. IX, p. 36),

a pour envers ici même une méditation plus complexe sur les rapports entre vérité et mensonge, où parle alors le philosophe sceptique. Dans ce chapitre qui double de volume après 1580, les additions concernent d'abord le cas de l'essayiste lui-même, s'étendant longuement sur son défaut de mémoire, et en tirant argument pour démontrer *qu'il ne peut* mentir, comme s'il fallait convaincre le lecteur de l'absolue véridicité du témoignage qu'apportent les *Essais* sur leur auteur; elles engagent ensuite une réflexion sceptique dans une longue séquence où à l'opposition conventionnelle de la vérité et du mensonge, se substitue l'opposition plus fine entre le visage un de la vérité et les mille figures des mensonges:

> Si, comme la vérité, le mensonge n'avait qu'un visage, nous serions en meilleurs termes (...). Mais le revers de la vérité a cent mille figures et un champ indéfini. (I. IX, p. 37)

Les additions transforment ainsi un essai sur mémoire et mensonge où domine l'anecdote en plaidoyer *pro domo*, à la fois justification destinée à rectifier le sévère jugement porté par *on*, ou *ils*, ceux qui "me font tort", "me reprennent et mécroient", et apologie oblique des *Essais*, ce livre qui ne saurait mentir:

> Qu'on se contente de ma misère, sans en faire une espèce de malice, et de la malice autant ennemie à mon humeur. (I. IX, p. 34)

Voilà qui pourrait nous inciter à nous interroger sur le statut de ce "livre de bonne foi", qui pourrait aussi bien être à l'occasion un livre de mauvaise foi, précisément dans la mesure où il revendique la bonne foi. Et à examiner de plus près la stratégie du mensonge dans les *Essais*, ces zones troubles où le mensonge, sous les formes de l'oubli ou de l'omission, répond sans doute à une impérieuse nécessité, dont il convient de préciser la nature. Mais peut-être verrait-on ainsi apparaître une vérité du mensonge, ou, du moins, une autre façon de dire vrai en disant mensonge.

Les mille figures du mensonge et la réflexion sceptique

Le chapitre "Des menteurs" a, comme le mensonge, plusieurs visages. L'horreur du mensonge, qui entraîne une condamnation qu'on pourra juger excessive – et de la part du pédagogue, soucieux ailleurs de ne pas châtier sévèrement les enfants, et de la part de l'humaniste, ennemi de toute cruauté en la peine de mort –, et la revendication d'absolue franchise et de véridicité, si souvent proclamée ici et ailleurs:

> Mon âme, de sa complexion, refuit la menterie et hait même à la penser. (...).
> Qui est déloyal envers la vérité l'est aussi envers le mensonge. (II. XVII, p. 648)[2]

mais pourtant parfois nuancée, par exemple à l'occasion de l'auto-portrait marqué par la rhétorique des contrariétés:

> Honteux, insolent (...); bavard, taciturne; (...) menteur, véritable (...). (II. I, p. 335)

se détachent sur un fonds plus douteux, où le mensonge cède la place aux mensonges, et à ces mille routes qui "dévoient du blanc" (I. IX, p. 37). Et déjà nous voilà avertis que le mensonge n'est pas l'envers simple de la vérité, et qu'il serait imprudent de tenir pour certain l'opposé de ce que dirait le menteur...

La vérité n'a qu'un visage et qu'une voie, certes, mais qui peut les connaître et les reconnaître? Le questionnement reprend l'apologue du Crétois: si tous les Crétois sont menteurs, que conclure quand un Crétois dit qu'il ment?

> Si vous dites: Je mens, et que vous disiez vrai, vous mentez donc. (II. XII, p. 527)

Les Crétois menteurs sont assez comparables à ces Almanachs allégués au chapitre "Des pronostications":

> A tant dire, il faut qu'ils disent et la vérité et le mensonge. Je ne les estime rien mieux, pour les voir tomber en quelque rencontre: ce serait plus de certitude, s'il y avait règle et vérité à mentir toujours. (I. XI, p. 43)

Si la vérité est hors d'atteinte, comment définir le mensonge? On se rappelle l'étonnante position qu'adopte le chapitre pyrrhonien "C'est folie de rapporter le vrai et le faux à notre suffisance" (I. XXVII):

> C'est une hardiesse dangereuse et de conséquence, outre l'absurde témérité qu'elle traîne quant et soi, de mépriser ce que nous ne concevons pas. Car après que, selon votre bel entendement, vous avez établi les limites de la vérité et du mensonge, et qu'il se trouve que vous avez nécessairement à croire des choses où il y a encore plus d'étrangeté qu'en ce que vous niez, vous vous êtes déjà obligé de les abandonner. (I. XXVII, p. 181)

La critique du vraisemblable et de ses limites étroites – "c'est une sotte présomption d'aller dédaignant et condamnant pour faux ce qui ne nous semble pas vraisemblable" – appuie certes ici le conservatisme politique et religieux, mais elle se fonde sur un postulat sceptique qui entraîne deux conséquences apparemment contradictoires:

---

[2] Singulière proposition! A peine justifiée par la réflexion qui la précède, où Montaigne assure que la seule commodité attendue du mensonge constant est de faire mettre en doute la vérité occasionnelle dans la bouche du menteur.

1. l'acceptation de l'invraisemblable, voire du miracle, et de l'extraordinaire, au nom de la faiblesse de la raison, ce "bel entendement" si faible et si fragile qu'il ne saurait aller jusque là:

> Combien y a-t-il de choses peu vraisemblables, témoignées par des gens dignes de foi, desquelles si nous ne pouvons être persuadés, au moins les faut-il laisser en suspens: car de les condamner impossibles, c'est se faire fort par une téméraire présomption (...). (I. XXVII, p. 180)

> Ce sont pour moi mauvais répondants, que magiciens. Tant y a que nous voyons par expérience les femmes envoyer aux corps des enfants qu'elles portent au ventre des marques de leurs fantaisies, témoin celle qui engendra le maure. (I. XXI, p. 105)

2. la "naturalisation" du monstre et du miracle, leur réduction au "naturel", au nom de cette même faiblesse:

> Si nous appelons monstres ou miracles où notre raison ne peut aller, combien s'en présente-t-il continuellement à notre vue? (...) Il faut juger avec plus de révérence de cette infinie puissance de nature (...). (I. XXVII, p. 179-180)

> Jusques à cette heure, tous ces miracles et événements étranges se cachent devant moi. Je n'ai vu monstre et miracle au monde plus exprès que moi-même. (III. XI, p. 1029)

La vérité, dit le sceptique, est inaccessible, comme l'être même des choses: "Nous n'avons aucune communication à l'être" (II. XII, p. 601), dit-il après Plutarque[3].

Le thème sera évidemment orchestré dans l'"Apologie de Raimond Sebon", utilisant à la fois les arguments des Académiciens et ceux des Pyrrhoniens pour démolir au nom de la raison les prérogatives de la raison:

> (...) la vérité est engouffrée dans des profonds abîmes où la vue humaine ne peut pénétrer. (II. XII, p. 561)

> (...) [l'âme] n'a pas de quoi distinguer [les erreurs], ni de quoi choisir la vérité du mensonge. (II. XII, p. 561)

> (...) la raison va toujours, et torte, et boiteuse, et déhanchée, et avec le mensonge comme avec la vérité. (II. XII, p. 565)

ainsi que dans le chapitre "Des Boiteux":

> La vérité et le mensonge ont leurs visages conformes, le port, le goût et les allures pareilles: nous les regardons du même œil. (III. XI, p. 1027)

Et l'opposition entre la science et la vérité, d'une part, et le jugement, d'autre part:

---

[3] Voir Plutarque, *Que signifiait ει* (sur l'E de Delphes), in: *Œuvres morales*, vol. 5, 384B-394C, éd. F. C. Babbitt, London 1984, p. 198-253.

> La science et la vérité peuvent loger chez nous sans jugement, et le jugement (...) sans elles. (II. X, p. 409)

se fait à l'avantage du jugement:

> Je souhaiterais bien avoir plus parfaite intelligence des choses, mais je ne la veux acheter si cher qu'elle coûte. (II. X., p. 409)

de ce jugement préféré au "discours" lorsqu'il s'agit de l'auto-analyse:

> Je ne me juge que *par vrai sentiment*, non par discours. (III. XIII, p. 1095; je souligne)

Trois voix se font donc entendre simultanément dans la discordance:
1. celle du moraliste-psychologue qui déteste le mensonge et le maudit, et se déclare incapable de mentir par défaut de mémoire:

> Ce n'est pas sans raison qu'on dit que qui ne se sent point assez ferme de mémoire, ne se doit pas mêler d'être menteur. (I. IX, p. 35)

2. celle de l'auto-analyste qui prendrait bien, avant Rousseau, la devise *Vitam impendere vero*:

> Je festoie et caresse la vérité en quelque main que je la trouve, et m'y rends allègrement, et lui tends mes armes vaincues, de loin que je la vois approcher. (III. VIII, p. 924)

et qui fait, qui doit bien faire, le serment de véridicité, inclus dans le contrat autobiographique :

> Moi-même, qui fais singulière conscience de mentir (...). (.III. XI, p. 1028)

mais qui se ménage des zones de sécurité, admettant l'omission délibérée, ou l'amplification nuisible à la "vérité naïve" (III. XI, p. 1028).
3. celle du philosophe sceptique qui, se désolant de voir même visage à la vérité et au mensonge, prend argument de ce constat pour démolir les prétentions de la raison à démêler le vrai du faux. Et qui tantôt serait porté à accréditer le miracle, tantôt se soucierait de dénoncer les prestiges des illusions, mais qui, au fur et à mesure qu'il multiplie les références à Cicéron, s'engage plus décisivement dans les voies du rationalisme, comme l'a bien montré Henri Busson[4].

Ces voix appartiennent à des *personae* qui condamnent sans réserves le mentir, ce maudit vice, mais pour diverses raisons.

Le philosophe moral· le condamne au nom de critères à la fois éthiques et esthétiques, car *l'honnête* est régulièrement couplé avec le beau, le *deshonnête* avec le sale (III. I., p. 793, 796), comme la vertu avec la splendeur, et le vice avec la laideur; le mensonge est déshonnête et laid, et l'utile doit être soumis à l'honnête:

> On argumente mal l'honnêteté et la beauté d'une action par son utilité (...).(III. I, p. 803)

---

[4] Voir H. Busson, *Le rationalisme dans la littérature française de la Renaissance*, Paris 1957.

> la voie de la vérité est une (...), celle du profit (...), double, inégale et fortuite. (III. I, p. 795)

> Car, quant à cette nouvelle vertu de feintise et de dissimulation (...), je la hais capitalement; et, de tous les vices, je n'en trouve aucun qui témoigne tant de lâcheté et de bassesse de cœur.(II. XVII, p. 647)

Le philosophe politique, s'il admet comme Machiavel dans l'exercice du pouvoir la nécessité de la ruse, de la tromperie, et du manquement de parole:

> Le bien public requiert qu'on trahisse et qu'on mente (...). (III. I, p. 791)

condamne de ce fait, au nom des exigences de l'éthique individuelle, la participation aux affaires publiques, et la dissimulation qu'elle exige:

> (...) aucune utilité privée n'est digne pour laquelle nous fassions cet effort à notre conscience (...). (III. I, p. 800)

Et il déplore comme Timoléon "qu'il eût été nécessaire d'acheter l'utilité publique au prix de l'honnêteté de ses mœurs." (III. I, p. 800)

> Qui se vante, en un temps malade comme celui-ci, d'employer au service du monde une vertu naïve et sincère, ou il ne la connaît pas (...), ou, s'il la connaît, il se vante à tort (...). (III. IX, p. 993)

L'auto-portraitiste puisqu'il entend d'abord se faire connaître tel qu'il est:

> Je suis affamé de me faire connaître; et il m'est égal à combien, pourvu que ce soit véritablement. (III. V, p. 847),

inscrit nécessairement la véridicité comme le terme principal du contrat qu'il passe avec le lecteur:

> Au reste, je me suis ordonné d'oser dire tout ce que j'ose faire, et me déplais des pensées mêmes impubliables. (III. V, p. 845).

Quelques dissonances pourtant affectent le concert des voix plaidant pour l'absolu respect de la vérité. Non seulement ces voix alternent dans un discours contradictoire, mais encore chacune d'entre elle est minée de l'intérieur par la dissonance: le moraliste ennemi juré du mensonge et amoureux fou de la vérité reconnaît pourtant l'utilité occasionnelle du mensonge, et accepte qu'on en fasse son profit; le philosophe sceptique admet à l'occasion que l'utile est une valeur supérieure au vrai, et par exemple que les histoires qu'il raconte (I. XXI) , vraies ou pas, sont d'égal intérêt pour juger de l'humaine capacité, car le fabuleux enseigne comme l'authentique, et le non advenu comme l'advenu; l'auto-portraitiste qui festoie et caresse la vérité, et avance l'argument de sa bonne foi, ne se borne pas à reconnaître qu'il ne peut tout dire, ni à se peindre de profil, comme l'en accuse Rousseau, mais laisse çà et là soupçonner sa mauvaise foi.

Le "profit de la mensonge"

Chacune des *personae* a une position bien ambivalente. Le philosophe politique qui refuse de participer aux affaires pour sauver son honneur semble guidé surtout par le souci d'assurer sa propre défense. La réflexion machiavélienne sur la dissimulation nécessaire qui entraîne la critique des charges publiques a le statut d'une apologie *pro domo sua*, et l'argumentation vise à décharger l'accusation, et à justifier le maire de Bordeaux. En outre il met en évidence non seulement l'impossibilité de la vertu naïve et sincère au service du monde, mais même son danger:

> Qui en écrirait rondement, en écrirait témérairement et vicieusement. (III. IX, p. 993)[5]

Et la dissimulation du prince n'est pas nécessairement critiquée: le chapitre "De la liberté de conscience", qui reprend le débat contemporain sur les avantages et les risques de la politique de tolérance, s'achève sur un éloge ambigu de la politique royale. Si Montaigne se déclare favorable à la paix de Monsieur (1576) au nom de la nécessaire concorde civile, il choisit *in fine* de soutenir la dissimulation du prince pour sauver son honneur:

> Et si crois mieux, pour l'honneur de la dévotion de nos rois, c'est que, n'ayant pu ce qu'ils voulaient, ils ont fait semblant de vouloir ce qu'ils pouvaient. (II. XIX, p. 672)

Comme il n'avait du reste nullement blâmé Julien de n'avoir osé "découvrir" son paganisme, "par ce que toute son armée était de Chrétiens", jusqu'à ce qu'il se vît "assez fort pour oser publier sa volonté." (II. XIX, p. 671).

Le philosophe moral qui situe l'honnête au-dessus de l'utile admet pourtant le profit occasionnel de "la mensonge" et ne le condamne pas, au nom du besoin de la société publique:

> Aucunes choses, ils les ont écrites pour le besoin de la société publique, comme leurs religions, *car il n'est pas défendu de faire notre profit de la mensonge même, s'il est besoin*. (II. XII, p. 512)[6]

Quant au philosophe sceptique, qui se désole de constater que vérité et mensonge ont des visages conformes, il déclare non sans insolence ne pas garantir l'authenticité des récits qui illustrent la force de l'imagination, et vouloir tirer profit du fabuleux comme du vrai, du non advenu comme de l'advenu:

> Car les Histoires que j'emprunte, je les renvoie sur la conscience de ceux de qui je les prends (...). Advenu ou non advenu, à Paris ou à Rome, à Jean ou à

---

[5] On comprend l'étonnement de Pierre Villey devant cette phrase énigmatique: "Je comprends: qui en écrirait en toute franchise agirait à la légère et à tort (car il serait obligé de dire du mal du meilleur parti, que nous devons appeler sain en le comparant aux autres)". (Note de l'éditeur, III. IX, p. 993, note 7).

[6] Je souligne le membre de phrase qui disparaît lors des éditions posthumes.

> Pierre, c'est toujours un tour de l'humaine capacité, duquel je suis utilement avisé par ce récit (...). Plutarque nous dirait volontiers de ce qu'il en a fait, que c'est l'ouvrage d'autrui, que ses exemples soient en tout et par tout véritables; qu'ils soient utiles à la postérité, (...) que c'est son ouvrage. (I. XXI, p. 105-106)

Voici l'utile, le profitable – dans le domaine de l'instruction morale – supérieurs à l'authenticité du témoignage, du "récit" véridique.

Celui qui ne fait pas profession de savoir la vérité (II. XII, p. 501), posant comme Plutarque que l'accès à l'être est barré, déclare son scepticisme dans le domaine de la connaissance, mais arrache au scepticisme le domaine des mœurs:

> Composer nos mœurs est notre office, non pas composer des livres, et gagner, non pas des batailles et provinces, mais l'ordre et la tranquillité à notre conduite. (III. XIII, p. 1108)

Quant à l'auto-portraitiste, il ajoute au contrat de véridicité une clause restrictive:

> Il ne faut pas toujours dire tout, car ce serait sottise; mais ce qu'on dit, il faut qu'il soit tel qu'on le pense, autrement c'est méchanceté. (II. XVII, p. 648).

et il justifie par quelque nécessité interne, qui ne se réduit ni à l'observation des convenances ni à la contrainte que fait peser l'instance sociale, la retenue de la parole, toujours entrouverte:

> Joint qu'à l'aventure ai-je quelque obligation particulière à ne dire qu'à demi, à dire confusément, à dire discordamment. (III. IX, p. 995-996)

Voilà de quoi nuancer la virulente critique du mensonge et l'éloge passionné de la vérité.

C'est ici un livre de bonne foi, lecteur

L'avis *Au lecteur* (I, p. 3) qui ouvre la première édition des *Essais* montre de façon exemplaire l'efficacité de la rhétorique, surtout lorsqu'elle est au service d'une critique de la rhétorique.

La célèbre formule de présentation, destinée à rester en mémoire, comme elle le fut d'ailleurs, semble avoir été souvent mal lue, et son ironie mal perçue; la "bonne foi" consiste ici à demander d'entrée de jeu au lecteur de ne pas lire ce livre, qui ne fut pas écrit pour lui; la phrase qui suit immédiatement: *Il t'avertit dès l'entrée, que je ne m'y suis proposé aucune fin, que domestique et privée*, n'est que l'explication de cette bonne foi proclamée; une bonne foi qui n'engage donc pas toute l'entreprise, et ne définit pas "le livre" en tant que tel, mais se borne à signaler, usant de la rhétorique de l'*excusatio proptem infirmitatem*, la prétendue modestie du projet, qui exclurait les fins humanistes, plaire et instruire, et par là les lecteurs hors du petit cercle des familiers. L'ironie serait évidemment plus perceptible si les deux points remplaçaient le point, et si un *car* ouvrait l'espace de la glose:

> C'est ici un livre de bonne foi, lecteur: car il t'avertit. (I, p. 3)

Mais même la forte ponctuation n'interdit pas de considérer la deuxième phrase comme l'explication de la première. L'*excusatio propter infirmitatem* fait figure de *captatio benevolentiae*, renversant le topos humaniste de la bonne écriture en manière d'insolente provocation, chez celui qui "prenait plaisir de déplaire plaisamment", comme le note Pasquier en 1619[7]. La mauvaise foi de l'avertissement est d'ailleurs mise en évidence par Malebranche:

> C'est une plaisante excuse de sa vanité de dire, qu'il n'a écrit que pour ses parents et amis. Car si cela eût été ainsi, pourquoi eût-il fait trois impressions?[8]

qui souligne avec bon sens:

> (...) s'il eût cru que ce n'était pas *raison* qu'on employât le temps à lire son Livre, il eût agi lui-même contre le sens commun en le faisant imprimer. Ainsi on est obligé de croire, ou qu'il n'a pas dit ce qu'il pensait, ou qu'il n'a pas fait ce qu'il devait.[9]

L'adieu impertinent qui achève cette préface testamentaire en forme de message épistolaire sonne comme une ironique adresse au lecteur, ainsi averti que ce livre est hors normes, et qu'il n'a pas à le juger en usant des critères ordinaires. Il s'est voulu, comme dit Pasquier, "de propos délibéré moquer de nous"[10].

Le refus du topos engendre alors un autre topos préfaciel: *Ne lisez pas ce livre*, subtile invitation à visiter un monument dont on nous dit qu'il ne ressemble point aux autres, et Rousseau sur ce point encore a bien lu Montaigne, congédiant lui aussi son lecteur au seuil de ses *Ecrits autobiographiques*. L'interdiction de lire, ou le conseil de ne pas lire, ne sont que de subtiles invitations à lire. Et cet avis est un savoureux petit chef-d'œuvre de mauvaise foi.

Parmi d'autres exemples où l'on surprend l'essayiste en train de dire mensonge sans mentir, on s'attachera à une omission, sans doute la plus surprenante. Montaigne théorise comme on sait l'effacement des sources, assurant sans trembler que la vérité n'appartient pas à celui qui le premier l'a dite, et qu'il se plaît à effacer les marques de ses emprunts, pour éprouver l'intelligence et la culture du lecteur. Voire... L'une des curiosités que présente le texte des *Essais* est son silence sur un grand livre qui devait pourtant être à son horizon, les *Confessions* de saint Augustin; comme l'observent Villey et Courcelle[11], rien n'indique que Montaigne les ait connues: saint Augustin est souvent cité (23 citations de la *Cité de Dieu*, une du *De*

---

[7] Voir Montaigne, *Les Essais*, éd. P. Villey, Appendice II: "Quelques jugements sur Montaigne, XVIe et XVIIe siècles".

[8] Ibid., p. 1218.

[9] Ibid., p. 1218.

[10] Ibid., p. 1207.

[11] P. Courcelle, *Les "Confessions" de saint Augustin dans la tradition littéraire*. Etudes Augustiniennes, Paris 1963. Pour une analyse plus détaillée, je me permets de renvoyer à mon étude, "Les *Confessions* dans les *Essais*", in: *Colloque de Glasgow* (juillet 1997). Actes à paraître.

Ordine), plusieurs fois allégué, mais en aucun cas pour les *Confessions*. Il nous incite d'ailleurs à croire qu'il n'a pas lu l'ouvrage, puisqu'il prétend ignorer si saint Augustin eut des enfants:

> Ce serait à l'aventure impiété en Saint Augustin (pour exemple) si d'un côté on lui proposait d'enterrer ses écrits (...), ou d'enterrer ses enfants, *au cas qu'il en eut*, s'il n'aimait mieux enterrer ses enfants. (II. VIII, p. 401; je souligne)[12]

Plus hardiment encore, il déclare obliquement qu'il ne connaît ni la matière des *Confessions*, ni même le titre de l'ouvrage:

> En faveur des Huguenots (...) je me confesse en public, religieusement et purement. S. Augustin, Origène et Hippocrate ont publié les erreurs de leurs opinions; moi, encore, de mes mœurs.(III. V, p. 846-847)

Ainsi, celui qui connaît, outre *La Cité de Dieu*, les ouvrages de réfutation ou les rétractations au moins de réputation, ignorerait, à l'en croire, que l'évêque d'Hippone a laissé des mémoires de sa vie où il publie les erreurs de ses mœurs!

En dehors de maint indice où l'on peut reconnaître une trace des *Confessions*, deux séquences des livres I et IV présentent des analogies troublantes avec les *Essais*: les souvenirs d'écolier (livre I. IX, p. 14-15), et le récit de la mort de l'ami intime (livre IV. IV, p. 7-11).

Parmi les motifs qui rapprochent les deux récits d'éducation, voici la vive peinture du martyre de l'écolier aux mains de maîtres trop rigoureux. Saint Augustin évoque dans un tableau saisissant les coups reçus (*vapulabam*, j'étais étrillé, je recevais une volée de coups) à la satisfaction des adultes, et même des parents qui rient des châtiments corporels, les instruments de torture, ces *tormenta - eculeos et ungulas*, les chevalets et les ongles de fer -, qui inspirent une crainte si forte que pour les éviter montent vers Dieu par tout l'univers les supplications des enfants suppliciés (*pro quibus effugiendis tibi per universas terras cum timore magno supplicatur*), bref les misères de l'écolier en proie à la fureur des maîtres. Ce sombre tableau d'une éducation trop rigoureuse est analogue à celui que brosse Montaigne de la déplorable discipline des collèges dans le chapitre "De l'institution des enfants":

> Quelle manière pour éveiller l'appétit en leur leçon, (...) de les y guider d'une trogne effroyable, les mains armées de fouets? (I. XXVI, p. 166)

> On leur donne à coups de fouet en garde leur pochette de science (I. XXVI, p. 177)

> (...) de convier les enfants aux lettres, on ne leur présente, à la vérité, que horreur et cruauté. (I. XXVI, p. 165)

---

[12] Alors que le livre IX (VI.14 et XII.29) évoque Adeodatus, le fils du péché, *ex me natum carnaliter de peccato meo*.

> (...) qu'on fasse [le bien dire], et suis dépit de quoi notre vie s'embesogne toute à cela. (I. XXVI, p. 173)

L'un et l'autre opposent fermement à la contrainte qu'exerce le mauvais pédagogue la curiosité que doit savoir éveiller le bon maître:

> A. [saint Augustin]: *Hinc satis elucet majorem habere vim ad discenda istam liberam curiositatem quam meticulosam necessitatem* (I. XIV, p. 23)[13]. Il ressort de là assez lumineusement que cette libre curiosité est autrement efficace qu'une contrainte toujours armée de menaces.

> M. [Montaigne]: Qu'on lui mette en fantaisie une honnête curiosité de s'enquérir de toutes choses (I. XXVI, p. 156)

> A.: *non amabam litteras et me in eas urgeri oderam.* (I. XII, p. 19) Je n'aimais pas l'étude, je détestais d'y être contraint.

> M.: [Mon père] avait été conseillé de me faire goûter la science par une volonté non forcée et de mon propre désir, et d'élever mon âme en toute douceur et liberté, sans rigueur et contrainte. (I. XXVI, p. 174)

Le peu de goût qu'ils manifestent l'un et l'autre pour le grec s'accompagne d'un même aveu d'ignorance (suspect dans les deux cas):

> A.: *Graecas litteras oderam* (XIII, p. 20). Je haïssais le grec.

Et ailleurs:

> *Et ego quidem graecae linguae perparum assecutus sum, et prope nihil.* Et de la langue grecque, je n'ai pu avoir que fort peu d'intelligence, et même quasiment point du tout[14].

> M.: Quant au grec, duquel je n'ai quasi du tout point d'intelligence (...). (I. XXVI, p. 174)

Mieux encore, le récit d'apprentissage du latin sans larmes est construit ici et là dans un savant contraste:

> A.: Nam et latina didici sine ullo metu atque cruciatu inter etiam blandimenta vero nutricum et joca arridentium et laetitias alludentium. Didici vero illa sine poenali onere urgentium, cum me urgeret cor meum ad parienda concepta sua, id quod non esset, nisi aliqua verba didicissem non a docentibus, sed a loquentibus (...). (I. XIV, p. 23). J'ignorais de même les mots latins, et cependant je les avais appris sans crainte, sans souffrances, au milieu des caresses de mes nourrices, parmi les plaisanteries et la gaîté de mon entourage, qui me riait et jouait avec moi. Je les ai appris sans la pres-

---

[13] Cité d'après l'édition de P. Courcelle, *Les "Confessions" de saint Augustin dans la tradition littéraire*, Paris 1963.

[14] Cité par Labriolle, p. 17, ma traduction.

> sion des insistances et des punitions (...) en dehors de tout enseignement didactique, des personnes qui causaient avec moi.

> M.: (...) *en nourrice* et avant le premier dénouement de ma langue, (...) c'était une règle inviolable que ni lui- même [mon père], ni ma mère, ni valet, ni chambrière, *ne parlaient en ma compagnie qu'autant de mots de latin* que chacun avait appris pour jargonner avec moi. (...) Et, sans art, sans livre, sans grammaire ou précepte, sans fouet et sans larmes, j'avais appris du latin (...). (I. XXVI, p. 173; je souligne)

Sans fouet et sans larmes, sans crainte et sans souffrances, en manière de jeu, avec des caresses et des plaisanteries (*inter etiam blandimenta et joca*), la langue latine est apprise par l'un et l'autre dans le commerce quotidien des hommes et des femmes de l'entourage familier (*a loquentibus*), comme une langue vivante, parlée avant d'être lue.

Les étonnantes similitudes entre les deux séquences d'auto-analyse qui accompagnent le récit de la mort d'un ami intime sont encore plus remarquables. Bien que Montaigne assure que son amitié pour Etienne de la Boétie fut "si entière et si parfaite que certainement il ne s'en lit guère de pareilles" (I. XXVIII, p. 184), il s'en lit pourtant une pareille au livre IV des *Confessions*, une amitié "*dulcis* (...) nimis, *cocta fervore* parilium studiorum*", extrêmement douce, réchauffée par la ferveur de goûts identiques (IV. IV, p. 7), qui n'est pas sans rappeler cette "*chaleur* générale et universelle, (...) toute *douceur*", qu'évoque le chapitre "De l'amitié" (I. XXVIII) des *Essais*.

Le "poème de l'amitié" (P. de Labriolle) est dans les *Essais* comme dans les *Confessions* un éloge funèbre des obsèques – "Est-ce pas un pieux et plaisant office de ma vie, d'en faire à toujours les obsèques?" (éd. de 1595): l'ami parfait n'est-il pas nécessairement un ami mort? Dans une même tonalité d'exaltation, fréquente dans les *Confessions*, mais plus rare dans les *Essais*, la commémoration s'achève sur la même méditation, articulée autour de deux motifs, "moi sans lui", "le monde sans lui". A côté de plusieurs ressemblances qu'on pourra considérer comme de simples rencontres dues à la topique du genre, trois traits décisifs semblent attester une lecture fervente de ce poème fervent, dont l'ardeur convient mieux, du reste, au sentiment amoureux qu'à l'amitié, si parfaite soit-elle:

> 1. A.:*quasi fomitibus conflare animos et ex pluribus unum facere.* (IV. VIII, p. 13). En l'amitié, les âmes se confondent comme avec des scintilles, et de plusieurs n'en font plus qu'une.

> M.: Elles [nos âmes] *se mêlent* et confondent l'une en l'autre, d'un mélange si universel, qu'elles effacent et ne retrouvent plus la couture qui les a jointes. (I. XXVIII, p. 188, je souligne)

> 2. A.: *Nam ego sensi animam meam et animam illius unam fuisse animam in duobus corporibus* . (IV. VI, p. 11) Car j'ai senti que mon âme et son âme ne furent qu'une seule âme en deux corps.

> M.: (...) tout étant par effet commun entre eux, (...) et leur convenance n'étant qu'une âme en deux corps (I. XXVIII, p. 190)
>
> 3. A.: *Bene quidam dixit de amico suo: dimidium animae suae (...) nolebam dimidius vivere.* (VI, p. 11). Il s'exprima bien celui qui disait de son ami qu'il était la moitié de son âme. (...) Je ne voulais pas vivre à demi.
>
> M.: Nous étions à moitié de tout (...). J'étais déjà si fait et si accoutumé à être deuxième partout, qu'il me semble n'être plus qu'à demi. (I. XXVIII, p. 193)

Voilà qui semble suffisamment indiquer que les discrets indices d'ignorance ne doivent point être pris pour argent comptant, et qu'il est, en effet, plus d'une figure du mensonge!

Si l'on ne craignait de dresser un réquisitoire, avant le temps de la plaidoirie, on ajouterait une autre omission bien étrange. Dans le célèbre chapitre "De la liberté de conscience", si controversé, nulle référence n'est donnée à l'ouvrage de l'ami, trouvé dans ses papiers à sa mort, "quelques mémoires sur cet édit de Janvier, fameux par nos guerres civiles, qui trouveront ailleurs peut-être leur place" (I. XXVIII, p. 184). Outre que ces mémoires n'ont point trouvé leur place lorsque Montaigne publia "le livret de ses œuvres" qu'il a fait "mettre en lumière"[15], on observera qu'aucune mention du texte n'éclaire la dernière séquence du chapitre "De la liberté de conscience", qui reprend pourtant exactement la dialectique du *vouloir* et du *pouvoir* orchestrée dans le *Mémoire*.

Si la publication du discours *La Servitude Volontaire*, d'abord prévue, nous dit Montaigne, pour constituer le tableau central, riche, poli et formé selon l'art, autour duquel le livre s'enroulerait en guise de "grotesques", est différée pour des raisons de prudence, au motif que ce texte avait été et pouvait être encore malicieusement lu comme discours subversif, et si "en échange de cet ouvrage sérieux", on nous annonce les 29 sonnets de La Boétie, à leur tour pourtant supprimés après 1588, au motif que "ces vers se voient ailleurs" – mais où? Pourquoi ne pas indiquer le lieu? –, l'absence de référence au *Mémoire* ne laisse pas de troubler, et de donner à penser que cette amitié unique manquait étrangement au devoir de fidélité[16]. M. Smith a raison de noter que le chapitre "C'est folie de rapporter le vrai et le faux à notre suffisance" (I. XXVII) "est une rectification de la pensée de La Boétie", mais il est bien subtil de prétendre que, signalant ainsi les dangers du compromis, il permet au lecteur "de lire le *Mémoire* sans risquer de se méprendre sur les questions doctrinales", et bien plus hasardeux de voir dans ce chapitre "l'apologie du *Mémoire*"[17].

---

[15] Voir l'introduction de Malcolm Smith à son édition du *Mémoire sur la pacification des troubles*, Genève 1983, à propos des raisons (idéologiques) qui pourraient expliquer la suppression du *Mémoire*.

[16] M. Smith fait l'hypothèse exactement inverse, d'une omission par fidélité.

[17] Montaigne, *Mémoire sur la pacification des troubles*, éd. M. Smith, p. 22-23.

En somme, s'il est assuré que les chapitres "De la liberté de conscience" et "C'est folie" défendent une tout autre position que les deux discours de La Boétie, on peut s'étonner des excuses fournies par Montaigne pour ne pas les citer ni les alléguer, alors qu'il prétend vouloir mettre en lumière les œuvres de l'ami.

Puisque la doxa critique veut depuis quelques décennies que *Les Essais* soient le Tombeau édifié à la mémoire de La Boétie, le moins qu'on puisse dire est qu'il s'agit alors d'un cénotaphe.

Des omissions, des allégations trompeuses, des excuses peu convaincantes, des déclarations peu fiables: le livre pourtant ne mentirait-il pas de bonne foi?

Mentir vrai

L'avocat de la défense, après avoir entendu le réquisitoire, ne manquera de nuancer les reproches en faisant observer que *dire mensonge* est parfois une impérieuse nécessité, dictée par quelque "obligation particulière à ne dire qu'à demi, à dire confusément, à dire discordamment" (III. IX, p. 996) . Et que, de surcroît, il peut se trouver quelque vérité dans le mensonge.

L'impertinent avis *Au lecteur*, certes, se moque de nous, et l'on pourrait reprendre la formule de Pasquier, à propos des titres de chapitres:

> C'est en quoi il s'est voulu de propos délibéré moquer de nous, et par aventure de lui-même, par une liberté particulière qui était née avec lui[18].

Présenter le livre comme un simple témoignage, un portrait d'ancêtre destiné à orner une galerie familiale ou amicale, ou encore, ainsi qu'il le fait dans la dédicace du chapitre "De la ressemblance des enfants aux pères" à Mme de Duras, comme une conversation familière, des "inepties" qui permettent seulement de reconnaître "ce même port et ce même air [qu'elle a vus] en [sa] conversation", une représentation "au naturel" (II. XXXVII, p. 783): quelque chose se dit dans ces mensonges délibérés; et d'abord sans doute que le lecteur souhaité est un lecteur ami, mieux, un lecteur amoureux, comme ces dames à qui le chapitre "Sur des vers de Virgile", les dernières accolades d'un amant, "fera du cabinet" (III. V, p. 847), ou comme la fille d'alliance, si chaleureusement admirative en son "affection [...] plus que sur abondante" (II. XVII, p. 662). Et aussi que l'écrivain désire en effet laisser de lui "la connaissance", qu'il est "affamé de se faire connaître", et de se faire connaître par un livre "corps solide" appelé à "durer quelques années ou quelques jours" après lui (II. XXXVII, p. 783). On ajoutera que Rousseau n'avait pas tout à fait tort lorsqu'il accusait Montaigne de se peindre "de profil", mais, outre que cette critique répond elle-même à une stratégie pour assurer l'absolue nouveauté des *Confessions*, exactement comme Montaigne a besoin d'assurer l'absolue nouveauté de ses *Essais*, il reste que l'auto-portrait, s'il ne résume pas toute la matière des *Essais*, cette représentation "au naturel" - *Me représenté-je pas vivement (...) Suffit!* - est en effet une singula-

---

[18] Montaigne, *Les Essais*, éd. P. Villey, Appendice II, p. 1207.

rité, échappant aux normes rhétoriques et morales de l'époque. De même, s'il n'est pas tout à fait vrai que seule "la révérence publique" interdit à l'essayiste de se peindre "tout entier et tout nu" – les résistances intimes sont bien plus fortes, comme on a tenté de le montrer[19] – il reste que Montaigne a osé parler non seulement du sexe et de la sexualité, mais de *son* sexe et de *sa* sexualité, et que sa parole alors est une parole de vérité, sans ostentation ni vantardise; s'agissant d'un domaine particulièrement sensible pour la vanité du mâle, qui eut ses approches si impertinemment génitales en sa jeunesse ardente, les aveux d'impuissance ou de défaillance devaient particulièrement coûter. L'avis au lecteur dit donc vrai, en partie vrai, en disant faux.

L'autre chef d'accusation paraît plus grave. Comment justifier l'omission des *Confessions* dans une séquence où le paradigme de la confession est massivement présent, comment oser déclarer sans sourciller que saint Augustin n'a publié que les erreurs de ses opinions, non de ses mœurs? Il convient ici de rappeler l'impérieuse nécessité de définir un genre hors normes, et d'écarter, pour marquer sa singularité, non seulement les genres proches, les *Vies* du bon Plutarque, auquel pourtant Montaigne doit tant, mais les écrivains proches, et parmi eux saint Augustin. Et il est vrai que *Les Confessions* répondent du reste à un dessein tout autre: mais plutôt que de marquer les différences, comme il le fait pour Tacite ou pour César, Montaigne choisit d'omettre la référence, de peur sans doute que le lecteur superficiel ne confonde les deux ouvrages. Le mensonge par omission, plus élégant que la dénégation, moins risqué aussi, est en même temps un mentir vrai, car celui qui se confesse, non sans terreur, sous le regard du grand juge est ici une créature humiliée en quête de salut, là un homme souhaitant "jouir loyalement de son être".

L'avocat citera d'ailleurs au banc des témoins à décharge tous les autobiographes qui, comme Montaigne, comme Rousseau, effaceront soigneusement tous les antécédents, soucieux chaque fois d'"inventer" un nouveau genre.

C'est à d'autres considérations qu'il faudra faire appel pour éclairer la curieuse désinvolture à l'égard des textes de La Boétie. Serait-ce que, si le poète et le traducteur de Xénophon ne lui portent pas ombrage, le penseur politique est perçu, consciemment ou inconsciemment, comme un rival? Est-il tout à fait sincère, le regret que La Boétie n'eût pris "un tel dessein que le mien, de mettre par écrit ses fantaisies" (I. XXVIII, p. 184)? Impossible d'en juger. Mais on aimerait seulement souligner que cette amitié unique ne nous est connue que par un texte littéraire, plein de réminiscences littéraires[20], écrit après la mort de l'ami, que la fameuse lettre

---

[19] Je renvoie à G. Mathieu-Castellani, *Montaigne, l'écriture de l'essai*, Paris 1988.

[20] Du récit de la naissance de l'amitié, et de l'évocation de cette "[je] ne sais quelle force inexplicable et fatale, médiatrice de cette union" (I. XXVIII, p. 188), on pourra rapprocher en particulier ces lignes d'un contemporain: "Mais qui pourrait causer l'inclination nécessaire & d'amour et & de haine entre les hommes, les bêtes, les oiseaux (...). Dont je ne veux, quant aux hommes alléguer autre preuve que toi-même, qui (...) fus contraint néanmoins, ne m'ayant jamais vu auparavant, mais à l'improviste (...) rencontré à la campagne sous une cornette de m'aimer merveilleusement & de m'accoster pour contracter amitié ensemble & jurer une frater-

écrite au père est elle-même un texte *littéraire* , et que sans doute il n'est d'excellent ami que mort. Tout se passe en tout cas comme si Montaigne souhaitait que l'ami ne fût connu que par son propre texte, et, en somme, l'opération a parfaitement réussi!

Mentir, dire mensonge, mentir à autrui, dire mensonge à soi-même: toute vérité n'est pas bonne à dire, nous assure l'adage, et celle-ci moins qu'une autre, sans doute.

Quelques brèves remarques pour conclure. Il est impossible de ne pas tenir compte dans la polyphonie des *Essais* des différents personnages qui parlent tour à tour et parfois simultanément. Les contradictions que l'on peut observer tiennent à la diversité des points de vue, et à celle des stratégies discursives.

Ici il s'agira d'abord de se justifier allusivement, là il faudra d'abord apporter quelque argument à l'appui de l'authenticité, là encore l'auto-portraitiste s'efface devant le philosophe qui aura à concilier le scepticisme épistémologique et la confiance dans le domaine de la formation des mœurs.

Le moraliste déteste la dissimulation, le peintre du moi la condamne mais ne peut s'interdire de la souhaiter[21], le philosophe sceptique tient que l'accès à la vérité et à l'essence des choses n'est pas possible à l'homme, et s'en accommode, le philosophe politique tient la dissimulation pour un mal, mais un mal nécessaire.

C'est d'ailleurs sur ce point qu'il s'oppose dans le chapitre "De la liberté de conscience" au *Mémoire* de La Boétie, qui ne peut admettre la dissimulation du prince: si pour Henri de Navarre Paris vaut bien une messe, pour Montaigne la paix vaut bien une ruse. Il convient donc de distinguer le portrait du moi idéal, tout de franchise et de sincérité, de liberté et d'authenticité, et les compromis qu'accepte le moi social au contact des rudes réalités.

Si nous sommes des lecteurs passionnés des *Essais*, fascinés par leur subtilité, et l'acuité de l'intelligence qui s'y déploie, ce n'est sans doute pas raison que nous employons notre loisir en un sujet si frivole et si vain que celui de leur "véridicité". *Si non e vero, e ben trovato.*

---

nité d'armes avec moi (...). Et m'ayant souvent confessé avoir été poussé à m'aimer par je ne sais quoi que connaissant en moi tu ne pouvais connaître, tu t'émerveillais de cela, vu qu'auparavant tu ne me connaissais ni de face ni de renommée (...). Voilà pourquoi en reconnaissance de ta franche amitié, causée par les astres (...)" (J. de la Taille, *A un sien ami*, dédicace de La Géomance , Paris 1574).

[21] "Utile décence de notre virginale pudeur, si elle lui [au grand juge qui nous voit partout] pouvait interdire cette découverte." (III.V., p. 885).

Andreas Gipper

Lüge und Rhetorik bei Pascal oder von der homöopathischen Wirkung des Selbstbetrugs

„L'homme n'est [...] que déguisement, que mensonge et hypocrisie, et en soi-même et à l'égard des autres."[1] Der Mensch ist Verstellung, Lüge und Heuchelei; er betrügt sich selbst und er belügt die anderen. Lüge und Selbstbetrug gehören nicht nur zur anthropologischen Grundausstattung des Menschen, sie bilden in der reduktiven Form des „ne - que" geradezu sein Definiens. Die Apologie der christlichen Religion, welche Pascal unternimmt, hat ihnen daher nicht nur eine place de choix in der Analyse der Conditio humana einzuräumen, sondern sie hat ihnen auch da Rechnung zu tragen, wo es darum geht, den Menschen zur christlichen Wahrheit hinzuführen.

Angesichts dieser Grundkonstellation kann es nicht verwundern, daß die Auseinandersetzung mit dem Problem von Lüge und Selbstbetrug in Pascals Werk mindestens ebenso omnipräsent ist wie das komplementäre Problem der Wahrheit. Dabei durchzieht und prägt die Problematik nicht nur die Fragmente zur Apologie des Christentums, sondern fast ebenso sehr die polemischen und wissenschaftlich-mathematischen Schriften[2]. Betrachtet man etwa die *Provinciales*, so sieht man schnell, daß das Thema keineswegs nur in den berühmten Briefen XV und XVI über die Technik der Verleumdung der Révérends Pères Jésuites eine zentrale Rolle spielt. Tatsächlich können die gesamten *Provinciales* als leidenschaftliche Auseinandersetzung mit dem Problem des Betrugs gelesen werden. Die Polemik gegen die kasuistische Verfälschung der christlichen Wahrheiten ist insofern von Anfang an mit der Frage verbunden, wie es denn zu erklären sei, daß Menschen, die ihr Leben den Wahrheiten des Christentums gewidmet haben, diese Wahrheit dennoch verfehlen. Handelt es sich um Irrtum, um Selbstbetrug oder um bewußte Täuschung? In dieser

---

[1] B. Pascal, *Pensées*, hrsg. von L. Lafuma, Fr. 978-100, in: *Œuvres complètes*, Paris 1963. Im folgenden zitiert als Pascal, *Pensées*, 978.

[2] Für den wissenschaftlichen Bereich sei auf die Schriften zur Problematik der Cycloïde hingewiesen und insbesondere auf die *Lettre circulaire* vom 7. Oktober 1658 mit dem Titel *Réflexion sur les conditions des prix attachés à la solution des problèmes concernant la cycloïde*, in der es neben der Frage nach der Natur eines wissenschaftlichen Beweises nicht zuletzt auch um verschiedene Versuche geht, die Existenz eines solchen Beweises betrügerisch vorzutäuschen. Pascal, *Œuvres complètes*, S. 110-113.

Fragerichtung erscheinen die *Provinciales* und die *Pensées* als argumentative Einheit. Während es der Polemik der *Provinciales* nicht zuletzt darum zu tun ist, die Jesuiten systematisch als Betrüger zu entlarven, gehen die *Pensées* unter anderem den Fragen nach, wie es zu einem derartigen Betrug überhaupt kommen kann, warum der Betrug notwendig auf einem Selbstbetrug beruht und warum die christliche Wahrheit überhaupt verfehlt werden kann, obwohl sie doch in der Offenbarung vor uns liegt.

Es ist daher bemerkenswert, daß zwar eine Reihe Untersuchungen zur Wahrheitsproblematik bei Pascal existieren[3], die Problematik von Lüge und Selbsttäuschung jedoch, soweit ich sehe, nie zum Gegenstand einer eigenen Analyse gemacht worden ist. Dies mag daran liegen, daß das Problem als die bloße Kehrseite des Wahrheitsproblems erscheinen kann und entsprechend nicht als eigener Gegenstand in den Blick gerät. Zwar ist kaum zu übersehen, daß das Problem von Lüge und Selbstbetrug bei Pascal aufs Engste mit der Auseinandersetzung um den Wahrheitsbegriff verbunden ist, dennoch soll im folgenden der Versuch gemacht werden zu zeigen, daß die spezielle Blickrichtung auf das Problem der Lüge auch die Wahrheitsproblematik neu zu beleuchten vermag.

Da die Problematik in alle klassischen Themen der *Pensées* hineinreicht, werden sich die folgenden Bemerkungen auf einen Teilaspekt konzentrieren und in ihren Mittelpunkt das Verhältnis von Lüge und Selbstbetrug zur Rhetorik stellen. Damit wird einem Aspekt Rechnung getragen, der in den letzten Jahren in der Pascalforschung zunehmend Beachtung gefunden hat[4] und der geeignet scheint, einige wichtige Aspekte der Problematik sichtbar zu machen.

Daß die Kunst der Rhetorik eine Kunst der Lüge und der Täuschung sei, ist ein Vorwurf, der bekanntermaßen so alt ist wie die Rhetorik selbst. Spätestens mit Plato avanciert er zu einem Grundtopos des abendländischen Wahrheitsdiskurses. Im christlichen Kontext verschärft sich dieser Vorwurf durch die Verlagerung von einer Ethik der Wahrheit, die das gute Leben im Visier hat, zu einer Ethik der Wahrhaftigkeit, welche auf das Seelenheil abzielt. Als Schlüsselszene kann hier Augustinus' Beschreibung seiner Konversion gelten, welche unmittelbar zur Aufgabe seines rhetorischen Lehramtes und zu dessen Verurteilung als „Lehrstuhl der Lüge" führt[5]. In einem historisch folgenreichen Moment verschränkt sich damit die Hinwendung zu Gott unauflöslich mit der Abkehr von der Rhetorik. Beide Momente erscheinen

---

[3] An dieser Stelle sei lediglich verwiesen auf die Arbeit von T. M. Harrington, *Vérité et Méthode dans les Pensées de Pascal*, Paris 1972.

[4] Am bekanntesten ist hier die Arbeit von Patricia Topliss, *The Rhetoric of Pascal*, Leicester 1966. Erwähnenswert ist auch die jüngere Arbeit von Hyung-Kil Kim, die die *Pensées* als systematische Anwendung eines 'Art de persuader' begreift, der seinerseits zu Recht als ein Teil der Logik begriffen wird (H.-K. Kim, *De l'art de persuader dans les Pensées de Pascal*. Préface de A. Mc Kenna, Paris 1992). Daneben ist insbesondere auf die beiden folgenden Aufsätze von Louis Marin hinzuweisen: „Secret, dissimulation et art de persuader chez Pascal" sowie „Une rhétorique 'fin de siècle': Pascal, de l'art de persuader (1657-1658?)", in: L.M., *Pascal et Port Royal*, Paris 1997, S. 92-116 und 155-168.

[5] A. Augustinus, *Bekenntnisse*, eingeleitet und übertragen von W. Thimme, München 1982, S. 220 (Kapitel 9, 2).

als identische Bewegung. Es entspricht insofern einer inneren Logik, daß es gerade Pascals Spiritus rector Augustinus ist, der die Lüge in den Mittelpunkt der christlichen Moralreflexion gerückt und ihre Verurteilung in den Schriften *De mendacio* und *Contra mendacium* in beispielloser Weise radikalisiert hat[6].

Dies hat die Rhetorik bekanntlich nicht gehindert, bereits in der Spätantike (und zum Teil bei Augustinus selbst) zum Bestandteil des christlichen Erbes zu werden und im Mittelalter als Teil des Triviums neben Grammatik und Dialektik zu einer zentralen Disziplin des Bildungskanons zu avancieren. Trotz einer engen Verschmelzung von christlicher Verkündigung und Redekunst insbesondere im Rahmen der Homiletik, ist das Verhältnis der christlichen Tradition zur Rhetorik allerdings nie gänzlich unproblematisch gewesen. Zwar wird im Zeitalter des französischen Absolutismus der Bereich der prédication aufgrund der Inexistenz einer nennenswerten politischen Rhetorik neben der Jurisprudenz als die eigentliche Domaine des rhetorischen Sprechens gelten können[7], dennoch sind die Vorbehalte gegen die Rhetorik und ihre Lügenhaftigkeit auch und insbesondere in jener apologetischen Tradition, an die Pascal unmittelbar anknüpft, außerordentlich lebendig. In Senaults *L'homme criminel, ou la corruption de la nature par le péché* von 1644 etwa werden die rhetorischen Figuren insgesamt als „agréables mensonges" und insbesondere die Metaphern als „imposture" verworfen, während Silhon seinen Traktat *De l'Immortalité de l'âme* von 1634 mit der Ankündigung beginnt, „de rompre tout commerce avec la Rhétorique"[8].

Wenn im folgenden das Verhältnis von Rhetorik und Lüge bei Pascal entfaltet wird, so soll damit der Versuch gemacht werden zu zeigen, wie Pascal die traditionelle Rhetorik-Kritik in seinen rhetorischen Diskurs mitaufnimmt und gerade die schärfsten traditionellen Einwände gegen sie, und d.h. insbesondere den Vorwurf der Lüge und des Betruges, zu impliziten Argumenten für ihre Legitimität macht. Dabei wird sich zeigen, daß die Rhetorik einem ganz ähnlichen Verständnis unterliegt wie die Offenbarung. Sowohl für die Offenbarung als auch für die Rhetorik gilt, daß ihre tiefere Wahrheit gerade in der Tatsache gesucht wird, daß sie gleichzeitig verdeckt und enthüllt, täuscht und entlarvt, von der Wahrheit weg und zu ihr hin führt. Die Offenbarung selbst enthüllt insofern einen eminent rhetorischen Charakter, und gerade deshalb darf und muß man sich ihr rhetorisch nähern. Gerade weil die

---

[6] Tatsächlich ist die Reflexion über die Lüge bei Augustinus allgegenwärtig. Neben den beiden einschlägigen Schriften über die Lüge *De mendacio* und *Contra mendacium* (*Die Lüge* und *Gegen die Lüge*, übertragen und erläutert von P. Keseling, Würzburg 1953) sei hier auch auf die entsprechenden Kapitel im *Gottesstaat* verwiesen (*Vom Gottesstaat*, 2 Bde., übertragen von W. Thimme, München 1997, Bd. 2, Buch 14, Kapitel 3 und 4, S. 157-164). Vgl. dazu A. Baruzzi, *Philosophie der Lüge*, Darmstadt 1996, S. 45-60. Zu Pascals Augustinus-Rezeption, vgl. Ph. Sellier, *Pascal et Saint-Augustin*, Paris 1970.

[7] Vgl. Fr. de Salignac de la Motte Fénelon, *Lettre à l'Académie*, hrsg. von E. Caldarini, Genève 1970, S. 40. Zum Zusammenhang von Politik und Rhetorik in den *Pensées*, vgl. R. Behrens, „Zur anthropologischen Fundierung von Politik und Rhetorik in den *Pensées* Blaise Pascals", *Jahrbuch Rhetorik* Bd. 10/1991, S. 16-29.

[8] J. F. Senault, *L'homme criminel, ou la corruption de la nature par le péché*. Selon les sentiments de Saint Augustin, 4. Auflage, Paris 1656, S. 389-395, zitiert nach Topliss, *The Rhetoric of Pascal*, S. 139. J. de Silhon, *De l'Immortalité de l'âme*, Paris 1634, Bd. 2, S. 236, ebenfalls zitiert nach Topliss, S. 139.

Rhetorik die Wahrheit verhüllt, die sie ansteuert, kann sie in den *Pensées* zum machtvollen Instrument der Apologie avancieren. Gerade weil Pascals rhetorische Analyse der Lüge diese unauflösbar mit dem Selbstbetrug verbindet, wird sie in einer paradoxen Bewegung zum Instrument des Heils.

Die folgenden Ausführungen folgen drei Argumentationsschritten. In einem ersten Abschnitt, der den größten Teil des Beitrages ausmachen wird, sollen Pascals Überlegungen zum Problemfeld von Lüge und Selbstbetrug und ihrem Verhältnis zur Wahrheit in knapper Form vorgestellt werden. In einem zweiten Schritt soll aufgezeigt werden, in welcher Form diese Überlegungen in Pascals Reflexion über die Rhetorik Eingang finden, um schließlich in einem dritten Schritt ihre zentrale Funktion für das Projekt einer Apologie der christlichen Religion zu skizzieren. In diesem Zusammenhang soll der Pari als eine Art homöopathische Kur der Lügenhaftigkeit des Menschen gedeutet werden.

1. Von der Reflexion über Lüge und Selbstbetrug zu einem perspektivischen Begriff der Wahrheit

Als Ausgangspunkt der Analyse soll uns jener Archimedische Punkt dienen, der Pascals Denken und dasjenige des gesamten jansenistischen Augustinismus geradezu obsessiv beherrscht: der Sündenfall. Wie sehr die Pascalsche Anthropologie eine Reflexion über die Conditio humana nach dem Fall bildet, ist mehr als hinlänglich bekannt. Worin aber besteht die Sünde des Sündenfalls? Für Augustinus, und mit ihm für Pascal, kann es keinen Zweifel geben. Wenn Gott die Wahrheit ist, dann kann die Abkehr von Gott nur als Lüge bestimmt werden. Der Begriff der Lüge verhält sich damit komplementär zu einem Begriff der Wahrheit, der diese in theologischer Weise als ursprüngliche Evidenz, als Unverborgenheit begreift. Lüge hat entsprechend etwas mit Verborgenheit zu tun. Sie beherrscht jenen Raum, der nicht von der ursprünglichen Evidenz erleuchtet wird. Diese spezifisch theologische Bedeutungsdimension von Wahrheit und Lüge, die begrifflich bereits im Konzept der Offenbarung bzw. der ‚révélation' zu Tage liegt, ist im 17. Jahrhundert noch weithin geläufig und wirkt bis in den Evidenzbegriff Descartes' hinein[9]. Sie muß sorgfältig von unserem alltagssprachlichen Wahrheitsbegriff unterschieden werden, welcher die Wahrheit als die Wahrheit von Sätzen bestimmt, deren propositionaler Gehalt mit einer wie auch immer definierten Wirklichkeit übereinstimmt. Lüge bestimmt sich entsprechend als die in täuschender Absicht vorgenommene Falschaussage. Dabei ist ein solcher Korrespondenzbegriff von Wahrheit weder Pascal noch Augustinus fremd. Es zeigt sich aber, daß er immer wieder mit dem theologischen Konzept kollidiert, ohne daß diese Kollision je in Blick käme. Deutlich wird dies betrachtet man

---

[9] Das christliche Offenbarungsdenken entspricht insofern dem ursprünglichen griechischen Wahrheitsbegriff, als es sich im Konzept der aletheia äußert. Der entsprechende Zusammenhang ist bekanntlich vor allem von Heidegger wieder ins Bewußtsein gehoben worden; vgl. M. Heidegger, *Sein und Zeit*, Tübingen 1979, S. 222.

Augustinus' Versuche die Lüge zu definieren. Während er nämlich auf der einen Seite zu einem ausgesprochen modernen Begriff der Lüge vordringt, der diese an das Bewußtsein einer Falschaussage bindet und sie dadurch vom moralisch indifferenten Irrtum unterscheidet, bleibt er im Bereich der Heilswahrheiten dem theologischen Lügenbegriff verhaftet, der die Häresie als schwerste Sünde bestimmt, obwohl ihr keinerlei Bewußtsein einer Abweichung von der Wahrheit innewohnt[10]. Genau dieser Widerspruch ist es, der auch Pascal immer wieder beschäftigt und es wird sich insofern zeigen, daß die Diskussion um das Problem der Lüge nur aus dem Spannungsfeld beider Konzepte heraus verstanden werden kann.

Aus der Perspektive der augustinischen Anthropologie nimmt die Lüge unter allen menschlichen Lastern und Sünden eine absolute Sonderstellung ein, insofern sie, wie wir gesehen haben, theologisch als Abkehr von Gott bestimmt wird. Entsprechend kann Augustinus im *Gottesstaat* formulieren, daß alle Sünde wesensmäßig Lüge sei:

> Lebt also der Mensch nach der Wahrheit, lebt er nicht nach sich selber, sondern nach Gott. Denn Gott ist's, der gesagt hat: „Ich bin die Wahrheit." Lebt er aber nach sich selber, das ist nach dem Menschen und nicht nach Gott, lebt er unfraglich auch nach der Lüge. [...] Lebt man also nicht so, wie man seiner anerschaffenen Natur nach leben sollte, so ist das Lüge. Denn der Mensch will glückselig sein, ohne doch so zu leben, daß er es sein kann. Gibt es etwas Verlogeneres als solchen Willen? So kann man nicht ohne Grund sagen, alle Sünde sei Lüge.[11]

Die Lüge wird zur Ursünde, welche alle anderen Sünden nach sich zieht. Nicht nur weite Teile der theologischen Tradition, sondern auch große Teile der europäischen Moralistik sind Augustinus darin gefolgt. Stellvertretend für zahlreiche andere Autoren sei hier ein Passus aus Quevedos *Sueños* zitiert, wo es heißt:

> [...] todo el hombre es mentira por cualquier parte que le examinéis [...] ¿Ves los pecados? Pues todos son hipocresía, y en ella empiezan y acaban, y della nacen y se alimentan la Ira, la Gula, la Soberbia, la Avaricia, la Lujuria, la Pereza, el Homicidio y otros mil.[12]

Die Urlüge besteht insofern wie wir gesehen haben zunächst in der Verbergung Gottes, in einer Art Gottferne. Die Lüge ist insofern nicht eine sprachliche Handlung, sondern ein heilsgeschichtliches Ereignis, eine Verweigerung der Gnade.

An diese Augustinische Bestimmung der Lüge knüpft Pascal in den *Pensées* unmittelbar an. Die Lüge setzt für Pascal genau in dem Augenblick ein, wo der Mensch sich aus der Einheit mit seinem Schöpfer löst und einen Anspruch auf Gottgleichheit er-

---

[10] Vgl. A. Augustinus, *Die Lüge* und *Gegen die Lüge*.
[11] A. Augustinus, *Vom Gottesstaat*, Bd. 2, Buch 14, Kapitel 4, S. 160.
[12] F. de Quevedo, „El mundo por de dentro", in: F. de Qu., *Los Sueños*, hrsg. von I. Arellano, Madrid 1995, S. 282.

hebt[13]. Die zentrale Lüge des Menschen besteht mithin in seinem Anspruch auf Autonomie, in dem Streben „centre de lui-même" zu sein[14]. Genau in diesem angemaßten Anspruch auf Autonomie, in dieser Hybris des ‚amour-propre', in dem Glauben auf Realisierung des Glücks in sich und durch sich selbst, ist das Ich stets hassenswert. Die Analyse der Lüge bei Pascal kreist daher immer wieder um den gleichen Punkt: Der Mensch haßt und verkennt die Wahrheit, er lebt in der Lüge genau in dem Maße, wie die Wahrheit mit seinem Anspruch auf Selbstermächtigung und Unabhängigkeit von Gott kollidiert. Will man die „présomption" der Gottgleichheit, aber in einem alltagssprachlichen Sinne als Lüge verstehen, so kann man sie eigentlich nur als Lüge gegenüber sich selbst, als fatalen Selbstbetrug bestimmen. Die Lüge der Schlange ist nicht denkbar ohne den Selbstbetrug des Menschen[15].

Genau hier liegt der Ursprung der Rhetorik. Nicht umsonst kann die Urszene des Sündenfalls auch als deren Geburtsstunde begriffen werden. Die Schlange erweist sich als der erste Rhetor. Ihre Persuasion aber hat nur deshalb Erfolg, weil sie dem ‚amour-propre' des Menschen schmeichelt und die Selbsttäuschung über dessen mögliche Autonomie befördert. In diesem Sinne kann man sagen, daß nicht die Lüge den Selbstbetrug hervorbringt, sondern der Selbstbetrug die Lüge[16]. Der beste Rhetor ist der Mensch in jeder Hinsicht gegenüber sich selbst. Als die Quaestio magna der Ethik erweist sich in dieser Perspektive mit der Lüge die ‚mauvaise foi'[17].

> [...] on nous traite comme nous voulons être traités: nous haïssons la vérité, on nous la cache; nous voulons être flattés on nous flatte; nous aimons à être trompés, on nous trompe. [...] Ainsi la vie humaine n'est qu'un illusion perpétuelle; on ne fait que s'entre-tromper et s'entre-flatter.[18]

Als Produkt der Erbsünde sind Täuschung und Selbsttäuschung notwendiger Teil der Conditio humana. Hinzu kommt, daß auch alle Erkenntnisvermögen des Menschen

---

[13] In der Genesis heißt es entsprechend: „Gott weiß: an dem Tage, da ihr davon esset, werden eure Augen aufgetan, und ihr werdet sein wie Gott [...]." (1. Mose 3.4).

[14] In Pascals Version lesen sich Gottes Worte entsprechend wie folgt: „Mais il [l'homme] n'a pu soutenir tant de gloire sans tomber dans la présomption. Il a voulu se rendre centre de lui-même et indépendant de mon secours. Il s'est soustrait de ma domination et s'égalant à moi par le désir de trouver sa félicité en lui-même je l'ai abandonné à lui [...]." (Pascal, *Pensées*, 149).

[15] „Da sprach Gott der Herr zum Weibe: Warum hast du das getan? Das Weib sprach: Die Schlange betrog mich [...]." (1. Mose 3.13).

[16] Der Selbstbetrug geht in diesem Sinne der Lüge voraus. Entsprechend ist es der Selbstbetrug, den die Religion vorrangig zu bekämpfen hat. Die Täuschung der anderen kann notwendig sein, die Selbsttäuschung ist immer fatal. Die ganze Institution der Beichte muß nach Pascal in dieser Blickrichtung verstanden werden: als wohltätiger Zwang sich selbst in die Augen zu sehen: „La religion catholique n'oblige pas à découvrir ses péchés indifféremment à tout le monde; elle souffre qu'on demeure caché à tous les autres hommes; mais elle en excepte un seul, à qui elle commande de découvrir le fond de son coeur, et de se faire voir tel qu'on est." (Pascal, *Pensées*, 978).

[17] In diesem Zusammenhang ließen sich tatsächlich erstaunliche Parallelen zwischen Sartre und Pascal aufweisen.

[18] Pascal, *Pensées*, 978.

von der Lüge affiziert sind. Insbesondere das Vermögen der Vorstellungskraft scheint dem Menschen nur gegeben, um seinen verderblichen Hochmut zu bestrafen und seiner Suche nach der Wahrheit Hindernisse in den Weg zu legen[19]. Das bedeutet aber keineswegs, daß Pascal in den Zusammenhang einer traditionellen Imaginationskritik nach Descartesschem Muster einzuordnen wäre [20]. Nicht die Imagination ist für Pascal das zentrale Problem, sondern die Tatsache, daß es kein sicheres Kriterium für ihre sinnvolle Verwendung gibt. Genau darin aber unterscheidet sie sich gerade nicht von den anderen Erkenntnisvermögen, insbesondere der Vernunft und den Sinnen. Es macht also überhaupt keinen Sinn, die Imagination und die Sinne zugunsten der Vernunft als trügerisch zu denunzieren. Tatsächlich anerkennt Pascal ausdrücklich, daß in vielen Fällen die Sinne sehr viel verläßlicher sind als die Vernunft[21]. Das Problem des Menschen besteht daher allein darin, daß er (außerhalb des eng limitierten Bereichs der Geometrie) überhaupt kein sicheres Wahrheitskriterium besitzt:

> L'homme n'est qu'un sujet plein d'erreur naturelle, et ineffaçable sans la grâce. Rien ne lui montre la vérité. Tout l'abuse. Ces deux principes de vérité, la raison et les sens, outre qu'ils manquent chacun de sincérité, s'abusent réciproquement l'un l'autre; les sens abusent la raison par de fausses apparences. Et cette même piperie qu'ils apportent à l'âme; ils la reçoivent d'elle à leur tour; elle s'en revanche. Les passions de l'âme les troublent et leur font des impressions fausses. Ils mentent et se trompent à l'envi.[22]

Der Binnenraum der menschlichen Seele wird damit gewissermaßen zum repräsentativen Spiegel der menschlichen Gesellschaft. So wie sich die Menschen unablässig gegenseitig belügen und betrügen, so verhalten sich auch die verschiedenen Seelenvermögen untereinander. In einen unbarmherzigen Kampf aller gegen alle verstrickt, streben sie danach, sich gegenseitig zu übervorteilen und über den Tisch zu ziehen. Es wiederholt sich die gleiche Figur: Lug und Trug gegenüber den Mitmenschen entspricht Lug und Trug im Inneren des Menschen selbst. Die Strafe für die ursprüngliche Lüge und den ursprünglichen Selbstbetrug des Menschen besteht also darin, daß Lüge und Selbstbe-

---

[19] Nach einer ausführlichen Analyse des imaginativen Täuschungspotentials kann Pascal daher resümieren: „Voilà à peu près les effets de cette faculté trompeuse qui semble nous être donnée exprès pour nous induire à une erreur nécessaire." (Pascal, *Pensées*, 44).

[20] Zur Imaginationsproblematik bei Pascal, vgl. G. Ferreyrolles, *Les reines du monde: l'imagination et la coutume chez Pascal*, Paris 1995.

[21] „[...] nous sommes bien certains que nous n'avons pas mal à la tête, et que nous ne sommes pas boiteux, mais nous ne sommes pas si assurés que nous choisissons le vrai. De sorte que, n'en ayant d'assurance qu'à cause que nous le voyons de toute notre vue, quand un autre voit de toute sa vue le contraire, cela nous met en suspens et nous étonne. Et encore plus quand mille autres se moquent de notre choix, car il faut préférer nos lumières à celles de tant d'autres. Et cela est hardi et difficile. Il n'y a jamais cette contradiction dans les sens touchant un boiteux." (Pascal, *Pensées*, 99).

[22] Pascal, *Pensées*, 45. Man vergleiche auch das folgende Fragment „L'homme est donc si heureusement fabriqué qu'il n'a aucun principe juste du vrai, et plusieurs excellents du faux." (Pascal, *Pensées*, 44).

trug zum unauflöslichen Teil seiner Natur werden. Die eigentliche Strafe der Vertreibung aus dem Paradies ist nicht das „unter Mühen sollst du Kinder gebären", noch das „im Schweiße deines Angesichts sollst du dein Brot essen", sondern die Verweigerung jener klaren Erkenntnis zwischen Gut und Böse, zwischen Wahrheit und Irrtum, welche doch gerade die Verheißung des Sündenfalles bildete.

Allerdings bleibt Pascal bekanntlich nicht bei dieser augustinischen Analyse der „misère de l'homme" stehen. Vielmehr zielt die Entfaltung der Problematik des Dieu caché auf die Erkenntnis ab, daß die Täuschbarkeit des Menschen nicht nur Teil der Conditio humana, sondern vielmehr positiver Teil des Heilsplanes ist. Die Wahrheit der christlichen Religion besteht darin, daß sie mit der Einsicht in die Täuschbarkeit der Menschen radikal Ernst macht. Nur eine Religion, welche die Conditio humana wesentlich als Lüge und Selbstbetrug begreift, kann auch Rechenschaft darüber ablegen, weshalb die Evidenz der göttlichen Wahrheit verfehlt werden kann. Nichts beweist daher die Wahrheit der christlichen Religion für Pascal so sehr wie die Tatsache, daß sich ein nicht unerheblicher Teil der Menschen über ihre Wahrheit täuscht. Damit aber ist der erste Schritt hin auf eine Konzeption gemacht, welche die überkommenen Wahrheitskonzepte überwindet und zu einer Neubestimmung der Wahrheit vorstößt. Pascal gelangt auf diese Weise zu einem Begriff der Täuschung, der diese weder einfach als Irrtum noch als Lüge, sondern als Teil der Wahrheit versteht. Wahrheit und Täuschung sind insofern nicht einander entgegengesetzt, sondern aufeinander bezogen. Sachliche Täuschung über einen Sachverhalt in der Welt, aber auch religiöse Häresie sind in aller Regel nicht das Produkt einer Verkennung der Wahrheit, sondern das Ergebnis ihrer Verkürzung. Die Wahrheit, so könnte man Pascal mit einer hegelschen Wendung reformulieren ist das Ganze. Daher kann jede partiale Wahrheit gewissermaßen auch eine Täuschung sein und umgekehrt. Dieser Zusammenhang findet seine vermutlich anschaulichste Demonstration in den Fragmenten zur Problematik des Divertissements, in denen Pascal zeigt, daß die Wahrheit des Divertissements gerade in der Selbsttäuschung besteht. Wer es einfach nur für lächerlich hält, den ganzen Tag hinter einem Hasen oder einem Hirsch hinterherzujagen, der verfehlt die relative Wahrheit der Jagd. Er übersieht nämlich, daß es dem Jäger eigentlich nicht um die Beute, sondern um etwas anderes geht[23]. Der Mann, der den Kummer über den Tod seines einzigen Sohnes bei der Jagd vergißt, hat durchaus gute Gründe, vor einer traurigen Realität in das divertissement zu fliehen. Diese Flucht ist insofern eben nicht nur Lüge als Abkehr von der Wahrheit, sondern gleichzeitig selbst Wahrheit, insofern es dem Menschen

---

[23] „Voilà tout ce que les hommes ont pu inventer pour se rendre heureux et ceux qui font sur cela les philosophes et qui croient que le monde est bien peu raisonnable de passer tout le jour à courir après un lièvre qu'ils ne voudraient pas avoir acheté, ne connaissent guère notre nature. Ce lièvre ne nous garantirait pas de la vue de la mort et des misères qui nous en détournent, mais la chasse nous en garantit." (Pascal, *Pensées*, 136). Die Selbsttäuschung des divertissements zu kritisieren, ohne dessen relative Berechtigung zu erkennen, heißt daher selbst der Selbsttäuschung zu verfallen.

eben nicht möglich ist, seinem Schicksal in jedem Augenblick ins Auge zu schauen[24]. Einer ähnlichen Logik folgen die Fragmente zur Analyse der Gewohnheit. Wer die Macht der Gewohnheiten als Selbstbetrug entlarvt, der übersieht zumeist, daß gerade in dieser Selbsttäuschung ihre Wahrheit besteht[25]. Wer hinter den Gewohnheiten stets nach der eigentlichen Natur sucht, der übersieht, daß die Gewohnheit dem Menschen zur Natur geworden ist. Tatsächlich könnte keine Gesellschaft ohne den Glauben an die Gewohnheitswahrheiten überleben. Die Beispiele dafür, daß jede partiale Wahrheit gewissermaßen auch eine Täuschung und jede Täuschung eine partiale Wahrheit sein kann, ließen sich fast beliebig vermehren. Besondere Bedeutung aber kommt dieser Figur zweifellos für den Bereich der christlichen Religion zu:

> La foi embrasse plusieurs vérités qui semblent se contredire [...]. Il y a donc un grand nombre de vérités, et de foi et de morale qui semblent répugnantes et qui subsistent toutes dans un ordre admirable. La source de toutes les hérésies est l'exclusion de quelques-unes de ces vérités. Et la source de toutes les objections que nous font les hérétiques est l'ignorance de quelques-unes de nos vérités. Et d'ordinaire il arrive que ne pouvant concevoir le rapport de deux vérités opposées, et croyant que l'aveu de l'une enferme l'exclusion de l'autre, ils s'attachent à l'une, ils excluent l'autre et pensent que nous, au contraire.[26]

Die häretische Unwahrheit besteht also weder in einem Irrtum, noch in einer Lüge, sondern im Mißbrauch einer verabsolutierten Teilwahrheit. „L'abus des vérités doit être autant puni que l'introduction du mensonge."[27] Dabei scheint mir der Begriff des Mißbrauches der Wahrheit besondere Beachtung zu verdienen. Ob eine Wahrheit Wahrheit ist, hängt also davon ab, welchen Gebrauch man von ihr macht. Damit kommt eine pragmatische Dimension in die Wahrheitsdiskussion, die dieser Diskussion einen enormen Differenzierungsgewinn beschert, sie aber dafür beträchtlich verkompliziert. Jeder wahre Satz der Religion kann unter diesem Aspekt eine Häresie verbergen, jeder wahre Satz der Moral eine Absurdität. Mit anderen Worten, es gibt keine einfach wahren Sätze (und zwar nicht einmal in der Mathematik), sondern allenfalls eine wahre Rede. Damit vollzieht Pascal den Schritt zu einem Wahrheitsverständnis, das den Evidenzbegriff wie den Korrespondenzbegriff von Wahrheit

---

[24] „D'ou vient que cet homme qui a perdu depuis peu de mois son fils unique et qui accablé de procès et de querelles était ce matin si troublé, n'y pense plus maintenenat. Ne vous en étonnez pas, il est out occupé à voir par ou passera ce sanglier que ses chiens poursuivent avec tant d'ardeur depuis six heures. Il n'en faut pas davantage. L'homme, quelque plein de tristesse qu'il soit, si on peut gagner sur lui de le faire entrer en quelque divertissement le voilà hereux pendant ce temps-là, et l'homme quelqu'heureux qu'il soit s'il n'est diverti et occupé par quelque passion ou quelque amusement, qui empêche l'ennui de se répandre, sera beintôt chagrin et malheureux. Sans divertissement il n'y a point de joie; avec le divertissement il n'y a point de tristesse." (Pascal, *Pensées*, 136).

[25] Vgl. Pascal, *Pensées*, 821.

[26] Pascal, *Pensées*, 733.

[27] Pascal, *Pensées*, 906.

gleichermaßen hinter sich läßt. Die Wahrheit bestimmt sich nicht als Unverborgenheit und einfache Evidenz, sie bestimmt sich aber auch nicht propositional. Stattdessen muß sie als pragmatisch und diskursiv begriffen werden[28]. Wie ernst es Pascal mit diesem Perspektivwechsel ist, zeigt sich spätestens dann, wenn er seine Analyse der Wahrheit auch auf die gleichsam axiomatischen Aussagen des Dekalogs anwendet und entsprechend ausdrücklich auch diese nicht zu den absoluten, sondern zu den Partialwahrheiten zählt:

> Mais que dira(-t-)on qui soit bon? [...] De ne point tuer? non, car les désordres seraient horribles, et les méchants tueraient tous les bons. [...] Nous n'avons ni vrai, ni bien que en partie, et mêlé de mal et de faux.[29]

Wenn es also eine essentielle Wahrheit gibt, und Pascal hält im Interesse der Religion selbstverständlich daran fest, dann ist sie das Ganze, welches die unterschiedlichen Teilwahrheiten in sich einschließt. Obwohl Pascal noch in den *Provinciales* die Lüge ohne Einschränkung verwirft „Quiconque se sert du mensonge agit par l'esprit du diable"[30], wird man also vermuten dürfen, daß in den *Pensées* auch das Verbot der Lüge perspektivisch begriffen und vor Absolutisierungen in Schutz genommen wird. Daß dem tatsächlich so ist, soll im folgenden am Beispiel der Rhetorik kurz gezeigt werden.

2. Rhetorik und Lüge

Es kann nach dem Gesagten kaum verwundern, daß sämtliche bislang aufgezeigten Elemente einer Analyse der Lüge und des Selbstbetrugs (1. Lüge als Erb- und Ursünde, 2. Lüge und Selbstbetrug als Produkt einer Ich-Anmaßung, 3. Täuschung und Selbsttäuschung nicht als Gegensatz zur Wahrheit, sondern als Teil der Wahrheit) ihren Niederschlag und Widerhall in Pascals Überlegungen zur Rhetorik finden.

Die Verfallenheit des Menschen an die Lüge, wie sie in Pascals Konzeption der „misère de l'homme sans Dieu" ausgebreitet wird, bildet gleichermaßen den Ursprungsgrund wie auch die letzte Legitimation der Eloquenz. Da der Mensch der Lüge verfallen ist, ist ihm die Wahrheit nicht direkt, sondern nur über einen Umweg zugänglich. Diesen Umweg bietet die Rhetorik und deshalb sind sowohl die göttliche als auch die menschliche Wahrheit auf sie angewiesen:

---

[28] Gerade letztere Konsequenz hat für den Jansenisten Pascal weitreichende Folgen. Tatsächlich zeigt sich, daß es grundsätzlich überhaupt nichts nutzt, wenn man - wie Arnauld - zeigen kann, daß sich jede der inkriminierten fünf Propositionen des Jansenius auch bei irgendeinem Kirchenvater nachweisen läßt. Vielmehr ist es möglich, daß ein Satz, der bei einem Kirchenvater orthodox ist, bei Jansenius als häretisch bewertet werden muß, weil er hier verabsolutiert wird. In diesem Sinne machen die *Pensées* einen guten Teil der Polemik in den *Provinciales* obsolet.

[29] Pascal, *Pensées*, 905.

[30] Pascal, *Œuvres complètes*, S. 422.

> [...] le plus sage des législateurs disait que pour le bien des hommes il faut souvent les piper.³¹

Will man aber den Menschen täuschen, dann muß man ihn gewissermaßen an seiner schwächsten Stelle packen. Die wichtigste Einsicht einer jeden Rhetorik ist daher die Ich-Zentriertheit des Menschen. Will man den Zuhörer oder Leser erreichen, muß man dessen individuellen Ich-Ansprüchen Rechnung tragen. Die Rhetorik muß daher einerseits eine Psychologie und andererseits einen „art de plaire" umfassen.

> Il paraît de là que, quoi que ce soit qu'on veuille persuader, il faut avoir égard à la personne à qui on en veut, dont il faut connaître l'esprit et le coeur, quels principes il accorde, quelles choses il aime; et ensuite remarquer, dans la chose dont il s'agit, quels rapports elle a avec les principes avoués, ou avec les objets délicieux par les charmes qu'on lui donne.³²

Ist die Logik die Lehre von der universalen Geltung, so ist die Rhetorik gewissermaßen die Lehre von der partikularen Geltung. Die Rhetorik erweist sich in dieser Perspektive geradezu als eine Art negativer Logik. Als solche ist sie auch von Arnauld und Nicole in ihrem *Art de penser* begriffen worden, wo die rhetorischen Prinzipien Pascals im wesentlichen im Kapitel XX des dritten Teils unter der Überschrift *Des sophismes d'amour-propre, d'interêt, & de passions* abgehandelt werden³³. Gerade am Beispiel der Ich-Ansprüche des Individuums versuchen die Autoren aber zu zeigen, daß der aktiven Rhetorik, welche lediglich dem Wahnsinn des Eigendünkels schmeichelt, eine Art passiver Rhetorik gegenübersteht, welche den Diskurs gerade davor bewahren soll, von den Paralogismen der Leidenschaft und des Interesses infiziert zu werden. Mit anderen Worten: wer überzeugen will, muß den nützlichen Selbstbetrug anstreben und den schädlichen vermeiden. Wenn beispielsweise der Autor einer Wahrheit ihrer Akzeptanz im Wege steht, so soll man ihn verheimlichen:

> [...] les personnes sages évitent autant qu'ils peuvent, d'exposer, aux yeux des autres, les avantages qu'ils ont; ils fuyent de se présenter en face, et de se faire envisager en particulier, et ils tâchent plutost de se cacher dans la presse, pour n'estre pas remarquez, afin qu'on ne voye dans leurs discours que la vérité qu'ils proposent.³⁴

Tatsächlich gibt es wohl kaum eine rhetorische Maxime, die Pascal in den *Provinciales* und den *Pensées* strenger eingehalten hätte und die gleichzeitig, man denke nur an sein

---

³¹ Pascal, *Pensées*, 60. Auch Gott selbst erweist sich bei Pascal als souveräner Rhetoriker: „Dieu diversifie ainsi cet unique précepte de charité pour satisfaire notre curiosité qui recherche la diversité, par cette diversité qui nous mène toujours à notre unique nécessaire. Car une seule chose est nécessaire, et nous aimons la diversité; et Dieu satisfait à l'un et à l'autre par ces diversités, qui mène au seul nécessaire." (Pascal, *Pensées*, 270-670).

³² Pascal, „De l'esprit géométrique et de l'art de persuader", in: *Œuvres complètes*, S. 356.

³³ A. Arnauld/P. Nicole, *La Logique ou L'art de penser*, Paris 1981, S. 261ff.

³⁴ A. Arnauld/P. Nicole, *La Logique ou L'art de penser*, S. 266f.

Spiel mit Pseudonymen und seine Behauptung, er habe nichts mit Port-Royal zu tun, enger an die bewußte Täuschung seines Publikums grenzt[35].

Auch das, was wir über die perspektivische Konzeption der Wahrheit gesagt haben, geht unmittelbar in Pascals Überlegungen zur Rhetorik ein und kann geradezu als rhetorischen Ursprungs begriffen werden. Wer sein Gegenüber überzeugen will, tut gut daran, den Wahrheitscharakter von dessen partikularer Sicht anzuerkennen. Eine solche Technik schmeichelt der Eitelkeit und schont den ‚amour-propre'. Je weniger aber die Eitelkeit irritiert wird, desto leichter kann ein Irrtum eingestanden werden. Daher vermeidet der gute Rhetor harte Oppositionen. Er verwirft die gegnerische Position nicht, sondern zeigt ihre Unvollständigkeit auf:

> Quand on veut reprendre avec utilité et montrer à un autre qu'il se trompe il faut observer par quel côté il envisage la chose, car elle est vraie ordinairement de ce côté-là et lui avouer cette vérité, mais lui découvrir le côté pour où elle est fausse. Il se contente de cela car il voit qu'il ne se trompait pas et qu'il y manquait seulement à voir tous les côtés. Or on ne se fâche pas de ne pas tout voir, mais on ne veut pas être trompé, et peut-être cela vient de ce que naturellement l'homme ne peut tout voir, et de ce que naturellement il ne se peut tromper dans le côté qu'il envisage, comme les appréhensions des sens sont toujours vraies.[36]

An Stellen wie dieser nun sichtbar, wie schmal der Grat ist, der zwischen einem kompromißlosen moraltheologischen und einem rhetorischen Diskurs verläuft. Es ist klar, daß in Heilsfragen eine Schonung der Eitelkeit den Menschen in seinem ursprünglichen Selbstbetrug beläßt und insofern dazu beiträgt, ihn über seine radikale Sündhaftigkeit zu täuschen. Andererseits erweist sich gerade anhand des Pascalschen Wahrheitsbegriffes das, was wir oben den rhetorischen Charakter der christlichen Wahrheit genannt haben. Gerade weil die christliche Wahrheit ihre Verkennung einschließt, ist der rhetorische Ansatz nicht nur legitim, sondern gewissermaßen unvermeidbar. Tatsächlich würde es für Pascal eine Korrumpierung der christlichen Wahrheit bedeuten, wenn beispielsweise die Kritik der radikalen menschlichen Verderbtheit nicht andererseits die relative Berechtigung der menschlichen Eitelkeit angesichts seiner „grandeur" anerkennen würde. Die Apologie der christlichen Religion darf daher nicht nur rhetorischen Charakter haben, sie muß es sogar, will sie nicht deren komplexes Wesen verfehlen. Gerade weil die Rhetorik (wie im übrigen die Sprache generell) eine notwendige und unhintergehbare Dimension der Täuschung in sich trägt, gerade weil sie in dem Maße die Wahrheit enthüllt, wie sie sie verbirgt, stellt sie die alleinige adäquate Methode der Hinführung zu Gott dar[37].

---

[35] Vgl. L. Marin, *Pascal et Port Royal*, S. 109f.

[36] Pascal, *Pensées*, 701-709.

[37] Wie sehr die Wahrheit der christlichen Religion in den *Pensées* von einer rhetorisch-metaphorischen Struktur her gedacht wird, läßt sich besonders deutlich anhand des Figur-Begriffs zeigen, der allerdings an dieser Stelle nicht weiter vertieft werden kann. Man vergleiche dazu: M. Kruse, „Die Bedeutung der 'figures' und des figurativen Denkens in den *Pensées*", *Romanistisches Jahrbuch* Bd.

3. Vom Pari oder der homöopathischen Wirkung des Selbstbetrugs

Fast alle unsere Überlegungen laufen zusammen in der Pascalschen Konzeption des Pari, und dieser soll zum Abschluß in aller Kürze als gewissermaßen spiegelbildliche Antwort auf die Urlüge des Sündenfalls gedeutet werden. Tatsächlich liegt die rhetorische Dimension der Wette auf der Hand. Was das Argument des Pari zunächst entfaltet, ist die Einsicht in ein persönliches Interesse. Auf Gott zu setzen heißt, sich als der bessere Spieler zu erweisen, der mit einem minimalen Einsatz maximalen Gewinn erzielt. Wer umgekehrt Gott verleugnet, verrät genau das Interesse, dem er zu dienen vorgibt. Das Argument des Pari zeichnet sich also in rhetorischer Hinsicht dadurch aus, daß es sich einerseits streng demonstrativ gibt und andererseits im Sinne des „art de plaire" an jene Ich-Dimension appelliert, deren radikale Verderbtheit gerade erwiesen und deren „anéantissement" erreicht werden soll. Natürlich hat eine Wette auf Gott, die auf dieser Ebene des Eigeninteresses stehen bleibt, für Pascal keinerlei religiösen Wert. Gerade das Kalkül mit einem Gewinn bindet sie schon etymologisch an die Lüge, die, wie uns Arno Baruzzi in seiner Philosophie der Lüge belehrt, mit dem französischen ‚lucre' zusammenhängt. In dem Maße also, in dem die Wette lukrativ erscheint, bleibt sie gerade der gottfernen Lüge verhaftet. Dennoch bleibt die Tatsache bestehen, daß der „sophisme d'interêt" des Pari, der Selbstbetrug des Eigendünkels den ersten Schritt bilden kann, dessen sich die Gnade auf dem Wege zur Erlösung bedient. Wie aber ist die Unendlichkeit zwischen der Welt der Lüge und der Welt der göttlichen Wahrheit zu überbrücken? Die Antwort Pascals ist ebenso zwingend wie paradox: Da der Mensch seine radikal lügenhafte Natur nicht aus eigener Kraft zu überwinden vermag, kann der einzige Schritt, zu dem er selbst fähig ist, nur in einem freiwilligen und methodischen Selbstbetrug bestehen. Auf die Frage, wie die Menschen guten Willens überhaupt zum Glauben kommen können, gibt es entsprechend für Pascal nur eine Antwort:

> C'est en faisant tout comme s'ils croyaient, en prenant de l'eau bénite, en faisant dire des messes etc.[38]

Gerade weil die Natur des Menschen in Lüge und Verstellung besteht, gerade weil ihm die Wahrheit einer ursprünglichen Natur abgeht, vermag der Mensch sein Wesen zu modellieren. Diese These von der Modellierbarkeit der menschlichen Natur stützt sich wesentlich auf Pascals bekannte Analyse zur Macht der Gewohnheit, welche jenes Seinsloch ausfüllt, das der Verlust der Wahrheit hinterlassen hat. Da dem Menschen kein untrüglicher Sinn für die Wahrheit, aber hundert zu seiner Täuschung gegeben sind, da ihm der Rückgriff auf eine unmittelbar gegebene Natur als Bürgen der Wahrheit verwehrt ist, bleibt ihm nur jene zweite Natur, die ihm in Form der Gewohnheit gegeben ist. Daß diese Gewohnheit nicht rational begründet werden kann, spricht indes nicht gegen ihre höhere Wahrheit: „La coutume ne doit être suivie

---

20/1969, S. 60-74. Gerade anhand der Fragmente zur Figur erweist sich die Reflexion über die legitime Rhetorik als eine Art weltliche Schwester der Theologie.

[38] Pascal, *Pensées*, 418-233.

que parce qu'elle est coutume, et non parce qu'elle est raisonnable ou juste."[39] Was für wichtige Teile der Aufklärung eine Waffe der Religions- und auch der Pascalkritik wird, die Einsicht nämlich, daß am Grunde moralischer und sozialer Normen weder Natur noch Vernunft stehen, befindet sich insofern nicht im Widerspruch zum Argument des Pari, sondern bildet seine Voraussetzung. Wer wirklich überzeugen will, darf sich nicht auf Demonstrationen verlassen:

> Car il ne faut pas se méconnaître, nous sommes automate autant qu'esprit. Et de là vient que l'instrument par lequel la persuasion se fait n'est pas la seule démonstration. Combien y a(-t-)il peu de choses démontrées? Les preuves ne convainquent que l'esprit, la coutume fait nos preuves les plus fortes et les plus crues.[40]

> La coutume est notre nature. Qui s'accoutume à la foi la croit, et ne peut plus ne pas craindre l'enfer, et ne croit autre chose.[41]

Gerade weil die Natur des Menschen in seinen Gewohnheiten besteht, führt die systematische Selbstpersuasion durch eine kontinuierliche Praxis auf naturgemäße Weise zum wahrhaften Glauben: „Naturellement même cela vous fera croire et vous abêtira."[42] Der ultimative Selbstbetrug darf auf das Gnadengeschenk des Glaubens hoffen. Die Logik des Pari besteht in einer Art homöopathischen ‚réparation' des ‚mensonge originel'.

---

[39] Pascal, *Pensées*, 525.
[40] Pascal, *Pensées*, 821.
[41] Pascal, *Pensées*, 419-89.
[42] Pascal, *Pensées*, 418.

Helmut Pfeiffer

Wahrheit, Lüge, Fiktion: Jean-Jacques Rousseau

I. Pathos der Wahrheit

Das „Pathos der Wahrheit" (F. Nietzsche), jener „(s)chwärmerische Wahn eines Gottes"[1], durchzieht die Texte Rousseaus, namentlich die autobiographischen. So faßt er etwa die Intention der *Lettres à Malesherbes* (1762) als *vrai tableau de mon caractère*, welches die *vrais motifs de toute ma conduite* explizieren werde. Der Anfang des 1. Buches der *Confessions* verspricht bekanntlich, ein singuläres Individuum in seiner Wahrheit zu zeigen, und zwar „dans toute la vérité de la nature" (I, 5), also jenseits dessen, was man als die Unwahrheit der Gesellschaft apostrophieren kann, und er beansprucht dabei, mit dem göttlichen Wissen selbst rivalisieren zu können: „[...] j'ai dévoilé mon intérieur tel que tu l'as vu toi-même." Naturwahrheit des Individuums im Licht des göttlichen Blicks – die Penetranz der Pathosformeln der Wahrheit läßt sich kaum weiter treiben. Zwar streift Rousseau bereits an dieser Stelle die problematische Relation von Gedächtnis und Imagination als eben jener Vermögen, in denen eine individuelle Lebensgeschichte gegenständlich wird, aber er wischt mögliche Wahrheitsbedenken doch mit einer souveränen Geste beiseite: allenfalls *quelque ornement indifférent* könne ihm angesichts der Schwäche seines Gedächtnisses unterlaufen sein. Die Pathosformeln der Wahrheit provozieren also so etwas wie einen Diskurs der Indifferenz des Ornaments, der Fiktion, und dieser wird die peremtorisch behauptete Kompaktheit des autobiographischen Textes als eines *monument sûr de mon caractère* (I, 4) nicht zur Ruhe kommen lassen. Eine Lösung dieses Problems liegt darin, die Authentizität des Erzählens gegenüber der Faktizität des Erzählten, den *discours* gegenüber der *histoire* zur Geltung zu bringen[2].

---

[1] F. Nietzsche, *Fünf Vorreden zu fünf ungeschriebenen Büchern, I: Über das Pathos der Wahrheit*, in: F. N., *Werke*, hrsg. von K. Schlechta, 3 Bde., München 1969, Bd. 3, S. 267-271, hier: S. 270.

[2] Vgl. dazu v. a. J. Starobinski, *Jean-Jacques Rousseau. La transparence et l'obstacle*, Paris 1971, S. 237: „La parole authentique est une parole qui ne s'astreint plus à imiter une donnée préexistante: elle est libre de déformer et d'inventer, à la condition de rester fidèle à sa propre loi [...]. La loi de l'authenticité n'interdit rien, mais n'est jamais satisfaite. Elle n'exige pas que la parole *reproduise* une réalité préalable, mais qu'elle *produise* sa vérité dans un développement libre et ininter-

Im 8. Buch der *Confessions* kommt Rousseau auf die Wahrheitsproblematik zurück, nachdem er dem Leser das Geheimnis des Schicksals seiner Kinder offenbart hat; da dieses bereits als gesellschaftliches Gerücht halböffentlich geworden ist, geht es Rousseau auch um eine Korrektur gesellschaftlicher Lügenhaftigkeit. Wiederum tritt der Text als Instanz der Wahrheit (eines Charakters, einer Natur) auf: das Titelkonzept des Bekenntnisses wird mit dem Pathos der Wahrheit kurzgeschlossen, so daß ihm die augustinische Dimension der Fremdverwiesenheit des Wahrheitsanspruchs der *confessio* genommen wird: „J'ai promis ma confession, non ma justification [...] C'est à moi d'être vrai, c'est au lecteur d'être juste." (I, 359) Die Gottesattribute zirkulieren zwischen Autor, Text und Leser: der wahre Text nötigt den Leser zur Gerechtigkeit, er setzt ihn selbst aus der Verstrickung in die gesellschaftlichen Lügen frei. Bis ans Ende der *Confessions* beschwört Rousseau den Bild- und Monumentcharakter seines Textes, der schließlich über die Machinationen der Feinde triumphieren werde[3]. Je sinistrer das gesellschaftliche Lügennetz, desto intakter die pathetische Koalition von Wahrheit und Gerechtigkeit zwischen Rousseau und seinem Leser. In den *Rêveries* wird Rousseau den Anspruch, im Text ein sozusagen fälschungssicheres Monument hinterlassen zu haben, zunehmend und aus verschiedenen Blickwinkeln infrage stellen. Aber diese Selbstdekonstruktion setzt doch die Hypertrophie jenes Spiels mit den Prädikaten Gottes voraus, das die *Confessions* so insistent inszenieren[4] und an dem sie auch ihren Leser partizipieren lassen.

II. Rousseaus Devise

Daß Rousseau zum Thema der vierten Promenade seiner *Rêveries* das der Lüge bestimmt, hat einen kontingenten Anlaß, der gleichwohl zu einer prinzipiellen Befragung im Hinblick auf den vor allem in den *Confessions* vorgetragenen Wahrheitsanspruch führt. Konkreter Anlaß ist zunächst die (Wieder-)Lektüre seines Lieblingsautors Plutarch, genauerhin jener Erörterung, die in der Amyotschen Übersetzung den Titel „Comment on peut tirer utilité de ses ennemis" trägt. Der Feind, um den es geht, ist ein ehemaliger Freund, der Abbé Rozier, Mitglied der Académie royale zu Lyon und Herausgeber eines *Journal de physique et d'histoire naturelle*. Ihn

---

rompu [...]. Elle donne ainsi une valeur de vérité à l'acte auquel la morale rigoureuse pourrait reprocher d'être une fiction, une invention incontrôlable."

[3] Vgl. etwa I, S. 568: „Aujourd'hui même que je vois marcher sans obstacle à son execution le plus noir, le plus affreux complot qui jamais ait été tramé contre la mémoire d'un homme je mourrai beaucoup plus tranquille, certain de laisser dans mes écrits un témoignage de moi, qui triomphera tôt ou tard des complots des hommes." – Die Werke Rousseaus sind nach folgender Ausgabe zitiert: J.-J. Rousseau, *Œuvres complètes*, 5 Bde., hrsg. von B. Gagnebin/M. Raymond [Bibliothèque de la Pléiade], Paris 1959.

[4] Zu einigen Aspekten der Usurpation von Gottesprädikaten in der Rousseauschen Autobiographie, vgl. H.-R. Jauss, *Ästhetische Erfahrung und literarische Hermeneutik*, Frankfurt a.M. 1982, S. 232ff.

beschuldigt Rousseau, seine Devise *vitam impendere vero* in sarkastischer Absicht gegen ihn gewendet zu haben. Die Formulierung der Devise hatte Rousseau der vierten Satire Juvenals entlehnt, sie steht dort im Kontext einer satirischen Invektive gegen die Hofgesellschaft des Kaisers Domitian. Das Diktum fällt mit Bezug auf den alten Ratgeber Vibius Crispus, freilich in negativer Form: unter den Bedingungen einer tyrannischen und korrupten Herrschaft ist Crispus aus Gründen der Selbsterhaltung gerade nicht in der Lage, sein Leben der Wahrheit zu widmen: „nec civis erat qui libera posset / verba animi proferre et vitam impendere vero."[5] Rousseau sieht sich demgegenüber in der Rolle dessen, der seinen Zeitgenossen ungeschminkte, zwar nützliche, aber auch unangenehme Wahrheiten zu sagen berufen ist: „Mon talent était de dire aux hommes des vérités utiles mais dures avec assez d'énergie et de courage; il falloit m'y tenir." (I, 553) Die Wahl der Devise hat darüber hinaus allerdings einen spezifisch polemischen Charakter, insofern Rousseau die Philosophen seiner Zeit beschuldigt, ihre Wächterrolle für die Wahrheit aufgegeben zu haben; an die Stelle des Wahrheitscodes sei dort der von Innovation und Differenz getreten:

> Quand les philosophes seroient en état de découvrir la vérité, qui d'entre eux prendroit intérest à elle? Chacun sait bien que son sistême n'est pas mieux fondé que les autres; mais il le soutient parce qu'il est à lui. Il n'y en a pas un seul qui venant à conoitre le vrai et le faux ne préférât le mensonge qu'il a trouvé à la vérité decouverte par un autre [...] Où est celui qui dans le secret de son cœur se propose un autre objet que de se distinguer? (IV, 569)

Zwei Konsequenzen, die Rousseaus *vicaire savoyard*, der die Diagnose stellt, zieht, sind bemerkenswert: zum einen der Entschluß zur Beschränkung der eigenen Wahrheitsliebe auf *ce qui m'intéressoit immédiatement*, also eine Strategie der Indifferenz, zum andern die Entscheidung, die eigenen Illusionen den fremden Lügen vorzuziehen, ein Gestus, mit dem er den der von ihm getadelten Philosophen, in jedem Fall die eigene Wahrheit oder Unwahrheit vorzuziehen, wiederholt.

Rousseau hatte seit Ende der 50er Jahre das Juvenalzitat zu seiner Devise erkoren und mehrfach zur pathetischen Selbststilisierung verwendet, etwa in der *Lettre à d'Alembert*, ein Text, der sowohl in der Kritik seiner philosophischen Zeitgenossen wie auch in der Thematik von Wahrheit, Fiktion und Moral die Wahl der Devise nahelegt.

III. Das gestohlene Band

Die Geschichte, die Rousseau in der 4. *rêverie* im Blick auf die Thematik der Lüge reinterpretiert, betrifft die Episode des gestohlenen Bandes, die das 2. Buch der *Confessions* (I, 80-87) abschließt. Interpretationsbedürftig ist sie auch für den späteren Leser der *Confessions* aus mehreren Gründen: a) sie setzt ein subtiles Spiel von sozia-

---

[5] Iuvenal, *Satura IV*, 90f., zit. nach: *Juvenal and Persius*, hrsg. von G.G. Ramsay (Loeb Classical Library), London/Cambridge, Mass. 1957.

len Positionen und (fokussierten) Interaktionen[6]; sie temporalisiert naturhafte Normativität, setzt sie damit tendenziell biographischer Kontingenz aus; c) der Fokus der Darstellung verschiebt sich, das thematische Zentrum erweist sich als beweglich.

Im Kern geht es um Folgendes: Der sechzehnjährige Rousseau findet eine Anstellung im Hause der Comtesse de Vercellis in Turin. Während er sofort in imaginären *hautes avantures* lebt, ist die ihm zugedachte Rolle die eines schlichten Lakais. Der Kontrast zwischen literarisch vermittelter Erwartung und sozialer Wirklichkeit hat retrospektiv auch für den Autor Rousseau durchaus die Dimension komischer Distanz, dazu gesellt sich ein anderer Kontrast, der die Darstellung des Todes der Gräfin durchzieht, der von stoischer Weisheit und komischer Kreatürlichkeit, die Gräfin stirbt mit einem *gros pet*, den sie noch witzig kommentiert. Die biographisch exemplarische und einschneidende Dimension seiner Rolle liegt für Rousseau indes in der mangelnden Reziprozität des Verhältnisses zur Gräfin, die ihm ihre stilistisch an Mme de Sévigné erinnernden Briefe diktiert: sein *cœur sensible* stößt sich an der *sécheresse* der adligen Dame. Die Möglichkeit oder das Scheitern von Reziprozität auf der Basis und vor dem Hintergrund gesellschaftlicher Ungleichheit, die Zeichen sozialer Distanz in der Nähe der Interaktion – dieses Thema prägt zahlreiche Episoden der *Confessions*. Insbesondere dann, wenn sein Gegenüber mit einem Repertoire gesetzter und gelöschter Zeichen sozialer Distanz zu spielen vermag, geraten Rousseaus Reaktionen in die Krise, sein Verhalten folgt widersprüchlichen Maximen. So etwa an späterer Stelle, als er auf die Freundlichkeiten des Prinzen Conti, der mit ihm Schach gespielt hatte und ihn danach mit Wildbret versorgt, mit brüsker Zurückweisung reagiert – ein Verhalten, das er in den *Confessions* als „rusticité d'un mal-appris qui se méconnoit" (I, 543) verurteilt. Rousseaus Selbsteinschätzung mißlingt, weil ihm die Unterscheidung zwischen den Zeichen der Person und denen ihrer Position mißlingt.

So steht Rousseaus Verhältnis zu Mme de Vercellis im Zeichen eines Gegensatzes von Person und Stand, die die Reziprozität der Interaktion verhindert: „[...] à force de ne voir en moi qu'un laquais, elle m'empêcha de lui paraître autre chose." Die Gräfin sieht nur den Stand und die Rolle, das ist ihre sécheresse, für die Person, die immer schon einen Ort jenseits der subalternen Lakaienrolle reklamiert, ist sie blind. Anders die anderen Domestiken, an denen Rousseau nach dem Tod der Gräfin die Entfesselung materieller Interessiertheit beobachtet; für sie stellt er eine beunruhigende Figur, weil sie seine Schieflage sehen und erkennen, daß er nicht „à ma place" ist. Genau darin liegt das Unglück, an dem er laboriert und das er seinerseits verbreiten wird. „Assigner à chacun sa place et l'y fixer, or-

---

[6] Zum Begriff, vgl. E. Goffman, *Encounters*, Harmondsworth 1972, S. 7: „Focused interaction occurs when people effectively agree to sustain for a time a single focus of cognitive and visual attention, as in a conversation, a board game, or a joint task sustained by a close face-to-face circle of contributors."

donner les passions humaines selon la constitution de l'homme est tout ce que nous pouvons faire pour son bien-être." (IV, 303)⁷

Die Person des jungen Jean-Jacques ist exzentrisch gegenüber den sozialen Positionen, die er durchläuft. Das ist bereits eine stumme Anklage gegen die Gesellschaft als Perversion der natürlichen Ordnung. Aber Rousseau vermag diese Exzentrizität verschiedentlich anzuzeigen. Angesichts der Leiden der sterbenden Gräfin vergießt er im Verborgenen Tränen. Aber er bringt seine Differenz auch dort zur Geltung, wo man ihm Anerkennung verweigert. Die Lektion, die er den anderen zum Abschluß seines Aufenthalts im Hause Vercellis erteilt, ist zugleich eine Lektion für ihn selbst, Anlaß einer hochdramatischen Konversion. Bleibt seine soziale Situation auch unverändert – in der pervertierten Gesellschaft gibt es keinen richtigen Platz –, so lastet doch auf ihm in Zukunft das Gewicht einer Reue, von der er sich nicht befreien kann, weil sie sich nicht nach außen zu wenden vermag, sondern zwischen dem Ereignis und seiner erstmaligen Veröffentlichung in den *Confessions* in sich steigert. Die verinnerlichte Selbstbeobachtung und Selbstkontrolle tritt an die Stelle der Institutionalität der Beichte, erst mit dem späten Bericht der *Confessions*, dem öffentlichen Geständnis, dem Appell an die Gerechtigkeit des Lesers, tritt das Ereignis aus dem sich selbst beobachtenden Binnenraum der Subjektivität.

Die Episode ist bekannt. Im Durcheinander nach dem Tod der Gräfin entwendet Rousseau ein Band, *un petit ruban couleur de rose et argent déjà vieux* (I, 84). Nichts könnte deutlicher seine Distanz zum *jeu malin des intérêts cachés* (I, 82) zeigen als der Diebstahl eines fast wertlosen Gegenstands⁸. So kann der Moralcode problemlos an die Stelle des Interessencodes treten. Zur Rede gestellt, beschuldigt Rousseau mit allen Anzeichen der Verwirrung eine junge Küchenhilfe: „Je me trouble, je balbutie, et enfin je dis en rougissant que c'est Marion qui me l'a donné." (I; 84)

Die Lüge, die mit allen Zeichen der Desorientierung einhergeht, läßt sich schwerlich als strategisches Kalkül begreifen. Der narrative Kontext legt es vielmehr nahe, sie als eine Bündelung von Gegenläufigkeiten aufzufassen: Der Behauptung, es handle sich um ein Geschenk, steht Rousseaus Wunsch zu schenken gegenüber; dem angedeuteten Begehren steht die Indifferenz der Marion als *premier objet qui s'offrit* (I, 86) entgegen; die *invincible honte* angesichts der Beschuldigung hat ihr Gegenstück in dem diabolischen Exhibitionismus der Selbstzurschaustellung.

---

⁷ Vgl. dazu P. Burgelin, „L'idée de place dans l'*Emile*", *Revue de littérature comparée*, 1961, S. 529-537. Vgl. auch die Erörterungen in der *profession de foi du vicaire Savoyard*: Während der Mensch im Kosmos als *roy de la terre* (IV, 582) seinen angemessenen Platz gefunden hat, sieht es anders aus, wenn es um „ma place individuelle dans mon espèce" (IV, 583) geht. Dort herrscht nicht die Harmonie eines *concert*, sondern das blanke *chaos*. Damit aber tritt das Böse in die Welt: „Je vois le mal sur la terre" (IV, 583). – Ähnliche Sorgen bewegen Wolmar in der *Nouvelle Héloïse*: „Tout concourt au bien commun dans le système universel. Tout homme a sa place assignée dans le meilleur ordre des choses, il s'agit de trouver cette place et de ne pas pervertir cet ordre." (II, 563).

⁸ Auch wenn das Band, das Rousseau in seinen Besitz bringt, einer gewissen Mlle Pontal gehört, die zu jenen zählt, welche Rousseau für seine Vernachlässigung bei der Erbverteilung verantwortlich macht.

Rousseaus Darstellung konterkariert den strategischen Aspekt der Lüge, indem er die Gegenläufigkeiten der *mauvaise foi* sichtbar werden läßt. Mit dem zur Schau gestellten Diebstahl provoziert Rousseau eine Bloßstellung, die eine Gemengelage von Verlegenheit, Scham und mangelnder Geistesgegenwart (*sans aucune présence d'esprit* in der Interaktion zu sein, ist eine notorische Klage Rousseaus) auslöst, die Rousseau im histrionischen Antagonismus von *impudence infernale* und *angélique douceur* (I, 85) dramatisiert. Paul de Man hat in seiner einläßlichen Interpretation sowohl auf die Austauschbarkeiten der Positionen des Begehrens wie auch auf seine Entleerung durch die Depotenzierung der Marion zum „signifiant libre, lié métonymiquement au rôle qu'on lui fait jouer ensuite dans le système d'échanges et de substitutions"[9] hingewiesen. Der Lügner als zynischer Stratege, die Lüge als ein Verhalten, welches „ne met pas en jeu l'intrastructure de la conscience présente"[10], wird zum Anlaß, eine Struktur der *mauvaise foi* zu demonstrieren, die ihrerseits aus der Perspektive retrospektiven Erzählens in die Ambivalenz von Sprache als Handlung und Sprache als referenzloses Spiel kippt[11]. Der Text wirft die Maschinerie einer auf die Verstellungen der *mauvaise foi* gerichteten Hermeneutik ebenso an, wie er ihre Beliebigkeit denunziert. Im Blick auf die 4. Promenade wird man vorgreifend sagen können: Marion ist eine Fiktion, die Verwendung ihres Namens und der Kontext von Lüge, Scham und Schuld demonstriert, daß es absolut harmlose Lüge, eben die Fiktion, nicht gibt.

Peinlichkeit, Scham, infernalischer Triumphalismus und schließlich eine Konversion, die sich in der Juvenalschen Formel ihre Identität gibt – diese Verlaufsform hat die Episode für Rousseau. Wovon er nichts weiß, ist das weitere Schicksal des Opfers seiner Lüge, die mit ihm das Haus Vercellis (und damit ihre gesellschaftliche *place*) verlassen muß. Der Mangel an Wissen wird durch eine präzise Selbstinkulpation ersetzt, die wiederum das Motiv des Platzes einspielt: er habe Marion die Möglichkeit des *se bien placer* genommen. Die gesellschaftliche Ordnung, die für ihn nichts, nur Perversion der natürlichen ist, muß doch für Marion alles sein. Wenn Rousseau diese aber ihrer Identität beraubt, so gibt er mit der Ruchlosigkeit der Lüge sich den Reichtum einer neuen, die Konversion und autobiographisches Schreiben impliziert. a) Die Konversion impliziert die Aktivierung der *conscience* als einer Stimme der Natur. Sie aktualisiert die Potentialität dessen, was eine Identität gegen die Gesellschaft ermöglicht. Ein monolithischer ge-

---

[9] P. de Man, *Allégories de la lecture*, Paris 1989, S. 345.

[10] J.-P. Sartre, *L'être et le néant*, Paris 1943, S. 84.

[11] Vgl. ebd., S. 349: „La fiction n'a rien à voir avec la représentation, elle est plutôt l'absence de tout lien – causal, codé, ou régi par quelque autre rapport susceptible de systématisation – entre énonciation et référent." Oder S. 350: „Il semble impossible d'isoler le moment où la fiction est libre de toute signification; au moment même où elle est posée, et dans le contexte qu'elle crée, elle se trouve immédiatement mésinterprétée en une détermination qui est, *ipso facto*, surdéterminée [...]. En disant que l'excuse n'est pas seulement une fiction mais aussi une machine, on ajoute à la connotation du détachement référentiel et de l'improvisation gratuite, celle de la répétition implacable d'un modèle préordonné."

sellschaftlicher Blick hat die Lüge provoziert (in der Affektivität einer personzentrierten Interaktion wäre sie sofort zusammengebrochen), damit die Singularität eines Verbrechens, das gegen seine Wiederholung lebenslang immunisiert, weil es von einem Imaginären des (geraubten) Platzes gespeist wird. B. Gagnebin und M. Raymond merken an, daß Rousseau sich in der Darstellung der Episode zunehmend selbst entlastet: „En exposant ses 'dispositions intérieures', qui étaient bonnes [...] il se trouve qu'après avoir stigmatisé son 'forfait' il en arrive insensiblement à se justifier." (I, 1273f.) Die Scham, die Rousseau erfaßt, ist Produkt eines vom Blick der Gesellschaft erzeugten *amour-propre*, die *présence de tout le monde* löst einen *trouble universel* aus, den Rousseau als einen massiven Selbstverlust erfährt. Er muß erst zu sich selbst kommen, *revenir à moi-même*, um im Blick auf sich selbst und seine essentiell guten Intentionen über den Druck des fremden Blicks triumphieren zu können. „Toute la moralité de la vie humaine est dans l'intention de l'homme" heißt es am Anfang der 5. *Lettre morale* (IV, 1106). Diese Rückkehr aktiviert zugleich das Bonum der Gegenstimme, der *conscience*[12], mit der die pervertierte Gesellschaft und der Geltungsanspruch ihrer Gesetze suspendiert werden. b) Am Ursprung des autobiographischen Textes steht die Reue – das ist die vielleicht grundsätzlichste Korrektur, die die *Confessions* gegen Montaignes *Essais* ins Spiel bringen, wo das Motiv der Reue einer Strategie der Reuelosigkeit weicht. Die Ungesagtheit des *aveu* garantiert die Fortdauer des *remords*, der sich aus dem Imaginären des geraubten Platzes speist. Zwar gibt es – angesichts der spektakulären Exzentrizität der Rousseauschen Biographie wenig erstaunlich – auch Anregungen des Verlegers und der Freunde, aber letztlich ist es doch das Fehlen einer Konfrontation mit einem säkularisierten Beichtvater, das den Aufschub und die Schriftlichkeit der *Confessions* bewirkt: „[...] je puis dire que le désir de m'en délivrer en quelque sorte a beaucoup contribué à la résolution que j'ai prise d'écrire mes confessions." (I, 86)

---

[12] Rousseaus Semantik der *conscience* ist verzweigt; die Erörterungen der *conscience* als einer Stimme der Natur in der *Profession de foi du vicaire savoyard* sind vielleicht die prägnanteste Darstellung. 1) Anders als die Philosophen meinen, ist das Gewissen keine Stimme gesellschaftlicher Vorurteile: „On nous dit que la conscience est l'ouvrage des préjugés; cependant je sais par mon expérience qu'elle s'obstine à suivre l'ordre de la nature contre toutes les lois des hommes." (IV, 566) Auch hier spielt der *remords* die Rolle eines Auslösers. 2) Als innere Stimme oder *lumière intérieure* verkörpert das Gewissen zugleich ein Prinzip der Gerechtigkeit: „Il est donc au fond des ames un principe inné de justice et de vertu, sur lequel, malgré mes propres maximes, nous jugeons nos actions et celles d'autrui comme bonnes ou mauvaises, et c'est à ce principe que je donne le nom de conscience." (IV, 598) Das Gewissen ist der natürliche Ursprung des moralischen Codes von Gut und Böse. 3) Die *conscience* unterscheidet den Menschen vom Tier, macht ihn gottähnlich und steuert eine sonst orientierungslose Vernunft: „Conscience, conscience! instinct divin, immortelle et céleste voix, guide assuré d'un être ignorant et borné, mais intelligent et libre; juge infaillible du bien et du mal, qui rends l'homme semblable à Dieu; c'est toi qui fais l'excellence de sa nature et la moralité de ses actions [...]" (IV, 600f.). Vgl. dazu auch C. Taylor, *Sources of the Self. The Making of the Modern Identity*, Cambridge 1989, S. 355ff.

IV. Die Indifferenz der Fiktion

Die 4. *rêverie* ruft die Episode des gestohlenen Bandes auf, zunächst in Fortschreibung der Motivsortierung der *Confessions*: nicht die Innerlichkeit der Intentionen (sei es verderbter Wille oder utilitaristisches Kalkül), sondern die von außen provozierte *mauvaise honte* (I, 1025) habe die Lüge hervorgebracht. Die Ambivalenz und *mauvaise foi* dieser Unterscheidungen wird bereits in den *Confessions* sichtbar. Die *rêverie* entwickelt das Thema in eine andere Richtung, das Verhältnis von Lüge und Fiktion. Es hat zwei Aspekte. Zum einen perenniert die Reue über die Lüge, indem sie Folgen imaginiert (in der Linie dessen, was die *Confessions* als eine Thematik sozialer Ortlosigkeit apostrophieren). Die Imagination gesellschaftlicher Perversion immunisiert gegen die Imagination der Lüge. Zum andern aber ist die Imagination in einer ständigen Dynamik, die die späte Selbstinspektion der *Rêveries* hervortreibt: Rousseau laboriert zeitlebens an der Beweglichkeit einer Einbildungskraft, die er auch eigens immer wieder thematisch macht[13]. Sie ist letztlich Bonum und Malum zugleich: sie läßt Rousseau zahlreiche *choses de mon invention* in der Interaktion als wahr ausgeben und damit das Wahrheitsgebot der Konversation verletzen, sie rettet ihn aber zugleich aus vielfältigen Peinlichkeiten der Interaktion. Warum aber setzt hier der Moralcode aus, warum schweigt die Stimme der *conscience*? Es gibt offenbar Erfindungen, die dem Zugriff der Selbstbeobachtung weitgehend entzogen bleiben, weil sie mit keiner moralisch-normativen Instanz kollidieren.

Die *rêverie* rekurriert in diesem Zusammenhang auf ein Distinktionsrepertoire, das in der philosophischen Lehre und der theologischen Diskussion der *adiaphora*, des moralisch Indifferenten, ausgebildet worden war. Im Umkreis der stoischen Ethik werden dann nicht moralische Fundamentaldifferenzen, sondern Unterschiede und Umstände zum Thema, die Bevorzugung oder Ablehnung jenseits des Moralcodes motivieren können. Der in der protestantischen Theologie mehrfach, insbesondere im Ausgang des 17. Jahrhunderts ausgetragene Streit über die *adiaphora* gehört beispielsweise für den jungen Nietzsche zur Signatur der Moderne als einer „Periode des Atoms, des atomisierten Chaos": „Die feindseligen Kräfte wurden im Mittelalter durch die Kirche ungefähr zusammengehalten und durch den starken Druck, welchen sie ausübte, einigermaßen einander assimiliert [...] Die Reformation erklärt viele Dinge für *adiaphora*, für Gebiete, die nicht von den religiösen Gedanken bestimmt werden sollten; dies war der Kaufpreis, um welchen sie selbst leben durfte [...]"[14]. Nietzsche hat die Anthropologie Rousseaus (wie auch die Goethes und Schopenhauers) als Antwort auf diesen Prozeß der Atomisierung begriffen, als die Aufrichtung eines Bilds des Menschen, „aus deren Anblick die

---

[13] Vgl. etwa IV, 568: „[...] à peine savons-nous si l'homme est un être simple ou composé; des mystères impénétrables nous environnent de toutes parts; ils sont au-dessus de la région sensible; pour les percer nous croyons avoir de l'intelligence, et nous n'avons que de l'imagination."

[14] F. Nietzsche, *Unzeitgemäße Betrachtungen, Drittes Stück: Schopenhauer als Erzieher*, in: F.N., *Werke*, Bd. 1, S. 287-365, hier: S. 313.

Sterblichen wohl noch für lange den Antrieb zu einer Verklärung ihres eignen Lebens nehmen werden"[15], er beschreibt den kompensativen Charakter des Rousseauschen Naturbegriffs und auch die potentiellen Konsequenzen der Wahrnehmung, daß die Garantieinstanz 'Natur' sich entzieht.

Daß die *adiaphora*-Problematik bei Rousseau nicht nur zu den sozusagen vorauszusetzenden System-Umwelt-Bedingungen gehört, ist unschwer nachzuvollziehen. Die alte Lehre hat für ihn unübersehbar biographische wie literarische Relevanz: biographische durch die eigene Sozialisation und Konversion, durch die Beziehung zu Mme de Warens[16] und zum Pietismus, literarisch und philosophisch für die theologischen Erörterungen des *vicaire savoyard*[17] und in der *Nouvelle Héloïse*. Die epistemologische Strategie des *amour de la vérité* setzt auf einen schmalen Kern von Evidenz, um sich ansonsten in einer Ungewißheit einzurichten, die von der Beschäftigung mit aller philosophischen *vaine subtilité* dispensiert. Sie richtet sich in einer Unbelangbarkeit ein, die immer dann in Schwierigkeit geraten muß, wenn sich die Ursprünglichkeit der Evidenz entzieht. Auch die *Lettre à d'Alembert* partizipiert an einem zentralen Motiv der theologischen *adiaphora*-Diskussion, der Frage, ob ästhetische und soziale Vergnügungen als eines Christen unwürdig zu bekämpfen seien oder nicht: die einen (die orthodoxen Lutheraner) postulieren die Heilsindifferenz von Theater und Tanz, die anderen (die Pietisten) sehen ihre Gefahren.

Die *choses controuvées*, mit deren Hilfe sich Rousseau aus den peinlichen Zuspitzungen sozialer Interaktion befreit, sind *adiaphora*, dem Moralcode nicht unterworfen, die Stimme der *conscience* bleibt stumm, die Reue hat keinen Raum, das Individuum und seine Fiktionen zu inkulpieren. Es geht um „Wahrheit und Lüge im außermoralischen Sinn". Wie aber läßt sich diese Indifferenz bestimmen und begründen? Die *Confessions* hatten eine Struktur der *mauvaise foi* zwischen Intention und

---

[15] Ebd., S. 314, vgl. auch S. 315: „Gedrückt und halb zerquetscht durch hochmütige Kasten, erbarmungslosen Reichtum, durch Priester und schlechte Erziehung verderbt und vor sich selbst durch lächerliche Sitten beschämt, ruft der Mensch in seiner Not die ‚heilige Natur' an und fühlt plötzlich, daß sie von ihm so fern ist wie irgendein epikurischer Gott."

[16] So schreibt sie etwa in einem einschlägigen Brief an den Pietisten Magny: „Je fais les choses avec une indifférence qui me surprend quelquefois." (zit. nach I, 1345) Rousseau, Mme de Warens und der Pietismus teilen etwa folgende Motive: die Insistenz auf dem *sentiment de piété*, die Distanz zur kirchlichen Autorität, die Indifferenz im Blick auf die dogmatischen Kontroversen zwischen Katholiken und Protestanten, die Idee Gottes als einer alle Dogmen übersteigenden Instanz.

[17] Vgl. IV, S. 568: „Ce qui.redoubloit mon embarras étoit qu'étant né dans une Eglise qui décide tout, qui ne permet aucun doute, un seul point rejetté me faisoit rejetter tout le reste, et que l'impossibilité d'admettre tant de décisions absurdes me détachoit aussi de celles qui ne l'étoient point." – Zum epistemologischen Verfahren des *amour de la vérité*, vgl. S. 570: „Portant donc en moi l'amour de la vérité pour toute philosophie, et pour toute méthode une régle facile et simple qui me dispense de la vaine subtilité des arguments, je reprends sur cette régle l'éxamen des connoissances qui m'intéressent, résolu d'admettre pour évidentes toutes celles auxquelles dans la sincérité de mon cœur je ne pourrai refuser mon consentement [...] et de laisser toutes les autres dans l'incertitude, sans les rejetter ni les admettre, et sans me tourmenter à les éclaircir quand elles ne mènent à rien d'utile pour la pratique."

Wirkung ins Spiel gebracht. Die *rêverie* mobilisiert demgegenüber das Modell einer Ökonomie der Reziprozität, an dem sich Interaktionen messen lassen (sollten): es geht um Verpflichtung und Indifferenz, Lügen sind wie Falschgeld, ihr Einsatz ist verwerflich, wo es um die Bezahlung von Gütern und Waren geht, aber harmlos, indifferent, wenn sie nur im Spiel, außerhalb einer Logik der Schuld(en), gebraucht werden. Rousseau handelt von Alltagsfiktionen, die er als einer, der außerhalb der gesellschaftlichen Usancen steht, praktiziert, und er sucht einen Mittelweg zwischen der solipsistischen Moral der Philosophie und der pragmatischen Moral der Interaktion: wann und wie schuldet man dem Gegenüber die Wahrheit?

V. Defiguration der Wahrheit

Die *Lettre à d'Alembert*, Rousseaus Replik auf das Projekt eines Theaters für seine Vaterstadt Genf, bezichtigt die Apologeten der aristotelischen Katharsis-Lehre der *mauvaise foi* (V, 19): in Wirklichkeit befreie (oder 'reinige') das Theater nicht von den Leidenschaften, sondern verstärke sie, zumindest die, die der Zuschauer ohnehin in sich trägt, das Schauspiel gibt eine „nouvelle énergie à toutes les passions" (V, 19). Man kann in diesem Vorwurf den Übergang von einem traditionellen medizinischen Schema zu einem modernen Konzept des Imaginären lesen. Explizit bewegt sich Rousseau allerdings in einem platonischen Begriffsschema: indem das Schauspiel die normative Hierarchie der Vermögen subvertiert, die Leidenschaften aus dem Joch der Vernunft entläßt, befördert es die Metamorphose des Gerechten zu einem Ungerechten, insofern nämlich der *Staat* die Gerechtigkeit des Gerechten an der rechten Hierarchie seiner Vermögen bemißt. Für Rousseau verstärkt das Theater eine intermediäre Struktur zwischen Bedürfnis und Wissen, eben die *passion*, die vom Moralcode (in seiner Ursprünglichkeit der *conscience*) nicht beherrschbar ist. Die *Lettre* steht deshalb der Perspektive, es gebe im Blick auf die Fiktionen des Theaters (und der Literatur insgesamt) so etwas wie ein Raum moralischer Indifferenz (der *adiaphora*), ausgesprochen skeptisch gegenüber, man kann so weit gehen zu sagen, daß Rousseau noch die vermeintlich harmlosesten Kunstmittel mit Acharnement auf moralische Implikationen hin befragt. Wie auch der der *Nouvelle Héloïse* vorangestellte *Entretien sur les romans* deutlich werden läßt, führt die Frage nach den Intentionen nicht weiter, weil diese die Wirkungen der Fiktion nicht beherrschen: „Demander si les Spectacles sont bons ou mauvais en eux-mêmes, c'est faire une question trop vague [...] Les spectacles sont faits pour le peuple, et ce n'est que par leurs effets sur lui qu'on peut déterminer leurs qualités absolües." (V, 16) Das Schauspiel ist ein *amusement*, aber: „tout amusement inutile est un mal" (V, 15) und damit *amusement étranger*, weil es die Ökonomie natürlicher und notwendiger Beziehungen aufbricht. Das Vergnügen, das ein Rezipient im Theater und an der Fiktion findet, ist selbst schon Zeichen einer Selbstentzweiung, eines *mécontentement de soi-même*.

Die Kasuistik der vierten *rêverie* distanziert in den Kaskaden ihrer begrifflichen Distinktionen das kulturkritische Pathos der *Lettre*. Diese Distinktionen betreffen die Differenz von allgemeiner und partikularer Wahrheit, *vérité générale et abstraite* und *vérité particulière et individuelle*, die Relation von Wahrheit und Gerechtigkeit, die Hierarchie von Gewissen und Vernunft[18] (nur wer mit der Stimme des Gewissens im Einklang lebt, ist *de bonne foi avec lui-même*), die Distinktion von *intention* und *effet*. Paul de Man[19] hat gegen Sartres Kritik an der Rousseauschen *morale de l'intention* pertinent eingewendet, daß damit im Blick auf den Text nur eine Oberflächenschicht der *mauvaise foi* betroffen sei, die nicht „les mouvements et les inventions plus énigmatiques et intéressants du texte" betreffe. In der Tat tut sich in der 4. *rêverie* ein charakteristischer und irritierender Hiat zwischen diskursiven Distinktionen und narrativer Exemplifizierung auf. Die Kategorie der Intentionalität erlaubt die Differenzierung der Lüge nach ihren (Um-Zu-)Motiven. Während Wirkungen vielfältig und dispers sind, haben Intentionen den Charakter der Diskretheit und Typisierbarkeit (zumindest solange man nicht nach Weil-Motiven fragt): es gibt *imposture, fraude, calomnie, fiction*. In der intentionalistischen Perspektive suspendiert nur die Fiktion den Moralcode: Fiktionen sind Erfindungen einer Imagination jenseits des moralischen Codes (Gut/Böse) und jenseits des pragmatischen Codes (Nutzen/Schaden). Zwar gibt es durchaus generische Normierungen für Fiktionen mit einem bestimmten *objet moral*, wie etwa die Fabel, die Fiktion ist dann aber für Rousseau nur transparenter Schleier einer moralischen Intention. Immerhin ist deutlich, daß der Blick auf das faktische Spektrum der Fiktion die definitorische Gleichsetzung von Fiktion und *adiaphora* irritiert. Auch der von Rousseau als Beispiel der *fictions purement oiseuses* herangezogene *Temple de Gnide* Montesqieues fügt sich dem Schema nur hypothetisch, weil im Blick auf die Wirkung die Codes der Moral und des Nutzens offenbar nicht zu umgehen sind[20].

Deshalb ist in der 4. *rêverie* die aride Distinktionspraxis der philosophisch-theologischen Tradition nur ein Moment des Textes, das von seiner apologetischen Dimension suspendiert wird. Die *Confessions* und die *Rêveries* handeln von konversationellen Alltagsfiktionen, aber das Interesse Rousseaus bezieht sich nicht auf die Alltäglichkeit des Alltags, sondern gerade darauf, daß er für ihn kein Raum der *adiaphora* ist, auch nicht in dem klassisch-herkömmlichen eines *divertissement*. Damit aber werden die vermeintlich unschuldigen Alltagsfiktionen aus ihrer intentionalistischen Unschuld herausgerissen. Zwar geht es ihm nicht, wie den *gens qu'on appelle vrais dans la société*, um das Eigeninteresse, sie sind also nicht *imposture, fraude* oder *calomnie*. Sie entspringen vielmehr einer *honte* angesichts der notorischen *sterilité de ma conversation*. Die Scham war nun allerdings auch für die Lüge verantwortlich, die Marion ins Unglück stürzte. Ihre Analyse aber zeigt, daß die Alltagsfiktionen, auf die Rousseau rekurriert, sich einer intentionalistischen Analyse überhaupt entzie-

---

[18] Dem *dictamen de la conscience* (dem *instinct moral*) eignet eine Reinheit der Ursprünglichkeit vor aller Vernunft, während Rousseau die Vernunft mit einer Teleologie von Zwecken und Zielen assoziiert. Bekanntlich rechtfertigt sich der Anspruch der *Confessions* daher, daß das Urteil des Gewissens die gleiche Strenge und Unbestechlichkeit wie das des *souverain juge* auszeichnet.

[19] *Allégories de la lecture*, S. 338, Anm.

[20] Vgl. S. 1032: „Si *le Temple de Gnide* est un ouvrage utile l'histoire du manuscrit Grec n'est qu'une fiction très innocente; elle est un mensonge très punissable si l'ouvrage est dangereux."

hen. Das war schon in der Episode des gestohlenen Bandes so: Die Lüge entspringt einem Subjekt, das nicht bei sich selbst ist, und richtet sich auf ein Objekt, das als beliebiges apostrophiert wird. Die *rêverie* treibt diese Analyse weiter. In der Interaktion wird Rousseau, dem jede *présence d'esprit* abgeht, zum Reden gezwungen, bevor er überhaupt nachdenken kann, er produziert Fiktionen, die als *effet machinal de mon embarras* funktionieren. Sie entspringen nicht der Bewußtseinshelle reflektierter Intentionalität, sondern sind reflexartige Abwehrbewegungen einer – wie die Episoden zeigen – in ihrer moralischen Identität infrage gestellten Person. Er hätte in der *rêverie* kaum ein aufschlußreicheres Beispiel wählen können als eine Episode, in der es um die Existenz seiner im Waisenhaus untergebrachten Kinder geht. Bekanntlich führt Rousseau im 8. Buch der *Confessions* eine intensive Diskussion seines Verhaltens als Vater; dort triumphiert der Moralcode, einschließlich der Diskulpation durch den Verweis auf die Intention: „Ma faute est grande, mais c'est une erreur" (I, 358), denn: „Jamais un seul instant de sa vie J.-J. n'a pu être un homme sans sentiment, sans entrailles, un père dénaturé." (I, 357) Indem er seine Kinder ins Waisenhaus schickt, hält sich Rousseau für ein „membre de la République de Platon." (I, 357) Daß die Pariser Waisenhäuser keine Vorschule und das vorrevolutionäre Frankreich keine Verkörperung des platonischen Staats darstellen, kann als Irrtum gelten, den man allerdings dem Rousseau nach der *illumination de Vincennes* nur schwer zutrauen mag.

Die *rêverie* evoziert demgegenüber eine konkrete Interaktionssituation: von einer (schwangeren) jungen Frau befragt, leugnet Rousseau die Existenz seiner Kinder, wobei die Lüge (angeblich eine unschuldige *fiction*) wiederum die physiognomischen Zeichen der Scham hervorruft. Nicht nur desavouiert Rousseau damit seine Lüge, der Kontext macht ohnehin deutlich, daß die Gesprächspartner vermutlich von der Existenz der Kinder wußten, die Frage also einen maliziösen Zweck verfolgt. Erst nach dem Reflex der Lüge fällt Rousseau eine angemessene Antwort ein, die nämlich, welche der Reziprozitätsnorm der Interaktion Rechnung getragen hätte: sie wäre metakommunikativ gewesen, hätte den Status des Sprechers und die Impertinenz der Frage zum Gegenstand gehabt, und hätte damit die Fragestellerin ins Unrecht gesetzt[21]. Die Lüge selbst aber ist keine unschuldige Fiktion, sondern Automatismus der Erfindung, insofern das *œil de la malignité* einen unerträglichen Reaktionsdruck erzeugt. Rousseau fühlt sich beobachtet und er belehnt den Blick des Beobachters mit malevolenten Intentionen. Damit aber ist der Ausweg in die Unschuld der Fiktion, in die Welt der *adiaphora*, versperrt.

„Homme, ne cherche plus l'auteur du mal, cet auteur c'est toi-même." (IV, 588) Die kategorische These des *vicaire savoyard* belegt Rousseaus Verhalten eindringlich. Seine Wahrnehmung der Interaktion codiert diese immer schon moralisch. Rousseaus Alltagsfiktionen sind keine indifferenten Beiträge zu einem sozialen Unterhaltungsbedarf, sondern Reflexe angesichts einer unausweichlichen Ver-

---

[21] S. 1034: "Voilà une question peu discrète de la part d'une jeune femme à un homme qui a vieilli garçon."

strickung in eine moralische Codierung. Der Mechanismus signalisiert Anpassung und Unterwerfung, er belädt das Subjekt mit dem Übel der Gesellschaft, so daß er erst in einem reflexiven Exorzismus Distanz und Diskulpation herstellen muß.

Die Rückwendung der *rêverie* auf die *Confessions* läßt sich auf drei Thematiken fokussieren: a) Der Lüge aus dem Motiv der *amour-propre* habe er entsagt, so Rousseau. Vielmehr habe er in den *Confessions* eine äußerste Schärfe des moralischen Urteils walten lassen, *m'accusant avec trop de sévérité*. Nun sind aber gerade die Alltagsfiktionen paradigmatische Beispiele eines sozusagen vorreflexiven *amour-propre*, insofern sie einen Mechanismus darstellen, in dem der fremde Blick und das eigene Imaginäre zusammentreffen, sie sind nicht Produkt eines als *sentiment naturel* verstandenen *amour de soi*, sondern entspringen einem *sentiment relatif, factice et né dans la société* (III, 219), wie die Note XV des 2. *Discours* festhält[22]. Die Interaktionen, in denen Rousseau in peinliche Nöte gerät, sind von der Dynamik des *amour propre* geprägt, Walstätten des gesellschaftlichen Imaginären, in der nicht die postulierte Ursprünglichkeit der *conscience* Rousseaus Verhalten bestimmt, sondern die präreflexive Zirkulation von Erwartungen und Erwartungserwartungen.

b) In den *Confessions* habe er, so Rousseau, die *véracité*, die Wahrhaftigkeit, die Wahrheit des eigenen Selbst, zum Äußersten getrieben. Das impliziert auch den hier und andernorts immer wieder erhobenen Anspruch, alles gesagt zu haben: *j'ai tout dit*. Indessen muß auch und gerade in den *Confessions* die *imagination* und ihr *délire* als Supplement der Erinnerung eingesetzt werden. Der zwischen dem Moralischen und dem Ästhetischen changierende Anspruch der Vollständigkeit – alles zu sagen und dem Gesagten zugleich eine Form zu geben – schlägt um und läßt in der *véracité* die *charmes étrangers* sichtbar werden.

c) Verletzen die *Confessions* das Gebot, alles zu sagen, einerseits durch die Übererfüllung der *charmes étrangers*, so anderseits durch das Schweigen und die Auslassungen. Ein Verschweigen, das sich nicht der Defizienz des Gedächtnisses verdankt, sondern den Verstrickungen des *amour-propre*. Das geforderte Junktim von Wahrheit des Textes und Gerechtigkeit des Lesers zerschellt an der verzerrten Reziprozität der komparativen Existenz. Was aber die *Confessions* verschweigen, gerade um dem Vorwurf des *amour propre* keinen Raum zu lassen, tragen die *Rêveries* nach, zumindest exemplarisch, indem sie zwei Kindheitserinnerungen erzählen, von denen in den *Confessions* nicht die Rede ist. Es ist nun überaus auffällig, daß die Episoden – es geht in beiden Fällen um Verletzungen, die Rousseau absichtlich oder unabsichtlich von Spielkameraden zugefügt wurden, das Thema des Selbstlobs oder des *amour propre* allenfalls marginal berühren. Die Geschichten demonstrieren Rousseaus Fähigkeit, Schmerz stoisch zu ertragen und großmütig die Identität der

---

[22] Der *amour-propre* ist ein „sentiment qui prend sa source dans des comparaisons", daher die „véritable source de l'honneur." (III, 219) Im Naturzustand gibt es keine Beleidigungen und Ehrverletzungen, denn: „[...] comme c'est le mépris ou l'intention de nuire et non le mal qui constitue l'offense, des hommes qui ne savent ni s'apprécier ni se comparer, peuvent se faire beaucoup de violences mutuelles, quand il leur en revient quelque avantage, sans jamais s'offenser réciproquement."

Verursacher zu verschweigen. In der Erzählung aber dominieren die Motive der Aggression, des Schmerzes, ja der Grausamkeit. Paul de Man hat diese Schieflage eindrücklich benannt: „Il y a aussi un étrange déséquilibre entre la direction de l'argument, qui procède par distinctions et raisonnements subtils, et le mouvement des exemples, qui ne s'accomodent pas tout à fait à l'intention qu'ils sont censés servir." Damit verstärke sich die „obliquité quelque peu étrange d'un texte légèrement délirant qui est loin de maîtriser les effets qu'il prétend produire."[23] In Wirklichkeit seien die Episoden Allegorien des Funktionierens des Textes, die Verletzungen, die dem jungen Rousseau zugefügt werden, Inszenierungen der Textmaschine in ihrer Konstitution und ihrer Performanz. Der Text beherrscht seine Wirkung nicht, die Intention übersetzt sich nicht in einen ihr angemessenen *effet*, die Wahrheit des Textes und die Gerechtigkeit des Lesers kommen nicht zusammen, weil der Autor immer schon auf seinen Leser Erwartungen und Intentionen projiziert, die sich dem Text einzeichnen.

Das Ende der *rêverie* stellt den begrifflichen Distinktionskatalog, den Rousseau durchgearbeitet hat, in Frage, und zwar aus der Perspektive der *conscience* (die, wie sich gezeigt hat, eine sowohl unverzichtbare als auch elusive Instanz darstellt). a) „En pesant avec tant de soin ce que je devois aux autres, ai-je assez examiné ce que je me devois à moi-même?" (I, 1030) Die Frage nach der Reziprozität der Interaktion hatte Rousseau auf einen Fiktionsmechanismus geführt, der jedenfalls diesen Anspruch nicht einlöst. Fiktionen stehen in einem normativen Rahmen der Reziprozität. Unter den gesellschaftlichen Voraussetzungen, von denen die *Confessions* wie die *Rêveries* ausgehen, kann diese Reziprozität nur verzerrt sein. In ihm gibt es keinen Raum der *adiaphora*, der indifferenten Fiktionen. Das gilt nicht nur für die ästhetischen Fiktionen der Literatur[24], sondern auch für die vorgeblich ornamentalen Fiktionen wie für die Alltagsfiktionen.

b) Rousseaus Alltagsfiktionen antworten auf die Zumutungen der Gesellschaft und ihrer Moral des *amour propre*. Die Ornamente des autobiographischen Textes aber verdanken sich einem *plaisir d'écrire*. Retrospektiv aber erscheinen sie als Defiguration der Wahrheit: „orner la vérité par des fables c'est en effet la défigurer." (I, 1038)[25] Das Phantasma der Vollständigkeit und Ganzheit ist für den Wahrheitsanspruch des Textes unverzichtbar: kein Teil ist indifferent, auch nicht die okkasionellen Fiktionen. Für das Ineinanderspiel von Erinnerung und Fiktion (die Ganzheitsfunktion der Fiktion) gibt Rousseau bezeichnenderweise kein Beispiel:

---

[23] *Allégories de la lecture*, S. 347.

[24] Vgl. II, 5: „Il faut des spectacles dans les grandes villes, et des Romans aux peuples corrompus." (*Préface* zur *Nouvelle Héloïse*)

[25] Vgl. dazu *Mon portrait* (I, 1122): „A quoi cela était-il bon à dire? A faire valoir le reste, à mettre de l'accord dans le tout; les traits du visage ne font leur effet que parce qu'ils y sont tous; s'il en manque un, le visage est défiguré." Oder *Ebauche des Confessions* (I, 1153): „[...] car si je tais quelque chose on ne me connoitra sur rien, tant tout se tient, tant tout est un dans mon caractére, et tant ce bisarre et singulier assemblage a besoin de toutes les circonstances de ma vie pour être bien dévoilé."

es würde ja so etwas wie eine Metaerinnerung verlangen, um die Grenze der Erinnerung zu markieren. Wo aber einmal die Erinnerung, die von Rousseau insistent mit der *conscience* assoziiert wird, als fiktionsexponiert erscheint, verliert sie ihre Identität[26].

c) Von seinen Feinden hatte Rousseau lernen wollen – nach dem Ratschlag seines Lieblingsautors Plutarch, der allerdings, wie der Anfang der *Confessions* demonstriert, selbst ein Verführer zum Imaginären war. Die Verwendung und Entwendung der Devise *vitam impendere vero* war der Anlaß. Sie sich zu eigen gemacht zu haben, ist selbst schon ein Zeichen der Selbstüberhebung, der *présomption*.

---

[26] Das Problem wird auch durch die Strategie des *Je peindrai doublement l'état de mon âme* nicht wirklich gelöst.

Gerhild Fuchs

„D'abord faut-il y croire, ou veut-il seulement tromper tout le monde, et jusqu'à la fin?"
Das „Lügengeflecht" der *Liaisons dangereuses* als inner- und metatextuelles Phänomen

„Dieser Satz ist falsch" – so läßt sich in vereinfachter Weise jenes in sich unauflösbare logische Konstrukt formulieren, das seit Epimenides' Satz über die Kreter[1] üblicherweise als Paradoxon des Lügners bezeichnet wird. Das *paradoxe du menteur* macht Pierre Bayard 1993 in seiner ebenso betitelten Studie zu Laclos[2] gewissermaßen zum Angelpunkt seiner Lektüre der *Liaisons dangereuses* und zeigt in den beiden definitorischen Eigenschaften des Paradoxons, seiner Selbstbezüglichkeit und der daraus resultierenden Unauflösbarkeit des Sinns, zwei auch für Laclos' Werk grundlegende Wesenszüge auf. Den Ausgangspunkt für diesen Ansatz findet Bayard zunächst in den beiden kurzen Vorwörtern des Briefromans, dem *Avertissement de l'éditeur* und der *Préface du rédacteur*, deren sich gegenseitig in Frage stellende Widersprüchlichkeit der Laclos-Kritik schon seit jeher Rätsel aufgegeben hat. Bekanntlich wird, um nur zwei zentrale Punkte zu nennen, die vom Redakteur behauptete Authentizität der Briefsammlung vom Herausgeber bestritten, während die von letzterem angezweifelte abschreckende Wirkung der darin geschilderten verdorbenen Sitten vom Redakteur als vorrangiger Nutzwert des Werkes angepriesen wird. Bayard insistiert nun gerade auf dieser Widersprüchlichkeit und zeigt auf, wie das Spannungsverhältnis des gegenseitigen Sich-ad absurdum-Führens darin mündet, daß die beiden Texte letztlich die Botschaft der eigenen Nichtigkeit transportieren, nämlich „le texte que vous êtes en train de lire est faux".[3]

Die damit signalisierte paradoxe Selbstreferentialität wie auch der kontinuierliche *brouillage de sens* prägen nun, so Bayard, den Romankorpus als Ganzes, „comme si cette figure, exposée d'entrée de jeu, se diffractait ensuite dans l'ensemble de l'œuvre, aussi bien au plan de ses grandes structures que sur une multitude de

---

[1] „Alle Kreter lügen", was angesichts der Tatsache, daß Epimenides selbst Kreter war, zum immer wieder zitierten Beispiel eines logischen Trugschlusses wurde.
[2] P. Bayard, *Le paradoxe du menteur. Sur Laclos*, Paris 1993.
[3] P. Bayard, *Le paradoxe du menteur*, S. 23-25.

points de forme."[4] Den Nachweis dieser These unternimmt Bayard, indem er sodann – insbesondere im Rückgriff auf psychoanalytische Deutungsverfahren lacanianischer Prägung – die für die Briefkommunikation der *Liaisons* charakteristischen Diskursstrategien untersucht und auf die Figurenpsychologie rückschließt.

Was dabei mehrmals anklingt und sogar als „impossibilité de lire l'œuvre" in einer der drei „paradoxalen" Konklusionen der Studie impliziert ist,[5] ohne aber im Grunde näher argumentiert zu werden, das sind die Auswirkungen dieser Mechanismen auf den Lektüre- bzw. Rezeptionsvorgang. Welches ist die Rolle des *Lesers* in dieser Romanwelt, deren paradoxes Lügengeflecht auch auf die Ebene der erzählerischen Vermittlung des Ganzen, die Ebene der Mittelbarkeit,[6] übergreift und zu einem ständigen Abschatten zwischen Gesagtem und Gemeintem, zwischen Verstellung und Aufrichtigkeit, zwischen Lüge und Wahrheit zwingt? Welches sind die Strategien, die der Leser sich aneignen, welches die grundlegenden Hypothesen, die er aufstellen und oft genug wieder verwerfen muß? Kann er selbst sich dem „Belogenwerden" entziehen? Und wo steht er am Ende des Ganzen, welche Sicherheiten bleiben ihm?

Diese Fragestellungen umreißen in groben Zügen die Zielsetzung der folgenden Ausführungen, die sich auch weiterhin gelegentlich an Bayards Studie inspirieren werden, sich aber nicht als Fortführung seines Ansatzes verstehen. Um die Grundlagen des Rezeptionsvorgangs zu klären, wird sich der Blickpunkt vielmehr

---

[4] P. Bayard, *Le paradoxe du menteur*, S. 26.

[5] In seinem Konklusionskapitel gelangt Bayard zu der bemerkenswerten Schlußfolgerung, daß die paradoxale Struktur von Laclos' Roman sich im Grunde genommen als ein auf drei miteinander in Verbindung stehenden Ebenen anzusetzendes „paradoxe de la lecture" beschreiben lasse, dem als umfassendes Phantasma die „illusion de l'extériorité" zugrundeliege (P. Bayard, *Le paradoxe du menteur*, S. 174f.). Im Hinblick auf die Figuren des Romans manifestiert sich die damit gemeinte Unmöglichkeit einer Außensicht bzw. -stellung laut Bayard als „impossibilité de *se* lire" und als „impossibilité de lire *les autres*", wobei das Scheitern sowohl der Selbstanalyse und -erkenntnis, als auch des Versuchs, die anderen zu (er)fassen ohne selbst involviert zu werden, aufs engste mit der – lacanianischen – Auffassung von der Sprache als Ort des Unbewußten und als symbolischem Ort des Anderen zusammenhängt. So heißt es bei Bayard bezüglich der „impossibilité de se lire": „Le signe linguistique n'est pas chez Laclos un objet d'utilisation, disponible pour des sujets autonomes, possesseurs et maîtres du langage. C'est au contraire lui qui a la maîtrise sur les sujets." (S. 176) – und auch die „impossibilité de lire les autres" resultiert großteils aus der trügerischen Auffassung von einer möglichen „extériorité linguistique": „La force des libertins est leur capacité à commenter les actes et surtout les textes des autres, et à s'échanger ces commentaires. En ce sens, leur position repose surtout sur le mythe du métalangage, sur la fiction (perverse) qu'il existerait des lieux où l'on puisse siéger en dehors du langage et de ses effets. [...] Chaque locuteur [dans *Les Liaisons dangereuses*] essaie en vain d'atteindre ce site imaginaire de l'univers des mots qui se trouverait préservé des empreintes du sujet." (S. 178). – Eben diese Beschaffenheit der Sprache bedingt nun auch, als dritten Aspekt von Bayards Konklusion, die „impossibilité de lire *l'œuvre*" (S. 179ff.), denn auch der Leser selbst befinde sich „dans une position analogue à celle des deux libertins, c'est-à-dire en extériorité à un livre qui travaille à en défaire le mythe." (S. 180)

[6] Der Begriff der „Mittelbarkeit des Erzählens" wird verwendet von Franz K. Stanzel, *Theorie des Erzählens*, Göttingen 1982.

auf die erzählsemiotischen, insbesondere durch die Briefform des Werkes bedingten Gegebenheiten richten müssen. Es soll aufgezeigt werden, in welch hohem Maß diese formalen Gegebenheiten in Laclos Roman den inhaltlichen analog laufen, indem sie sich gegenseitig bedingen und reflektieren. Dazu bleibt vorerst noch ganz kurz und summarisch abzuklären, welchen Stellenwert das im Roman inszenierte, auf die Ebene der Mittelbarkeit übergreifende „Lügengeflecht" im innerwerklichen Handlungsgefüge hat.

Das innerwerkliche Lügengeflecht

Wer Choderlos de Laclos' faszinierenden Briefroman liest, wird unumgänglich mit den verschiedensten Formen der Umgehung, Verdrehung, Umkehrung oder Unterminierung von Wahrheit konfrontiert. Im gezielten Einsatz dieser Strategien erweisen sich von Beginn an die beiden hochadeligen Protagonisten, die Marquise de Merteuil und der Vicomte de Valmont, als wahre Meister, denn nur auf dieser Grundlage können die zumeist amourösen Intrigen, die von ihnen in Gang gesetzt werden, überhaupt funktionieren. Dennoch werden wohl die meisten Leser des Romans eher zögern, die beiden rundheraus als „Lügner" zu bezeichnen. Nicht daß dieses Attribut als ungerechtfertigt oder zu scharf empfunden würde; es scheint vielmehr deshalb unangemessen, weil es zu derb, zu banal, zu simpel klingt. Lügen, das ist schlicht und einfach das Gegenteil der Wahrheit behaupten – oder, um es mit Harald Weinrich wissenschaftlicher auszudrü??ken: „Die Linguistik sieht [...] eine Lüge als gegeben an, wenn hinter dem (gesagten) Lügensatz ein (ungesagter) Wahrheitssatz steht, der von jenem kontradiktorisch, d.h. um das Assertionsmorphem Ja/Nein, abweicht."[7]

Derartige „totale Lügen"[8], wie Weinrich sie an späterer Stelle nennt, sind im Diskurssystem der *Liaisons dangereuses* in der Tat eher selten. Wodurch sich die „Teufeleien" der beiden Libertins vorrangig auszeichnen, sind ja gerade die subtilen, raffinierten Formen der bewußten Täuschung des Gegenübers: Halbwahrheiten, teilweise Verdrehung der Tatsachen, verformte Darstellung von Sachverhalten, unauffällig suggerierte Fehlmeinungen, und ähnliches mehr. Als Oberbegriff hierfür bietet sich, eher als die auf Sprechakte und auf Ja/Nein-Relationen beschränkte „Lüge", die sehr viel weitergefaßte „Verstellung" an, der im Hinblick auf die beim Gegenüber intendierte Wirkung die „Täuschung" als Pendant beigestellt werden kann.

Von ganz besonderer Relevanz sind in Laclos' Werk natürlich jene Verstellungs- bzw. Täuschungsstrategien, die den Bereich der Gefühle, Emotionen sowie der inneren Einstellungen betreffen und die beim Gegenüber ein gezielt manipuliertes Bild des eigenen Selbst entstehen lassen sollen. So gibt sich Valmont gegenüber der zu erobernden Présidente de Tourvel als empfindsam liebender, vom li-

---

[7] H. Weinrich, *Linguistik der Lüge*, Heidelberg 1966, S. 40.
[8] Ebd., S. 54.

bertinistischen Lebensstil angeekelter und dem Guten im Innersten zugetaner Christenmensch auf Abwegen, um nur einige seiner Facetten zu nennen; während die Marquise de Merteuil unter anderem in die Rolle der nachgiebigen mütterlichen Beraterin (gegenüber der jungen Cécile) oder der rigiden Hüterin von Tradition und Moral (gegenüber Mme de Volanges) schlüpft.

Der Vergleich zur Schauspielerei, wie er in der Laclos-Kritik des öfteren gezogen wurde, liegt auf der Hand und ist auch im Hinblick auf die intensive Diskussion dieser Kunstform durch Laclos' Zeitgenossen von Interesse. Dies umso mehr, als einer der namhaftesten unter ihnen in diesem Zusammenhang ebenfalls auf ein – wenn auch auf einer anderen Ebene gelagertes – Paradoxon stößt. Die Rede ist natürlich von Diderots *Paradoxe sur le comédien*. Es besteht bekanntlich in aller Kürze gesagt darin, daß der Schauspieler Gefühle und Emotionen gerade dann am überzeugendsten zum Ausdruck bringen könne, wenn er selbst sie <u>nicht</u> empfinde; eine der zentralen Formeln hierfür lautet „de la pénétration et nulle sensibilité"[9].

Wie klein der Schritt von Diderots Theorie zu jenen Prinzipien der Libertinage ist, welche die Marquise de Merteuil im berühmten Brief 81 des Romans entwirft, wurde in der Sekundärliteratur ebenfalls bereits aufgezeigt.[10] „Je ne désirais pas de jouir, je voulais savoir"[11], lautet einer der vielzitierten Kernsätze dieser „profession de foi", dem der Inhalt von Diderots Formel erstaunlich nahekommt. Tatsächlich geht es der Marquise keineswegs um die Intensität oder Qualität eigenen Fühlens und Lustempfindens, sondern um die genau kalkulierte *Zurschaustellung* solcher Empfindungen mit dem Ziel, beim Gegenüber etwas zu erreichen. Die von ihr theoretisierte und von Valmont großteils mitvertretene Form der Libertinage ist fern von deren möglicher Auffassung als „recherche exacerbée du plaisir" oder „quête de la jouissance";[12] sie gründet vielmehr auf eiserner Disziplin, fast möchte man sagen, auf Askese und Selbstkasteiung. Denn die willensgesteuerte Zurschaustellung von Nicht-Gefühltem hat ihr unmittelbares Pendant natürlich darin, daß die *wahren* Gefühle rational beherrscht und verborgen werden müssen. Es geht, mit einem Wort, um Affektkontrolle. Sie ist, wie Wolfgang Matzat überzeugend dargelegt hat, innerhalb des libertinistischen Konzepts oberstes Gebot, denn sie dient

---

[9] D. Diderot, „Le paradoxe sur le comédien", in: D.D., *Œuvres Esthetiques*, hrsg. von P. Vernière [Classiques Garnier], Paris 1968, S. 306.

[10] Siehe dazu etwa den Aufsatz von Emita B. Hill, „Man and mask: The art of the actor in the *Liaisons dangereuses*", *Romanic Review* Bd. 63/1972, S. 111-124, wo neben Diderots *Paradoxe* insbesondere auch Rousseaus Sicht des Schauspielers (in der *Lettre à d'Alembert sur les spectacles*) auf seine Bezüge zu Laclos' Werk hin untersucht wird. – Den Verweis auf die Schauspielkunst macht im übrigen Mme de Merteuil in ihrem Brief auch selbst: Um glaubhaft Liebe vorzutäuschen, bemerkt sie an einer Stelle, „il suffisait de joindre à l'esprit d'un Auteur, le talent d'un Comédien. Je m'exerçai dans les deux genres, et peut-être avec quelque succès: mais au lieu de rechercher les vains applaudissements du Théâtre, je résolus d'employer à mon bonheur ce que tant d'autres sacrifiaient à la vanité." (Ch. de Laclos, *Les Liaisons dangereuses*. Préface A. Malraux [Gallimard], Paris 1972, Brief 81, S. 226).

[11] *Les liaisons dangereuses*, Brief 81, S. 223.

[12] Vgl. A. Deneys-Tunney, *Ecritures du corps*. De Descartes à Laclos, Paris 1992, S. 302, S. 304.

„nicht nur [der] Selbstbeherrschung, sondern auch und vor allem [der] Beherrschung des anderen".[13] Ist die Verstellung glaubhaft und die Täuschung perfekt, wird die angezettelte Intrige (zumindest theoretisch) zu einem steuer- und berechenbaren Spiel, in dem die Opfer nur noch die Rolle von Marionetten haben.

Das fundamentale Instrumentarium für dieses Spiel ist nun in Laclos' Roman in erster Linie die Sprache bzw. sind die Briefe selbst. Wie später noch ausgeführt wird, vollzieht sich die Interaktion zwischen den Figuren in den *Liaisons dangereuses* zum überwiegenden Teil aus der Distanz der brieflichen Kommunikation, weshalb die Verstellung mit Worten sehr viel mehr Gewicht hat als die über den stimmlichen, mimischen und gestischen Ausdruck erfolgende. Diese Tatsache dürfte von Vorteil sein, wenn es um das Verbergen von Gefühlen geht; für die glaubhafte Darbietung „gestellter" Empfindungen hingegen bedeutet der Wegfall der körperlichen Ausdruckskomponente, daß die gesamte „emotionale Überzeugungskraft" in die Worte gelegt werden muß – was nach Mme de Merteuils eigenen Aussagen ein überaus anspruchsvolles Unterfangen ist: „[...] il n'y a rien de si difficile en amour que d'écrire ce que l'on ne sent pas. Je dis écrire de façon vraisemblable: ce n'est pas qu'on ne se serve des mêmes mots; mais on ne les arrange pas de même, ou plutôt on les arrange, et cela suffit."[14] Um der brieflichen Verstellung mehr Effizienz zu verleihen, kann natürlich auch die Wahrnehmung des Adressaten vorbeugend manipuliert werden. Hier erweist sich besonders Valmont als Meister, wenn er zum Beispiel seine ersten strategischen Liebeserklärungen an die Présidente de Tourvel unter die Prämisse stellt, daß er seine „wahren Gefühle" nun nicht mehr verbergen bzw. verleugnen könne und wolle – womit er sie ihrerseits dahin drängt, genau dies zu tun. Das Leugnen von Gefühlen wird zur vorrangigen Verteidigungsstrategie Tourvels, während – wie Anne Deneys-Tunney treffend beobachtet hat – „Valmont ne cesse de lui dire qu'il nie la dénégation, et que c'est la preuve qu'il est sincère".[15]

In jedem Fall muß der briefliche Diskurs der Libertins bis in die subtilsten rhetorischen und psychologischen Finessen hinein durchdacht und ausgefeilt sein, damit die zur Schau gestellten Gefühle „echt" wirken und das Täuschungsmanöver gelingt. Was nun den Angelpunkt für die Paradoxie der *Liaisons dangereuses* bildet, ist die Tatsache, daß eben diese Täuschungsmanöver der Libertins aufgrund der Briefstruktur innerwerklich auf genau demselben Wege oder Kanal abgewickelt werden, über den sie auch als Erzählinformation an den Leser gelangen. Diese strukturelle Gegebenheit liefert *in nucleo* ein grundlegendes Erklärungsmuster für die spezifischen Wirkungseffekte des Romans. Um dies eingehender zu argumentieren, müssen kurz die wesentlichen erzähltechnischen Charakteristika der Gattung Briefroman ins Gedächtnis gerufen werden.

---

[13] W. Matzat, „Die moralistische Affektkonzeption in Choderlos de Laclos' *Les Liaisons dangereuses*", *Romanische Forschungen* Bd. 104/1992, S. 293-312, hier: S. 223.

[14] *Les liaisons dangereuses*, Brief 33, S. 100.

[15] A. Deneys-Tunney, *Ecritures du corps*, S. 316.

Die erzähltechnischen Voraussetzungen des Briefromans

An die Nähe zu Schauspiel und Theater läßt sich auch hier anknüpfen, denn als organisierte Abfolge für sich stehender, an innerwerkliche Adressaten gerichteter Figurenreden (also den Briefen) weist der Briefroman deutliche Affinitäten zum Drama auf und wurde etwa von Vosskamp als „episch-dialogische Mischform"[16] definiert. Wesentlich ist dabei, daß dem Briefroman, wie dem Drama, eine für narrative Texte ansonsten unabkömmliche Größe fehlt, nämlich der übergeordnete, die Gesamtheit der dargebotenen Inhalte vermittelnde Erzähler.[17] Zwar wird – wie auch in Laclos' Werk der Fall – die Darbietung der Briefe meist in einem Vorwort einem fiktiven „Herausgeber" zugeschrieben, der sich auch im Briefkorpus selbst mittels Fußnoten zu Wort melden und dessen Rezeptionsweise durch Kommentare, Wertungen, Zusatzinformationen etc. lenken und modifizieren kann. Seine Stimme bleibt jedoch vom Briefkorpus als solchem deutlich abgehoben und kann keinesfalls mit einer Erzählinstanz gleichgesetzt werden.

Die Vermittlung der Erzählinhalte nämlich wird von den Briefen selbst getragen, sie obliegt den briefschreibenden Figuren als alternierenden innerwerklichen Ich-Erzählern. Die Kommunikationssituation zwischen den Figuren fungiert dabei als wesentliche „Ersatzkonstituente" der Mittelbarkeit, denn innerhalb der durch die Briefform aufgebauten Fiktion werden die Inhalte nur dann für den Leser erfahrbar, wenn die Figuren sie einander brieflich mitteilen. Der Schreib*anlaß* ist somit die (fiktionale) Basis für die Übermittelbarkeit der Romanhandlung und ist gleichzeitig integrativer Bestandteil derselben.

Diese in der „Interdependenz von *histoire* und *discours*"[18] verankerte Grundkonzeption des Briefromans geht mit ganz spezifischen Wirkungseffekten für den Rezipienten einher. Zum einen findet sich dieser bis zu einem gewissen Grad in der Rolle des „Voyeurs" wieder, denn der Aspekt des Heimlichen, der

---

[16] Vgl. W. Vosskamp, „Dialogische Vergegenwärtigung beim Schreiben und Lesen. Zur Poetik des Briefromans im 18. Jahrhundert", *Deutsche Vierteljahrsschrift für Literaturwissenschaft und Geistesgeschichte* Bd. 45/1971, S. 80-116.

[17] Vivienne Mylne weist darauf hin, daß Laclos das Fehlen des außenstehenden Erzählers als prägendes Charakteristikum von dialoghaften Romanen seiner Zeit (insbesondere im Hinblick auf Lacretelles *Charles Artaut Malherbe ou le Fils naturel*) durchaus erkannt und hervorgehoben hat, wenn er schreibt: „Au lieu d'un historien qui raconte, on a les personnages qui parlent et agissent." Zit. nach V. Mylne, „Le parler des personnages dans *Les liaisons dangereuses*", *Revue d'histoire littéraire de la France* Bd. 82/1982, S. 575-587, hier: S. 577. – Natürlich muß hier ergänzend hinzugefügt werden, daß sich etwa in der Art der Abfolge der Briefe das gestalterische Wirken einer für den Leser „unsichtbaren" Erzählinstanz sehr wohl bemerkbar macht. Diese Instanz übernimmt als die Informationsvergabe strukturierendes, ordnungschaffendes Prinzip eine Teilfunktion des „impliziten Erzählers", ohne jedoch wie dieser gleichzeitig eine Mittlerebene zwischen Erzähltem und Rezipienten zu bilden. Letztlich aber entsteht nur durch diese Instanz „jene ‚episch-kompositorische Ganzheit', die es erlaubt, den Briefroman als ein narratives Subgenre zu beschreiben". (M. Moravetz, *Formen der Rezeptionslenkung im Briefroman des 18. Jahrhunderts. Richardsons Clarissa*, Rousseaus *Nouvelle Héloïse* und Laclos' *Liaisons dangereuses*, Tübingen 1990, S. 30.).

[18] M. Moravetz, *Formen der Rezeptionslenkung im Briefroman*, S. 30.

privater Korrespondenz anhaftet, geht – wie von Hans Rudolf Picard betont wurde – „in die Struktur des [Briefromans] ein und ist, als eine im ästhetischen Gebilde gestaltete, eine beobachtete Heimlichkeit".[19] Picard hebt weiters auch die durch die Briefform erzeugte „Illusion der Gegenwärtigkeit" hervor, denn durch das Wegfallen der „epischen Distanz" ensteht beim Leser der Eindruck, als entwickle sich das Geschehen quasi unmittelbar vor seinen Augen,[20] als würde es ihm „gezeigt" statt erzählt. Besonders stark ist der Eindruck der Unmittelbarkeit dann, wenn die Romanhandlung in hohem Maße durch die Briefe selbst, also die in ihnen enthaltenen Sprechakte, vorangetrieben wird – wie es eben in den *Liaisons dangereuses* der Fall ist.[21] Dort treten die beiden Protagonisten insbesondere in den Briefen an die Opfer ihrer Intrigen meist direkt mit diesen in Interaktion, d.h. sie steuern mittels der brieflichen Sprechhandlungen deren Denken und Agieren quasi „aus der Distanz" und lassen den Brief damit zum vorrangigen Instrument ihres Handelns werden. Allerdings kann diese Möglichkeit der „aktiven"[22] Handlungsentwicklung immer nur einen Teil der Geschehensübermittlung gewährleisten. Unabdingbar ist in jedem Fall die Funktion des Briefs als Erzählmedium, wobei die Aufgabe, Vorgefallenes zu berichten – und meist gleichzeitig zu kommentieren – ebenfalls von den briefschreibenden Figuren selbst übernommen wird.

François Jost unterscheidet anhand dieser Kriterien Briefromane mit „dynamischer" Erzählweise von solchen mit „statischer" (wie etwa Goethes *Werther* oder Marivaux' *Vie de Marianne*), wo *in* den Briefen erzählt, nicht aber *durch* sie gehandelt wird.[23] Laclos' *Liaisons dangereuses* sind dem dynamischen Modell zuzurechnen und lassen sich unter dem Gesichtspunkt einer weiteren, anhand der inszenierten Stimmen getroffenen Klassifizierung als polylogischer Briefroman beschreiben, da eine ganze Reihe von Figuren als Briefschreiber auftritt. Wie Monika Moravetz dargelegt hat, stellt gerade der polylogische Romantypus eine hohe Anforderung an die Aktivität des Lesers, da die Mehrstimmigkeit zumeist mit einer „Polyperspektivik" im Sinne einer „Orchestrierung divergierender Bedeutungspositionen" und somit einer Vielfalt von Identifikationsangeboten für den Leser

---

[19] H. R. Picard, *Die Illusion der Wirklichkeit im Briefroman des 18. Jahrhunderts*, Heidelberg 1971, S. 27.

[20] Zwar wird durch die Herausgeberfiktion die dargebotene Korrespondenz in ihrer Gesamtheit als zeitlich zurückliegend situiert und erscheint somit in der Perspektive der „epischen Vergangenheit". Wie aber Picard sodann feststellt, „steht diese perspektivische Behauptung nur als kurze und bald vergessene Bemerkung im Vorwort, die Briefe jedoch wirken in extensiver Lektüre und da erscheinen sie in ihrer Entstehung gegenwärtig." (H.R. Picard, *Die Illusion der Wirklichkeit im Briefroman*, S. 16.).

[21] Wie Jean-Luc Seylaz es treffend formuliert, sind die Briefe in Laclos' Roman „la matière même de l'action, et non seulement son reflet". J.L. Seylaz, *Les „Liaisons dangereuses" et la création romanesque chez Laclos*, Genève/Paris 1965, S. 23.

[22] Vgl. M. Moravetz, *Formen der Rezeptionslenkung im Briefroman*, S. 29.

[23] Vgl. F. Jost, „Le roman épistolaire et la technique narrative au 18e siècle", *Comparative Literature Studies* Bd. 3/1966, S. 397-427, hier: S. 406.

einhergeht.²⁴ Ein verstärkter Appell an die Leserreflexion ist dem Briefroman aber prinzipiell immanent, denn die für ihn charakteristische Aufsplitterung der Erzählinformation in eine Abfolge von *micro-récits* mit jeweils wechselnder Erzählerperspektive wirkt sich als stetige „ruptures dans le récit"²⁵ aus und stellt – so Moravetz – „ein besonders hohes Leerstellenpotential"²⁶ bereit.

Lesestrategien für Laclos' Roman

In noch höherem Maße ist dies natürlich in einem Roman wie dem hier besprochenen der Fall, wo der Leser über die gerade beschriebenen Rezeptionsbedingungen hinaus auch noch gefordert ist, die brieflichen Aussagen ständig auf ihren Grad an Aufrichtigkeit hin zu befragen. Woran kann er sich dabei nun halten, welches sind die Richtlinien zur „Wahrheitsfindung"? Im ersten Teil des Romans erscheint diese Fragestellung noch nicht als Problem für den Leser. Durch die kommunikative Struktur der Briefe selbst werden ihm indirekt bestimmte Lektürerichtlinien nahegelegt, die ihm scheinbar als Wegweiser durch das „Lügengeflecht" dienen können, indem sie eine eindeutige Entscheidung über die Zuverlässigkeit der jeweiligen Erzählinformation zu ermöglichen scheinen. Bereits anhand der ersten zehn Briefe können diese Rezeptionsmechanismen kurz nachgezeichnet werden.

Bekanntlich teilen die beiden Hauptakteure einander gleich zu Beginn (Briefe 2 und 4) ihre jeweiligen „Großprojekte" mit, die sodann den weiteren Handlungshergang bestimmen werden, nämlich Merteuil ihren Racheplan an dem Exliebhaber Gercourt, dessen künftige Gemahlin Cécile de Volanges – möglichst von Valmont – verführt und korrumpiert werden soll, und Valmont sein Projekt, die tugendhaft-fromme Présidente de Tourvel zu erobern bzw. zur freiwilligen Hingabe zu bringen. Da diese Vorhaben ausführlich voreinander begründet und gegenseitig kommentiert bzw. kritisiert werden, erhält der Leser gleich eingangs ein recht umfassendes Bild der Ausgangssituation samt Hinweisen auf die involvierten Personen und die jeweiligen Hintergründe.

Daß er dabei nicht nur auf die Informiertheit, sondern auch auf das gute Einschätzungsvermögen der Libertins bauen kann, wird durch die in dieser Hinsicht fast kontrapunktischen Briefe der Patiensfiguren Cécile (Briefe 2, 3 und 7), Mme de Tourvel (Brief 8) und Mme de Volanges (Brief 9) bestätigt: Cécile und Tourvel zeichnen sich durch größte Uninformiertheit aus²⁷, sie reagieren genau so, wie es

---

[24] Vgl. M. Moravetz, *Formen der Rezeptionslenkung im Briefroman*, S. 36f.

[25] Vgl. die Bemerkungen Tzvetan Todorovs im Rahmen seiner Ausführungen zur narrativen Struktur der *Liaisons dangereuses*, in: T.T., *Littérature et signification*, Paris 1967, S. 41.

[26] M. Moravetz, *Formen der Rezeptionslenkung im Briefroman*, S. 36.

[27] Cécile weiß von ihrer geplanten Verheiratung nur durch Gerüchte und ist bezüglich ihres Bräutigams dermaßen ahnungslos, daß sie sogar den Schuster dafür hält (vgl. Brief 3). Die bereits seit zwei Jahren verheiratete Tourvel läßt ihrerseits eine große Unerfahrenheit im Umgang mit der adeligen Gesellschaft erkennen, da sie etwa von Gercourt gar nichts weiß und bezüglich Valmonts lediglich eine vage Ahnung von seinem schlechten Ruf hat.

von den Libertins vorausgesehen oder intendiert wurde[28], und sie laufen durch die daraus resultierenden Fehleinschätzungen von Personen und Situationen der „Gefahr" direkt in die Arme. Eine gravierende Fehleinschätzung stellt der Leser auch bei der ansonsten um einiges versierteren Mme de Volanges fest, die im Hinblick auf Valmont zwar relativ klarsichtig ist, in ihrem Urteil über Mme de Merteuil aber in einer für den Leser fast schon belustigenden Weise daneben greift.[29]

Bereits die Lektüre dieser zehn ersten Briefe suggeriert dem Leser somit zwei wesentliche *Richtlinien für die Rezeptionsweise* des Romans, nämlich erstens: Den Tatsachen entsprechende Informationen und eine ausreichende Klärung der Hintergründe bieten nur die Briefe, die Valmont und Merteuil untereinander austauschen, denn da das gesamte Handlungskonzept des Romans auf den durch sie geplanten und auszuführenden Vorhaben beruht, verfügen notwendigerweise nur sie als Drahtzieher über das nötige Wissen und den erforderlichen Überblick, um darüber in zuverlässiger Weise berichten zu können. Und zweitens: Die von den in die Intrigen der Libertins involvierten Patiensfiguren verfaßten Briefe sind zumeist durch Unwissen, einen begrenzten Horizont und/oder eine verfälschte bzw. manipulierte Sicht der Dinge gekennzeichnet und bieten daher keine zuverlässige Erzählinformation.

Auch eine dritte grundlegende Richtlinie zeichnet sich in diesen ersten Briefen bereits ab und findet in der Folge (als der Briefwechsel Valmonts mit Tourvel und jener Merteuils mit Cécile und deren Mutter voll einsetzen) ihre Bestätigung, nämlich drittens: Die Briefe der beiden Libertins an die Patiensfiguren beruhen durchwegs auf einer Täuschungs-, Manipulations- oder Verhehlungsabsicht und sind daher unter einer grundsätzlichen „Lügenprämisse" zu lesen.

Selbstverständlich kann die (wenn auch nicht unbedingt bewußte) Aneignung derartiger Lektürestrategien nicht ohne Folgen für die Art und Weise der Involviertheit des Lesers in den Text bleiben. Im Grunde genommen wird hier auf eine äußerst subtile Weise die Macht, die die beiden Libertins innerhalb der Handlung über die anderen Figuren haben, auf der Ebene des Rezeptionsvorganges widergespiegelt. Auch der Leser ist ihnen gewissermaßen ausgeliefert, da er paradoxerweise ihnen, den Heuchlern und Betrügern, am meisten Glauben schenken muß.[30]

---

[28] Nachdem man aus der Feder Merteuils in Brief 5 bereits erfahren hat, daß „la petite Volanges a déjà fait tourner une tête. Le jeune Danceny en raffole [...]" (*Les liaisons dangereuses*, S. 43), folgt in Céciles Brief (Brief.7) an ihre Freundin Sophie eine dies bestätigende, aber um vieles naivere und eingeschränktere Schilderung des Sachverhalts. Ähnlich beweist auch Tourvels Brief (Brief 8) an Mme de Volanges, daß die von Valmont gesetzten Schritte die intendierte Wirkung – sie glaubt an seine „Bekehrbarkeit" (S. 49) – bereits gezeitigt haben.

[29] In ihrer Antwort an Tourvel (Brief 9) lobt Mme de Volanges die Marquise dafür, daß „seule, elle a su lui résister [à Valmont] et enchaîner sa méchanceté" und fügt hinzu: „J'avoue que ce trait de sa vie est celui qui lui fait le plus d'honneur à mes yeux [...]." (*Les liaisons dangereuses*, S. 51).

[30] Vgl. G. Fuchs, „*Les Liaisons dangereuses* in Roman und Film: Die Eroberung der Présidente de Tourvel im Vergleich", in: A. Gelz u.a. (Hrsg.), *Liebe und Logos*. Beiträge zum 11. Nachwuchs-

Es ist weiters zu bemerken, daß die beiden Hauptakteure, Hand in Hand mit ihrer „Quasi-Allwissenheit", auch noch mit einer weiteren „Quasi-Funktion" ausgestattet sind, die ansonsten einem auktorialen Erzähler obliegt, nämlich jener der innerwerklichen Perspektivierung.[31] Abgesehen davon, daß alle zentralen Patiensfiguren durch sie in die Handlung eingeführt und dabei in prägender Weise charakterisiert und kategorisiert werden, wird auch ein Großteil der Briefe dieser Patiensfiguren dem Leser quasi durch einen Filter dargeboten: Indem Valmont respektive Merteuil Einsicht in die Korrespondenzen Tourvels, Céciles und Danceny haben und sich viele Briefe sogar gegenseitig zur Lektüre übersenden, werden diese auch vom Leser als von ihnen präsentiert aufgenommen und in Funktion zu ihren Intentionen rezipiert.[32] Der Zugang des Lesers zu den Wortmeldungen der Patiensfiguren kann dadurch kaum mehr unabhängig vom *point of view* der Libertins erfolgen, zumal sich dieser wie ein Filter dazwischenstellt und die jedem Brief prinzipiell eigene Innenperspektive überlagert.

Pierre Bayard meint im Grunde genommen denselben Sachverhalt, wenn er im Zuge seiner Argumentation gegen die These einer „moralisierenden" Romanaussage zu folgender Feststellung gelangt: „[...] il convient de ne pas oublier que l'ensemble du dispositif d'énonciation conduit le lecteur à être systématiquement situé du côté des trompeurs, non de celui des dupes. Le rapport au destinataire [...] appelle bien plus à la complicité qu'il n'engage à la méfiance."[33]

Gerade „méfiance" wäre für den Leser aber dringend angebracht, wenn er sich vor Augen führte, in welch hohem Maß der gesamte Lektürevorgang von den handlungs*internen* Entwicklungen zwischen den beiden Hauptakteuren determiniert ist. Es geht dabei nicht nur um die perspektivische Vereinnahmung des Lesers im Sinne der „complicité"; was auf dem Spiel steht, ist das Funktionieren der Erzählvermittlung selbst. Denn die durch den Romanbeginn suggerierte Lektürerichtlinie, wonach nur über die Korrespondenz zwischen den Libertins an eine zuverlässige Erzählinformation heranzukommen ist, erweist sich im Verlauf des Romans als trügerisch, da sie bestimmten, im Handlungshergang selbst verankerten *„Erfolgsbedingungen"* unterworfen ist. Auch dabei lassen sich wieder drei wesentliche Punkte unterscheiden, nämlich erstens, daß der Informationsaustausch zwischen Valmont und Merteuil möglichst ungestört und lückenlos vonstatten geht, was wiederum als – ganz generell grundlegende – Bedingung voraussetzt, daß zweitens die beiden zueinander aufrichtig sind und bleiben, und schließlich drittens, daß die

---

kolloquium der Romanistik, Bonn 1996, S. 275-284, hier: S. 276. Vgl. auch M. Moravetz, *Formen der Rezeptionslenkung im Briefroman*, S. 250.

[31] Vgl. dazu auch W. Matzat, „Die moralistische Affektkonzeption in Choderlos de Laclos' *Les liaisons dangereuses*", S. 294.

[32] Vgl. dazu genauer M. Moravetz, *Formen der Rezeptionslenkung im Briefroman*, Kap. III.4.1., S. 244ff. Moravetz spricht hier im Hinblick auf die Briefe der Patiensfiguren von einer „ambivalenten Rezeptionsweise".

[33] P.Bayard, *Le paradoxe du menteur*, S. 22.

beiden im Hinblick auf das zu Berichtende selbst den Überblick und die richtige Einschätzung bewahren.

Das Übergreifen des „Lügengeflechts" auf die Ebene der Erzählvermittlung

Wie in der Laclos-Kritik aus anderen Blickwinkeln bereits mehrfach dargelegt wurde, kommen diese Voraussetzungen im Romanverlauf tatsächlich ins Wanken, und damit auch die Grundlage für einen kohärenten Verstehens- und Sinnbildungsprozeß des Lesers. Um am Ende zu begreifen, was passiert ist, muß man den Roman letztlich *à rebours* lesen, wobei eine aufmerksame Lektüre des Briefwechsels Valmont-Merteuil zutage fördert, daß die Basis gegenseitiger Aufrichtigkeit und gegenseitigen Vertrauens schon sehr viel früher zu bröckeln begonnen hat, als es der Leser zumeist gewahr wird.

Das erste konkret spürbare Indiz dafür ist in der Tat ein massiver Einbruch im Informationsfluß zwischen den beiden (*Erfolgsbedingung 1.*) – der in der Sekundärliteratur allerdings meist als gelungener, durch die Anordnung der Briefe erzielter Überraschungseffekt rezipiert wurde. Gemeint ist die Darbietungsweise der von Merteuil in die Wege geleiteten Aufdeckung des Briefwechsels zwischen der jungen Cécile und ihrem Verehrer Danceny. Der ratlose Leser ist hier zuerst mit einem wirren Brief des letzteren (er sei verzweifelt und habe alles verloren) konfrontiert, reimt sich dann aus dem darauf folgenden Brief Céciles zusammen, *was* passiert ist, bis er endlich von der Drahtzieherin Merteuil vollends aufgeklärt wird, *wie* es dazu kam und was damit bezweckt werden sollte.[34] Oft vergessen wird hier, daß auch Valmont dieselbe Überraschung und Ratlosigkeit erlebt wie der Leser,[35] daß vielmehr letzterer hier lediglich zu spüren bekommt, was innerwerklich auf ersteren gemünzt war, nämlich ein bewußtes Vorenthalten der Information von seiten Merteuils. So beginnt denn auch ihr alles aufklärender Brief 63 mit den ebenso herablassenden wie triumphierenden Worten: „Vraiment oui, je vous expliquerai le billet de Danceny. L'événement qui le lui a fait écrire est mon ouvrage, et c'est, je crois, mon chef-d'œuvre."[36]

Der Grund für dieses Verhalten läßt sich in einer *à rebours*-Lektüre zumindest hypothetisch erschließen. Merteuils Informationsentzug kann als erste kleine Rache für die durch Valmont erfahrene Herabsetzung und Geringschätzung ihrer Person gedeutet werden, wobei von Beginn an jener Streitpunkt eine Rolle spielt, an dem der Konflikt später auch eskaliert, nämlich Valmonts Beziehung zu Tour-

---

[34] *Les liaisons dangereuses*, Briefe 60 bis 63.

[35] „Apprenez-moi, si vous le savez, ce que signifie ce radotage de Danceny. Qu'est-il donc arrivé, et qu'est-ce qu'il a perdu? [...] Que lui dirai-je ce soir, au rendez-vous qu'il me demande, et que je lui ai donné à tout hasard? [...] Pourrai-je causer avec vous ce matin? Si vous êtes *occupée*, au moins écrivez-moi un mot, et donnez-moi les réclames de mon rôle." (*Les liaisons dangereuses*, Brief 59, S. 160.).

[36] *Les liaisons dangereuses*, S. 165.

vel. Von diesem im Bedeutungsgefüge des Werks zentralen Konflikt, der auch in der Sekundärliteratur immer wieder im Mittelpunkt der Analysen stand, sollen hier nur einige für unsere Belange signifikante Aspekte aufgerollt werden. So etwa die Tatsache, daß sich die ersten Symptome für ein konflikthaftes Verhalten, und sogar auch die ersten daraus resultierenden antagonistischen Maßnahmen, im Rahmen der *à rebours*-Lektüre bis an den Beginn des Briefwechsels zurückverfolgen lassen. Ganz offen auf der Hand liegt dort die Verstimmtheit der Marquise über Valmonts Entscheidung, die Teilnahme an ihrem Racheplan rundweg abzulehnen und sich stattdessen in der Eroberung Tourvels einem Vorhaben zuzuwenden, das nicht nur ihre eigenen, auf Valmonts Mitwirkung bauenden Pläne durchkreuzt, sondern auch ihren Stellenwert als Ratgeberin, Verbündete, und nicht zuletzt als ehemalige Geliebte in Frage stellen muß. Dem Leser wird diese Verstimmtheit durch entsprechende Aussagen der Marquise explizit vermittelt.[37] Was ihm jedoch bei einer ersten Lektüre leicht entgeht, ist die Tatsache, daß sie es von vornherein nicht bei diesem teils ironischen, teils schmollenden Geplänkel bewenden läßt, sondern umgehend auch auf Valmont gerichtete Maßnahmen in die Wege leitet. Ihre Briefe weisen bei genauer Lektüre fast durchgehend Signale für einen mit strategischem Kalkül geführten Diskurs auf, durch den sie bei Valmont etwas erreichen, ihn zu etwas hinführen will. So erscheint die in Brief 10 angestimmte Lobesrede auf ihren Liebhaber Belleroche und die ausführliche Schilderung der mit ihm verbrachten Liebesnacht als gezielte Maßnahme, um Valmonts Eitelkeit zu stimulieren und seine Besitzansprüche auf sie neu anzustacheln.[38] Nachdem dies, wie Brief 15 beweist, eingetreten ist und die Möglichkeit einer Wiederaufnahme der erotischen Beziehung von Valmont in den Raum gestellt wurde,[39] gibt sich die Marquise in ihrem Antwortschreiben (Brief 20) von derartigen Avancen überrascht, aber durchaus dafür „anfällig".[40] Scheinbar spielerisch entwickelt sie daraus nun jenen berühmten Paktvorschlag, durch den sie sich selbst als „récompense" für die Eroberung Tourvels, für die Valmont auch eine „preuve écrite" liefern soll, in Aussicht stellt. Was für den Leser, und wohl auch für Valmont, auf Anhieb wie das eher zufällige Produkt andeutungsreichen Geplänkels wirkt, erweist sich in

---

[37] Vgl. v.a. die Briefe 5 und 10 von Merteuil an Valmont.

[38] „Ce pauvre Chevalier, comme il est tendre! comme il est fait pour l'amour! comme il sait sentir vivement! la tête m'en tourne." (*Les liaisons dangereuses*, S. 54). In der Schilderung der Liebesnacht streut sie u.a. ein, daß „mon pardon fut scellé sur cette même ottomane où vous et moi scellâmes si gaiement et de la même manière notre éternelle rupture" (S. 56). Sie beendet den Brief mit der Bemerkung „la confiante amitié [...] fait que vous êtes toujours ce que j'aime le mieux; mais, en vérité, le Chevalier est ce qui me plaît davantage." (S. 57).

[39] „J'ai été tenté vingt fois de prétexter une affaire, de voler à vos pieds, et de vous y demander, en ma faveur, une infidélité à votre Chevalier [...]." Und, etwas später: „[...] qu'il existe un autre homme aussi heureux que moi! je ne le souffrirai pas; n'espérez pas que je le souffre. Ou reprenez-moi, ou au moins prenez-en un autre [...]." (*Les liaisons dangereuses*, S. 62f.).

[40] „Ah! fripon, vous me cajolez, de peur que je ne me moque de vous! [...] J'en ai pourtant bien ri, et j'étais vraiment fâchée d'être obligée d'en rire toute seule. Si vous eussiez été là, je ne sais pas où m'aurait menée cette gaieté." (*Les liaisons dangereuses*, Brief 20, S. 71.).

dieser Leseart somit als präzis kalkulierter Schachzug, der im Grunde genommen vor allem darauf abzielt, sich die Kontroll- und Lenkungsmöglichkeit über Valmonts Handlungen zu sichern. Denn sein Vorhaben der Eroberung Tourvels würde auf diese Weise ja gewissermaßen der Oberaufsicht Merteuils, „um deretwillen" es vollbracht würde, unterstellt.

Im Sinne dieses verdeckten Machtspiels ist die Konflikthaftigkeit des Verhältnisses zwischen den Libertins tatsächlich von Beginn an gegeben. Anzeichen dafür finden sich auch auf seiten Valmonts, doch sind sie noch um einiges subtiler als die eben geschilderten, denn sie werden fast nur durch das *Ausbleiben* von Reaktionen greifbar. Valmonts Taktik läßt sich in aller Kürze dadurch beschreiben, daß er sich dem Zugriff der Marquise konsequent entzieht und ihr die geforderte Zuwendung letztlich versagt. So geht er insbesondere auf den eben erwähnten Paktvorschlag Merteuils, dessen Annahme durch ihn man als Leser meist einfach voraussetzt, nie wirklich ein, ja nimmt nicht einmal explizit Stellung dazu. Als er sehr viel später (Brief 57!) erstmals indirekt darauf zu sprechen kommt, geschieht dies wiederum als Reaktion auf einen „Köder" der Marquise hin. Nachdem sie ihren Brief 54 mit den Worten geschlossen hatte: „Adieu, Vicomte; ne venez pas chez moi demain, [...]. J'ai cédé aux instances du Chevalier, pour une soirée de petite Maison."[41], fordert er sie zu einer „infidélité en [sa] faveur" auf und fügt hinzu: „Je conviens que l'échéance n'est pas encore arrivée; mais il serait généreux à vous de ne pas l'attendre; et de mon côté, je vous tiendrais compte des intérêts."[42] Valmont treibt mit dem Angebot seiner ehemaligen Geliebten ein ironisches Spiel, indem er es nach langem Schweigen mit einem von vornherein inakzeptablen Gegenvorschlag unterwandert.

Wie sehr er sich dem Zugriff Merteuils entzieht, ist im Vorfeld dieser Briefe auch in anderer Weise ersichtlich. Valmont ist zu diesem Zeitpunkt in Paris und hatte seinen Besuch bei ihr schon in den Briefen 44 („à demain ou après-demain au plus tard") und 47 („Je serai chez vous à six heures au plus tard.") angekündigt.[43] Daß er sie sodann versetzt (und sie sich letztlich während der gesamten Handlungsdauer überhaupt nie sehen werden), zwingt die wütende Marquise,[44] ihm die anfallenden Handlungsanweisungen bezüglich Danceny schriftlich zu übermitteln (Brief 51). In Brief 53 referiert Valmont in knappen Worten die Ausführung derselben und schließt mit dem nicht weiter begründeten Hinweis „je ne vous verrai ni ce soir, ni demain".[45] Das eben schon zitierte „Ne venez pas chez moi demain" Merteuils ist daher auch als Reaktion darauf – sie entzieht sich nun ihrerseits – zu sehen.

---

[41] *Les liaisons dangereuses*, Brief 54, S. 152.

[42] *Les liaisons dangereuses*, Brief 57, S. 157.

[43] *Les liaisons dangereuses*, S. 132 und S. 136.

[44] „En vérité, Vicomte, vous êtes insupportable. Vous me traitez avec autant de légèreté que si j'étais votre Maîtresse." (*Les liaisons dangereuses*, Brief 51, S. 143).

[45] *Les liaisons dangereuses*, Brief 53, S. 149.

Als weitere „Strafmaßnahme" folgt gleich darauf der oben erwähnte Informationsentzug in der Kausa Cécile-Danceny, der nun, wie schon gesagt, erstmals auch für den Leser konkret spürbar wird. Wie aber durch die rückwärts gerichtete Lektüre nunmehr aufgezeigt werden konnte, beruht diese Störung im Informationsfluß (und respektive in der Erzählvermittlung) auf einem unterschwellig von Beginn an vorhandenen, stetig wachsenden Antagonismus der Libertins, der die wichtigste der drei genannten Voraussetzungen für eine zuverlässige Informationsvergabe an den Leser, nämlich jene der gegenseitigen Offenheit und Aufrichtigkeit (*Erfolgsbedingung 2*), von Grund auf in Frage stellt.

Die aufgezeigten Mechanismen prägen nun auch den weiteren Briefwechsel bis hin zur Eskalation des Konflikts. Mme de Merteuil versucht weiterhin, Valmont indirekt zu bestimmten Handlungsweisen hinzuführen, und setzt einiges daran, ihm gleichzeitig die eigene Größe und Unfehlbarkeit in der strategischen Lenkung und Manipulation anderer vor Augen zu führen; während Valmont seinerseits die Taktik fortsetzt, sich der Marquise zu entziehen und ihr die geforderte Anerkennung stillschweigend zu versagen. Eine wesentliche Etappe in diesem Prozeß ist sicherlich Merteuils berühmte „profession de foi" in Brief 81, die durch und durch persuasiven Charakter hat und vorrangig darauf abzuzielen scheint, Valmont ein für alle Male die „supériorité sur lui"[46] vor Augen zu führen. Inwieweit dies gelingt, läßt sich nicht konkret festmachen, denn der Vicomte bleibt jegliche Antwort auf diesen langen Brief schuldig. Auch in der Folge läßt er Merteuils Heischen nach Anerkennung entweder vollkommen unbeantwortet, oder er bedient sich der Ironie und entgegnet mit sich selbst relativierenden Komplimenten.[47] Zu einer konkret spürbaren Irritation steigern sich diese subtilen Indizien

---

[46] Der punktuelle Anlaß für diesen Brief sind im Roman bekanntlich Valmonts Zweifel an der Fähigkeit der Marquise, mit dem durchtriebenen Libertin Prévan fertigzuwerden, und er beginnt daher mit den hochtrabenden Worten: „Que vos craintes me causent de pitié! Combien elles me prouvent ma supériorité sur vous!" (*Les liaisons dangereuses*, S. 218).

[47] Schon auf Merteuils Bericht ihres Schachzugs rund um die Aufdeckung des Briefwechsels Danceny - Cécile hatte er ironisch entgegnet: „On ne peut que s'humilier devant la profondeur de vos vues, si on en juge par le succès de vos démarches." (*Les liaisons dangereuses*, Brief 66, S. 177), wobei dieses „Kompliment" dahingestellt läßt, ob der „succès des démarches" wirklich in direkter Relation zur „profondeur des vues" steht und nicht doch ein Produkt von Glück und Zufall ist. – Auf ähnliche Weise umgeht Valmont den zu zollenden Tribut auch nach Merteuils Triumph über Prévan, den sie in Brief 85 selbstherrlich ausbreitet („Ecoutez, et ne me confondez plus avec les autres femmes. J'ai mis à fin mon aventure avec Prévan; *à fin!* [...]." (*Les liaisons dangereuses*, S. 238). Seine Stellungnahme darauf erfolgt mit erheblicher Verzögerung (Brief 96) und umgeht die offene Anerkennung mit einem halb ironischen, halb widerwilligen Lob, an das er dann auch gleich die Schilderung einer eigenen „Glanzleistung" – die Verführung Céciles – anschließt: „Je parie bien que, depuis votre aventure, vous attendez chaque jour mes compliments et mes éloges; [...] mais que voulez-vous? j'ai toujours pensé que quand il n'y avait plus que des louanges à donner à une femme, on pouvait s'en reposer sur elle, et s'occuper d'autre chose. [...] Je veux bien même, pour vous rendre parfaitement heureuse, convenir que pour cette fois vous avez surpassé mon attente. Après cela, voyons si de mon côté j'aurai du moins rempli la vôtre en partie." (*Les liaisons dangereuses*, S. 266-267). – Eine sehr gute Darstellung der subtilen Erniedrigun-

einer gestörten Kommunikation⁴⁸ tatsächlich erst sehr spät, nämlich in Brief 115. Dort läßt sich Valmont durch Merteuils vorhergehende Warnung, sein Ruf in den Pariser Salons habe bereits massiv an den ausbleibenden Erfolgen bei Tourvel gelitten, erstmals aus der Reserve locken.⁴⁹ Seiner Verärgerung macht er unter anderem dadurch Luft, daß er der Marquise die Bekanntgabe seines weiteren Vorgehens bei Tourvel verweigert: „[...] pour vous punir de ne pas croire à mes inventions, vous ne les saurez pas. Tout de bon, vous mériteriez que je vous retirasse ma confiance, au moins pour cette aventure; [...]."⁵⁰ Auch hier manifestiert sich der Konflikt auf Textebene durch eine Störung im Informationsfluß, denn es vergehen immerhin zehn Tage, bis sich Valmont bei der Marquise wieder zu Wort meldet und sie – mit einem ähnlichen Überraschungseffekt wie dem vorhin beschriebenen – vor vollendete Tatsachen stellt: „La voilà donc vaincue, cette femme superbe qui avait osé croire qu'elle pourrait me résister!"⁵¹

Gerade dieser triumphierende Brief 125, der Bericht seines „Siegs" über Tourvel, enthält nun aber eine Reihe von Indizien dafür, daß von seiten Valmonts auch die letzte der oben genannten Voraussetzungen für eine zuverlässige Erzählvermittlung, nämlich den Überblick und die richtige Einschätzung der Dinge zu wahren (*Erfolgsbedingung 3*), ins Wanken geraten ist. Es ist insbesondere die richtige Einschätzung seiner selbst bzw., um mit Wolfgang Matzat zu sprechen, die Affektkontrolle, die dem Vicomte zusehends abhanden kommt. Matzat resümiert dies folgendermaßen:

> Schon vor der Verführung ist sein Spiel mit dem empfindsamen Vokabular nicht immer frei von verräterischen Untertönen. Vollends deutlich wird Valmonts emotionales Engagement dann nach der Verführung. Sein für Mme de Merteuil verfaßter Bericht über seinen Triumph (Brief 125) ist ein forcierter und sich immer wieder selbst widersprechender Versuch, seine Erfahrung im Sinne der libertinistischen Prinzipien auszulegen.⁵²

---

gen, die Merteuil durch Valmont erfährt, findet sich bei Roger Barny, „Madame de Merteuil et la critique du libertinage", *Le Dix-huitième Siècle* Bd. 15/1983 (numéro spécial), S. 369-388, hier: S. 376-380.

⁴⁸ Als interessante, im engeren Sinne kommunikationswissenschaftliche Untersuchung hierzu, vgl. R. C. Rosbottom, „Dangerous Connections: A Communicational Approach to *Les Liaisons dangereuses*", in: L. R. Free (Hrsg.), *Laclos. Critical Approaches to Les Liaisons dangereuses*, Madrid 1978, S. 183-221.

⁴⁹ „C'est une chose inconcevable, ma belle amie, comme aussitôt qu'on s'éloigne, on cesse facilement de s'entendre. Tant que j'étais auprès de vous, nous n'avions jamais qu'un même sentiment, une même façon de voir; et parce que, depuis près de trois mois, je ne vous vois plus, nous ne sommes plus de même avis sur rien." (*Les liaisons dangereuses*, Brief 115, S. 334).

⁵⁰ *Les liaisons dangereuses*, Brief 115, S. 335.

⁵¹ *Les liaisons dangereuses*, Brief 125, S. 356.

⁵² W. Matzat, „Die moralistische Affektkonzeption in Choderlos de Laclos' *Les Liaisons dangereuses*", S. 307.

Tatsächlich kann es den Leser nicht mehr überzeugen, wenn Valmont angestrengt versucht, den „charme inconnu que j'ai ressenti" und den beunruhigenden Wunsch, sich diesem einfach hinzugeben[53], zu rationalisieren und z.B. dadurch zu rechtfertigen, daß es sich lediglich um „la douce impression du sentiment de la gloire"[54] handle. Nicht zu überzeugen ist damit vor allem auch Merteuil, die in ihren folgenden Briefen eine Art innerwerkliche Textanalyse von Valmonts Verführungsbericht liefert und dem Leser dabei Deutungsmöglichkeiten für dessen „wahre" Gefühle gegenüber Tourvel vor Augen führt. Diese großteils sehr scharfsinnigen Analysen (etwa daß Valmont in der Tat Liebe für Tourvel empfinde, allerdings „non pas, à la vérité, de l'amour bien pur ni bien tendre, mais de celui que vous pouvez avoir", nämlich eine von seiner maßlosen Eitelkeit überlagerte und begrenzte Liebe[55]) bleiben für den Leser selbstverständlich ohne Gewähr, und dies umso mehr, als eben diese von Merteuil gelieferten Deutungen bereits wieder Teil eines strategischen Kalküls sind. Denn das Ziel der Marquise ist es ja nun, Valmont zum Bruch mit Tourvel zu bewegen.

Doch – warum verfolgt sie dieses Ziel? Die beschriebene Beschaffenheit der Diskursstruktur des Romans hat zur Folge, daß sich die Motivationen Merteuils vom Leser eben nicht definitiv erschließen lassen. Er kann nur mutmaßen, und mit Mutmaßungen hat auch die Sekundärliteratur zur Genüge aufgewartet: von der zuinnerst verletzten Merteuil, die sich für ihre verschmähte Liebe rächt,[56] über die satanische, aus purer Freude am Bösen agierende Intrigantin[57] bis hin zu einer humanitären oder gar feministischen Merteuil, die Valmont das notwendige Scheitern der Libertinage vor Augen führen will.[58] Die Tatsache, daß sich fast jede dieser divergierenden Sichtweisen durch entsprechende Argumentationen am Text glaubhaft machen läßt, zeigt im Umkehrschluß, daß letztlich keine dort wirklich verankert ist. Insbesondere in der Phase des sich zuspitzenden und sodann eskalierenden Konflikts werden dem Leser die Grundlagen für eine Einschätzung der Gefühle und vor allem der Motivationen beider Libertins fast zur Gänze entzogen.

---

[53] „J'aurais même, je l'avoue, un plaisir assez doux à m'y livrer, s'il ne me causait quelque inquiétude." (*Les liaisons dangereuses*, Brief 125, S. 357f.).

[54] *Les liaisons dangereuses*, Brief 125, S. 358.

[55] Vgl. vor allem *Les liaisons dangereuses*, Brief 145.

[56] Vgl. z.B. G. Pinkernell, „Zur Funktion und Bedeutung der Dreiecksfiguration in den *Liaisons dangereuses* von Choderlos de Laclos", *Zeitschrift für französische Sprache und Literatur* Bd. 84/1974, S. 291-306.

[57] In diese Richtung gehen etwa die Überlegungen von: H. Friedrich, „Immoralismus und Tugendideal in den *Liaisons dangereuses*", in: H.F., *Romanische Literaturen. Aufsätze I – Frankreich*, Frankfurt a.M. 1972, S.177-202; H. Knufmann, *Das Böse in den „Liaisons dangereuses" von Choderlos de Laclos*, München 1965, und E. Köhler, „Choderlos de Laclos", in: E.K., *Vorlesungen zur Geschichte der Französischen Literatur: Aufklärung II*, hrsg. von D. Rieger, Stuttgart/Berlin/Köln/Mainz 1984, S. 72-90.

[58] So z.B. R. Barny, „Madame de Merteuil et la critique du libertinage", S. 369-388. Die emanzipatorischen Aspekte der Gestalt Merteuils betont u.a. A.-M. Jaton, „*Les Liaisons dangereuses*, une odyssée de la conscience sexuée", *Saggi e ricerche di letteratura francese* Bd. 16/1977, S. 301-350.

Der Informationsfluß ist vollends gestört, mit gegenseitiger Aufrichtigkeit kann keinesfalls mehr gerechnet werden, und auch die Kontrolle über den Verlauf der Dinge scheint beiden mehr und mehr abhanden zu kommen. Bei Valmont geht der Kontrollverlust so weit, daß er sich von Merteuil einen vorgefertigten Abschiedsbrief unterjubeln läßt, um mit Tourvel zu brechen, und im nachhinein fast naiv glaubt, doch wieder ein „renouement" herbeiführen zu können.[59] Wie tief und sogar tödlich er Tourvel dadurch getroffen hat, war ihm, so scheint es, nicht einmal bewußt.

Gerade die Frage nach den „wahren" Gefühlen Valmonts für die Présidente de Tourvel ist für den Leser am Ende des Romans wohl von ganz besonderem Interesse, und sie wurde auch in der Sekundärliteratur immer wieder diskutiert. Das Wunschdenken, er möge sie doch tatsächlich geliebt haben – denn wozu sonst all die zerstörten Schicksale am Ende? – scheint die dort vertretenen Positionen nicht selten geleitet zu haben. Tatsächlich liefert der Romantext gegen Ende hin, gleich nach der berühmten Kriegserklärung Merteuils (Brief 153), einen letzten Hinweis auf die Gefühlslage Valmonts. Jedoch entpuppt sich dieser bei näherem Hinsehen als durch und durch trügerisch und kann nur als ein subtiler Ironie entspringender „Pseudo-Anhaltspunkt" aufgefaßt werden, an dem sich die in Laclos' Werk herrschende paradoxe Diskursstruktur nochmals in vollem Maße manifestiert: Ausgerechnet an seine Erzfeindin Volanges schreibt Valmont einen sich in Schuldbekenntnissen und reumütigem Flehen ergehenden Brief, der aber signifikanterweise gar nicht im eigentlichen Romankorpus aufscheint, sondern in den Anhang verbannt ist. Der Leser erfährt von ihm zunächst nur aus der Feder Volanges', und seine eigene Perplexität resümiert sich treffend in deren Frage: „Mais que direz-vous de ce désespoir de M. de Valmont? D'abord faut-il y croire, ou veut-il seulement tromper tout le monde, et jusqu'à la fin?"[60] Inwieweit an dieser Stelle tatsächlich Ironie als bewußte Textstrategie am Walten ist, beweist die nach Volanges' Frage angebrachte Fußnote, in welcher folgende Anmerkung des *éditeur* zu lesen ist: „C'est parce qu'on n'a rien trouvé dans la suite de cette correspondance qui pût résoudre ce doute, qu'on a pris le parti de supprimer la lettre de M. de Valmont."[61]

Schlußbemerkungen

Was hier betrieben wird, ist eine bewußte Verunsicherung des Lesers, dessen übrigbleibende Zweifel und Fragen in der Tat durch nichts aufgelöst werden. Man könnte fast meinen, daß Volanges' Frage sich in ihrem zweiten Teil nicht nur auf

---

[59] „Ne pourrais-je pas, par exemple, et ne vaudrait-il pas mieux tenter de ramener cette femme au point de prévoir la possibilité d'un raccommodement?" (*Les liaisons dangereuses*, Brief 144, S. 409).

[60] *Les liaisons dangereuses*, Brief 154, S. 433.

[61] *Les liaisons dangereuses*, Anm. zu Brief 154, S. 433.

Valmont, sondern auf den Roman selbst bezieht, denn das „Faut-il y croire, ou veut-il seulement tromper tout le monde, et jusqu'à la fin?" stellt sich auch für das Werk als solches. Das von den beiden Protagonisten inszenierte Spiel von Lüge, Betrug, Verstellung und Täuschung infiltriert, da es auch gegeneinander gerichtet ist, von Beginn an und mit fortschreitender Intensität die Mechanismen der Informationsvergabe und entzieht dem Rezipienten die Gewähr für die Zuverlässigkeit der übermittelten Inhalte. So wirkt sich die dem Briefroman prinzipiell zueigene Interdependenz von *histoire* und *discours*, welche für die *Liaisons dangereuses* in besonderem Maße Gültigkeit besitzt, dahingehend aus, daß die Erzählvermittlung zu einem Spiegel des die Handlung regierenden Lügengeflechts wird. Bayards eingangs zitierte These von der paradoxen Selbstbezüglichkeit des Werkes und der daraus resultierenden Ambiguität und Unauflösbarkeit des Sinns ließ sich somit auch auf Basis der hier angewandten Argumentation verifizieren. Durch das Nachzeichnen der Rezeptionsmechanismen konnte insbesondere die in Bayards Schlußwort anklingende Auffassung, es handle sich bei Laclos' Werk um ein umfassendes, auch den Leseakt als solches implizierendes „paradoxe de la lecture"[62], neu begründet und bestätigt werden. Von da bedarf es nur eines kleinen zusätzlichen Schrittes, um mit Bayard abschließend zu mutmaßen, die *Liaisons dangereuses* hätten im Grunde genommen den Akt ihrer eigenen Lektüre zum Inhalt und wären somit „l'une des plus belles œuvres jamais écrite sur sa propre lecture"[63].

---

[62] P. Bayard, *Le paradoxe du menteur*, S. 174.
[63] P. Bayard, *Le paradoxe du menteur*, S. 183.

Walburga Hülk

Lügenzauber und Wahrheitsterror

> Gäbe es ein Verbum mit der Bedeutung „fälschlich glauben", so hätte es keine sinnvolle erste Person im Indikativ des Präsens.
> (Ludwig Wittgenstein)

Die Lüge, so will es mir scheinen, ist den Lebewesen zugleich mit der Sprache, durch welche sie sich begründen, gegeben worden, und folgt man den Beobachtungen der modernen Verhaltensforschung, muß bezweifelt werden, daß sie nur dem Menschen eigen ist. Seitdem jedoch die Menschen Spuren ihres Verhaltens und Redens hinterlassen haben und Geschichten, welche die Anfänge erzählen, hat auch die Lüge ihren Platz im Kontext von Wahrheit und Wissen. Sie ist, so die Vermutung zumindest von Clifford Geertz, aller Kultur als „einer in Symbolen verkörperten tradierten Bedeutungsstruktur"[1] potentiell inhärent, da die Symbole ihrerseits nur supplementär bedeuten, Signifikation und Kommunikation, als Rede über das Andere und mit dem Anderen, niemals mit sich identisch sind und folglich Widersprüche, Ambivalenzen, Paradoxien, Täuschungen ermöglichen.

Die Lüge war von jeher ein Thema philosophischer Grunddisziplinen: der Logik, der Ethik, aber auch der Poetik, und antike wie christliche Mythen inszenieren ihre Spielräume, feiern und verwerfen, legitimieren und denunzieren sie. Es war Friedrich Nietzsche, der 1872/73 in seinem Essay *Ueber Wahrheit und Lüge im außermoralischen Sinne* einen bis dato ungekannten Lügendiskurs führte, der nicht zuletzt seine Verachtung für das Fortschrittsethos und Beglaubigungspathos der Gründerjahre ausdrückt. Und da er hier, zu Beginn seiner Basler Professur, einfach wunderbar die epistemologischen und anthropologischen, pragmatischen und poetologischen Implikationen der Lüge entwickelt, zitiere ich eine längere Passage, aus einem Text übrigens, der erst postum, in den *Nachgelassenen Schriften*, veröffentlicht wurde.

> Der Intellekt, als Mittel zur Erhaltung des Individuums, entfaltet seine Hauptkräfte in der Verstellung; denn diese ist das Mittel, durch das die schwächeren, weniger robusten Individuen sich erhalten, als welchen einen

---

[1] C. Geertz, *Dichte Beschreibung*. Beiträge zum Verstehen kultureller Systeme, 6. Aufl., Frankfurt a.M. 1999, S. 21.

Kampf um die Existenz mit Hörnern oder scharfem Raubthier-Gebiss zu führen versagt ist. Im Menschen kommt diese Verstellungskraft auf ihren Gipfel: hier ist die Täuschung, das Schmeicheln, Lügen und Trügen, das Hinter-dem-Rücken-Reden, das Repräsentiren, das im erborgten Glanze Leben, das Maskirtsein, die verhüllende Convention, das Bühnenspiel vor anderen und vor sich selbst (...) so sehr die Regel und das Gesetz, dass fast nichts unbegreiflicher ist, als wie unter den Menschen ein ehrlicher und reiner Trieb zur Wahrheit aufkommen konnte. Sie sind tief eingetaucht in Illusionen und Traumbilder, ihr Auge gleitet nur auf der Oberfläche der Dinge herum und sieht „Formen", ihre Empfindung führt nirgends in die Wahrheit, sondern begnügt sich Reize zu empfangen und gleichsam ein tastendes Spiel auf dem Rücken der Dinge zu spielen. (...) Was weiss der Mensch eigentlich von sich selbst! Ja, vermöchte er auch nur sich einmal vollständig, hingelegt wie in einen erleuchteten Glaskasten, zu percipiren? Verschweigt die Natur ihm nicht das Allermeiste, selbst über seinen Körper, um ihn, abseits von den Windungen der Gedärme, dem raschen Fluss der Blutströme, den verwickelten Faserzitterungen, in ein stolzes gaukleriches Bewußtsein zu bannen und einzuschliessen! Sie warf den Schlüssel weg: die Gesetzgebung der Sprache giebt auch die ersten Gesetze der Wahrheit: denn es entsteht hier zum ersten Male der Contrast von Wahrheit und Lüge: der Lügner gebraucht die gültigen Bezeichnungen, die Worte, um das Unwirkliche als wirklich erscheinen zu machen; er sagt z.B ich bin reich, während für seinen Zustand gerade „arm" die richtige Bezeichnung wäre. Er missbraucht die festen Conventionen (...) wie steht es mit jenen Conventionen der Sprache? Sind sie vielleicht Erzeugnisse der Erkenntniss, des Wahrheitssinnes, decken sich die Bezeichnungen und die Dinge? Ist die Sprache der adäquate Ausdruck aller Realitäten? (...) Wir glauben etwas von den Dingen selbst zu wissen, wenn wir von Bäumen, Farben, Schnee und Blumen reden, und besitzen doch nichts als Metaphern der Dinge, die den ursprünglichen Wesenheiten ganz und gar nicht entsprechen.(...) Der Mensch selbst aber hat einen unbesiegbaren Hang, sich täuschen zu lassen, und ist wie bezaubert vor Glück, wenn der Rhapsode ihm epische Märchen wie wahr erzählt (...) Der Intellekt, jener Meister der Verstellung, ist so lange frei, und seinem sonstigen Sklavendienste enthoben, als er täuschen kann, ohne zu schaden (...)?[2]

Nietzsches Text erarbeitet hier, über die Funktion der Lüge, eine Genealogie der Bedeutung[3], die er entwirft aus dem Verhältnis zwischen Worten und Dingen und den kommunikativen Beziehungen der Menschen untereinander und mit sich selbst. Für ihn nistet die Lüge in der Wahrheit, ja in letzter Konsequenz ist die Behauptung der Wahrheit unredlich, lügenhaft, und mit ihr jede Sprachkonvention, aus der jene stammt. Nietzsche verkehrt hier, gleichsam als mise en abyme seiner

---

[2] F. Nietzsche, *Werke*. Kritische Gesamtausgabe, hrsg. von G. Colli/M. Montinari, Berlin/New York 1967ff., Dritte Abteilung, Zweiter Band („Nachgelassene Schriften 1870-1873"), S. 367-384.

[3] H. G. Hödl, *Nietzsches frühe Sprachkritik*. Lektüre zu *Ueber W. u. L. im aussermoralischen Sinne* (1873), Wien 1997, S. 110.

„Umkehrung aller Werte", die Argumente moralphilosophischer Betrachtungen der Lüge vor allem augustinischer Provenienz, und er verhandelt, auf der Basis einer linguistischen Argumentation, Intertexte, die im Rahmen unterschiedlicher Weltbilder epistemologisch und anthropologisch die primordialen Differenzen setzen oder diskutieren. Hierher gehört Platons *Kratylos*, in dem die Konventionalität der Zeichen und die Ingeniosität der Figuren im Gespräch umspielt werden, ebenso wie sein *Hippias*, in dem Wahrhaftigkeit und Einfachheit des Achill, Gewandtheit und Listenreichtum des Odysseus gegeneinander ausgespielt werden; hierher gehören vor allem die Mythen vom Sündenfall und vom Turmbau zu Babel, erzählt in der *Genesis* des Alten Testaments. In diesen biblischen Geschichten nämlich – deren Gültigkeit Nietzsche freilich ungern anerkannt hätte – geht es um den Auseinanderfall von Worten und Dingen, der allererst Semantik und Pragmatik konstituiert und damit die kulturelle Selbstbegründung des Menschen aus seinem sprachlich vermittelten Verhältnis zum „Anderen". Dieses ist zugleich die Urszene der Kommunikation, aber auch der Einbildungskraft, ist Freiheit und Zwang zur Signifikation dessen, was außerhalb der Repräsentation nicht wahrgenommen, innerhalb eines jeweiligen, im Consensus etablierten Zeichensystems aber benannt, umschrieben, erzählt und als Information oder als Geschichte, Bild, Dichtung realisiert wird. Die Lügen der Information aber (Lügen in einer pragmatischen Kommunikationssituation) stellen sich zwischen den, der spricht und den, der hört, und scheinen somit die Spielregeln der symbolischen Ökonomie zu durchkreuzen („reich" zu sagen statt des angemessenen „arm": Bezeichnenderweise nimmt Nietzsche eben ein Beispiel aus der Wert-Schätzung[4]), während die Lügen der Dichter gleichsam die inklusiven Spielregeln einhalten, beruhen sie doch auf einem , wie Umberto Eco sagt, „Fiktionsvertrag"[5]), wie er schon bereitgestellt war im griechischen Pseudos - bis hin zu Nietzsches „unbesiegbarem Hang" des Menschen, „sich täuschen zu lassen" und dem Glückstaumel, ausgelöst durch die für wahr erzählten Märchen des Rhapsoden. Dieser stillschweigende Fiktionsvertrag, der auf einem doppelten Fingieren beruht: - der Autor, so John Searle, *„tut einfach so, als ob* er die Wahrheit sagt"[6], und der Leser tut so, als ob er die Fiktion für Wahrheit nimmt -, scheint besonders dann zu glücken, wenn die Erzählungen oder die Szenen aufgeladen sind mit Wahrheitsbeglaubigungen: Beteuerungen des sprechenden „Ich", etwas wahrhaftig erlebt oder gesehen zu haben oder für die Authentizität des Erzählten deshalb zu bürgen, weil es aus verläßlichen Quellen stammt. Diese Wahrheitsbekundigungen gab es immer: mit den Botenberichten der antiken Tragödie, dem Augenzeugenbericht, der freilich seit Shakespeares „Henry II" verkommt zum „rumour" und mit den phantastischen und pathologi-

---

[4] S. Freud, „Über den Gegensinn der Urworte", in: S.F., *Psychologische Schriften* (Studienausgabe Bd. 4), hrsg. von A. Mitscherlich u.a., Frankfurt a.M. 1970, S. 227-234.

[5] U. Eco, *Im Wald der Fiktionen*. Sechs Streifzüge durch die Literatur. Harvard-Vorlesungen (Norton Lectures 1992-93). Aus dem Italienischen von B. Kroeber, München/Wien 1994, S. 110.

[6] J. Searle, „The Logical Status of Fictional Discours", *New Literary History* Bd. 14/1975, zit. nach U. Eco, *Im Wald der Fiktionen*, S. 103.

schen Erzählungen des 19. Jahrhunderts, bei Kleist, Hoffmann, Nerval, Maupassant, zum Geistersehen; mit den Verläßlichkeitszeichen der ihrerseits gegen ein bloßes Gerücht gesetzten „novella"; mit den Echtheitssymptomen der Romane im 18. und 19. Jahrhundert, die ihre Wahrhaftigkeit strategisch behaupteten in der Erfindung von Redakteur- und Editorfiguren oder Untertiteln wie „histoire vraie" oder „chronique". Gerade diese Wahrheitsbeteuerungen aber sind, wie Harald Weinrich bemerkte, rhetorische Figuren, Topoi, prominente „Lügensignale" der Literatur - erkennbar allerdings nur, so muß man ergänzen, für aufgeklärte Leser, die das Spiel der Lüge mitspielen können auf der Basis ihres Lesewissens[7]. Ob dies den Lesern der Aufklärung gegeben war in dem Moment, in dem sie konfrontiert waren mit noch neuen und besonders trickreichen Wahrhaftigkeitsstrategien - beispielsweise als Leser und Leserinnen der *Liaisons dangereuses* -, ist freilich umstritten, und Eco selbst erzählt, daß ein Leser seines *Pendolo di Foucault* ihm in Kenntnis der Topographie von Paris und nach der Lektüre der Tageszeitungen vom 24. Juni 1984 vorgeworfen habe, einen großen Brand in der Rue Réaumur verschwiegen zu haben[8].

Der Fiktionsvertrag wurde gewissermaßen avant la lettre seit der Antike diskutiert mit dem griechischen Pseudos. Pseudos nämlich unterscheidet lexikalisch nicht zwischen Lüge, Falschem, Fiktionalem und Irrtum und wurde, jenseits des moralischen Arguments der Intentionalität, in der *Poetik* und der *Metaphysik* des Aristoteles als Funktion der Mimesis gesehen („Vieles lügen die Dichter") und seit Hesiod allgemein für die Tätigkeit des Dichters verwendet: „Wir wissen viel Unwahres / Lüge zu sagen, das dem Wahren ähnlich; aber wir wissen auch, wenn wir wollen, Wahres zu verkünden". Auch für die Wahrhaftigkeit gab es bei Aristoteles keine eigene Bezeichnung, vielmehr wurde sie zusammen mit der Freundlichkeit und der gesellschaftlichen Gewandtheit als homiletische Tugend begrüßt, als eine Tugend des durch Worte, Taten, Gebaren gepflegten gesellschaftlichen Umgangs. Die bewußte Täuschung durch die Lüge wurde erst mit der Übersetzung ins Lateinische gedacht, mendacium war fortan untrennbar verbunden mit der Annahme der Täuschungsabsicht des Sprechers in einer bestimmten Redesituation, und sie wurde nicht mehr poetologisch für die licentia poetica verwendet, die nun differenziert wurde über res verae, res fictae, res fabulosae[9].

*

Die griechische Pseudologie freilich ist vielleicht gerade darin interessant, daß sie lexikalisch und semantisch Lüge, Irrtum, Wahrheit und Unwahrheit nicht voneinander trennte und stattdessen in den nichtentscheidbaren Zwischenreichen des

---

[7] H. Weinrich, *Linguistik der Lüge*, Heidelberg 1970, S. 68.
[8] U. Eco, *Im Wald der Fiktionen*, S. 104.
[9] G. Bien, „Lüge", in: J. Ritter/K. Gründer (Hrsg.) *Historisches Wörterbuch der Philosophie*, Darmstadt 1971ff., Bd. 5, 1980, S. 533-544.

Bewußten und Unbewußten, des Ethischen und Epistemologischen beließ, und es will so scheinen, als sei das Denken des grundsätzlich Heterologischen gerade heute aktualisiert in Literatur und Literaturwissenschaft, aber auch allgemein in Theorien kommunikativer Systeme. Wer kann richten über die Absicht zur Lüge, die Unfreiwilligkeit des Irrtums, über Wahrheit und Unwahrheit, Trug und Täuschung von Aussagen über Dinge, Wahrnehmungen, Befindlichkeiten? „Menschen können nicht kommunizieren", verkündet provokant Niklas Luhmann, und er ist weder der erste noch der einzige, der nicht nur die Möglichkeit der Repräsentation (von Dingen durch Symbole, Magritte/Foucault: Ceci n'est pas une pipe) leugnet, sondern auch in sich geschlossenen Systemen - wie den neuronalen Netzwerken - die Fähigkeit zur gegenseitigen Verständigung und zu gültigen Schlüssen über sich selbst abspricht. „Ob ich meine, was ich sage, weiß ich nicht. Und wenn ich es wüßte, müßte ich es für mich behalten"[10].

Ich möchte nun, nach einem völlig unabgeschlossenen Aufriß der mit dem Thema der Lüge verbundenen Fragen, an einigen Beispielen aus der „Kulturgeschichte der Lüge"[11] aufzeigen, daß das wesentliche Merkmal der Lüge ihre grundsätzlich heterologische Disposition ist, die ebenso zauber- wie wahnhaft, ebenso rettend wie tödlich sein kann. Das erste Beispiel, der berühmte Satz des Kreters, geht zurück in die Antike, es wurde vor allem im Rahmen der Logik verhandelt; das zweite Beispiel findet sich in einem Text des Mittelalters, dem *Tristan* des Béroul, und erzählt die semantischen Listen Isoldes im Kontext ethisch-theologischer Argumente - es läßt sich übrigens durchaus beziehen auf Bill Clintons „sexgate": MeinEid; das dritte Beispiel zeigt die Verhandlung von Wahrheit und Lüge im 16. Jahrhundert bei Marguerite de Navarre, vermittelt über das Skandalon der Sexualität im Kontext von Ehre und Moral; das vierte Beispiel ist nachzulesen in einem Text der Moderne, Edgar Allan Poes *The Tousand-And-Second Tale of Scheherazade*, dort geht es um die Interstitien von Echtheit und Trug, von Wirklichkeit und Fiktion.

*

Der berühmte Satz des Kreters „Alle Kreter lügen" begründet die Antinomie und eine lange Forschungsdebatte über die Lüge, die bis heute andauert und Logik, Semantik, neuerdings auch Systemtheorie und Neurologie miteinander verbindet. Es ist ein legendärer Satz, der gleichsam vom Anfang der Geschichte der Vernunft überliefert ist und einem vorsokratischen Philosophen, Epimenides aus Kreta, zugeschrieben wird von Eubulides, einem Zeitgenossen des Aristoteles, und Aristoteles wiederum verzeichnet ihn in den „Sophistischen Widerlegungen". Der Satz des

---

[10] N. Luhmann, *Soziale Systeme*, Frankfurt a.M. 1985; *Die Wissenschaft der Gesellschaft*, Frankfurt a.M. 1990.

[11] Vgl. dazu (auch für die folgenden Überlegungen) S. Dietzsch, *Kleine Kulturgeschichte der Lüge*, Leipzig 1998.

Kreters „Alle Kreter lügen" gilt als die älteste semantische Antinomie, als ein mit logischen Mitteln beweisbarer Widerspruch: Ist nämlich die Behauptung wahr, so lügen alles Kreter, insbesondere also der Sprecher selbst(redend) und der Satz ist falsch. Ist die Behauptung aber falsch, so gibt es Behauptungen von Kretern, die wahr sind. Die Wahrheit also sagt der Kreter genau dann, wenn er lügt und die fragliche Behauptung die einzige ist, die je von einem Kreter aufgestellt wurde. Als ein weiteres Beispiel für diesen Widerspruch gilt folgender Satz, wenn er als einziger auf einer Tafel steht: „Alle Sätze auf dieser Tafel sind falsch." Dieser Satz erweist sich nämlich dann als zugleich wahr und falsch, weil er als Wahrheit seine Falschheit behauptet und kollidiert mit dem Satz vom Widerspruch, daß ein und demselben Sachverhalt ein Wahrheitsprädikat nicht zugleich zu- und abgesprochen werden kann. Es ist ein Widerspruch, der aus der reinen Autoreferenz des Satzes resultiert, und er scheint, verfolgt man die Anstrengungen der Philosophen, den Satz des Kreters aufzulösen, nachgerade unerträglich zu sein in seiner selbstgenügsamen Unentscheidbarkeit und der provokanten Selbstverständlichkeit, mit der er unberechenbar die Grenzen verständigen Redens aufzeigt. Aristoteles rechnete ihn zu den Trugschlüssen, „scheinbaren und listig verschlungenen Sätzen", wie sie im Alltagsgebrauch bis heute als tadelnswert sophistisch, sophistical, sophistique(s) gelten (während sophisticated, sophistiqué/es ja eher für eine blasierte Kultiviertheit stehen). Im 13. Jahrhundert wurde er von Albertus Magnus - später von Wilhelm von Ockham - als „insolubile" bezeichnet, und bedacht wurde hier die Autoreferentialität: „propositio habens super se reflexionem suae falsitatis." Es ist hier nicht der Ort, all jenen Windungen logischer Reflexion zu folgen, die sich an den Satz des Kreters anschlossen. Interessant erscheinen mir hier aber zwei gegensätzliche Richtungen des 20. Jahrhunderts: einmal das im Namen der Logik und Vernunft, also pro domo ausgesprochene Verbot der semantischen Antinomie durch Bertrand Russell und dann ein kommunikationstheoretisch motiviertes Spiel mit der ärgerlichen Behauptung des Kreters mitsamt der gesamten Kretologie. Dem Mathematiker und Philosophen Russell ging es in den *Principia mathematica* (1910-13 zusammen mit Alfred North Whitehead in Cambridge veröffentlicht) um die Vermeidung des Trugschlusses, den bis dahin die in sich verstrickte Logik nicht aufgelöst hatte, und er machte den Vorschlag, semantisch paradoxe Aussagen aufzuheben durch den Ausschluß sich selbst prädizierender Ausdrücke: Was immer ALLE Elemente einer Menge voraussetzt, darf nicht ein Element der Menge sein. Er sprach dieses Urteil aus, um „illegitime Gemeinsamkeiten zu vermeiden" durch die Einführung eines der Aussage äußeren Ordnungsprinzips, eines Dritten gleichsam - man ist versucht, an den segensreichen Auftritt des Rivalen, des Vaters, des Gesetzes als Konstituens der symbolischen Ordnung in der strukturalen Psychoanalyse zu denken. Diese Stufung der Sprache in eine Objekt- und eine Metasprache, weiterentwickelt von dem Polen Alfred Tarski als „Verbot der semantischen Geschlossenheit" einer Sprache, befreit diese tatsächlich von den antinomischen Plagen - unbestritten ist sie bei weitem nicht. „Auf jeden Fall erscheint Russells Lösung als eine zwanghafte Maßnahme, welche die mögliche Selbstbezüglichkeit der natürlichen Sprache nicht zur Kenntnis nehmen will, als Schein disqualifiziert und in den Bereich des Sinnlosen verbannt", urteilte 1989 M. Geier[12], und die Frage, ob und wie ein und dieselbe Person - wenn es die denn gibt! - gleichzeitig lügen und die Wahrheit sagen kann, ist auch unter kommunikationstheoretischen und hirnphysiologischen Aspekten noch längst nicht entschieden. In *Gödel, Escher, Bach* bezeichnete der Physiker Douglas Hofstadter 1979 (bzw. 1985) die Paradoxie des Epimenides als „Zentralproblem der Wahrheit" und vermutete, „daß man sich der Vorstellung entledigen muß, daß ein Gehirn eine völlig genaue Repräsentation für den Begriff 'Wahrheit' liefern kann" (und sich deshalb mit dem Ausspruch des Epimenides an einer unmöglichen Aufgabe versucht)[13] Die neueste, sehr witzige, wenn man will radikal-konstruktivistische Lösung jedoch findet sich 1996 in einer Geschichte von Rolf Todosco: *Lügen alle Kreter?*[14]. Es ist selbstredend eine Erzählung über Epimenides, den Kreter, und Eubulides, den Griechen, welcher dem Kreter den berüchtigten Satz zuschrieb. Ich paraphrasiere seine Erzählung: Als der Grieche, ein berühmter Philosoph, eines Tages im Schatten des einzigen vor dem Bau der Steinsäulen geretteten Baumes behauptet, der Kreter habe gesagt, daß alle Kreter lügen, ärgert er sich darüber, daß nur die Philosophen, von denen es freilich auch in Griechenland sehr wenige gab, den Satz als Paradoxon verstanden (erfunden zur Rettung des Philosophenstandes), während das Volk den Widerspruch lösen wollte. Als er deshalb, um es zum Verstummen zu bringen, verkündete: „Ich lüge", fühlten sich die Philosophen darin bestätigt zu glauben, Genie und Wahnsinn lägen eng zusammen, während die Gewöhnlichsterblichen ihn mit jener großen Nachsicht behandelten, „die sich erst viel später in Irrenhäusern institutionalisierte. Sie waren es gewohnt, daß sich die geistige Elite manchmal etwas verrannte. Und viele (...) meinten einfach, er sei etwas früh kindisch geworden." Eines Tages, als die Philosophen wieder mit dem Rätsel des Eubulides beschäftigt waren, mischte sich ein Gaukler unter sie, der doppelte Spiele liebte, und er erzählte von einem Papagei, der in einen Menschen verwandelt worden sei, wie er mit eigenen Augen gesehen haben wollte. Die Philosophen verstanden selbstverständlich nicht, was dieser Zauber zu tun haben solle mit ihrem Problem, und entgegen den Gewohnheiten erklärte sich der Gaukler für dieses eine Mal bereit, ihre Neugier zu befriedigen und den Zauber offenzulegen, nicht ohne sie zu warnen, daß sie sich am Zauber der Paradoxien nie mehr unvermittelt würden freuen können. Und er erzählte seinerseits eine Geschichte, die Geschichte von Epimenides, den Eubulides als Sklave kaufte, jener große Philosoph, ohne den es die Geschichte von Epimenides gar nicht geben würde. Bald nach dem Kauf merkte Eubulides, daß er bei dem Handel , wie so oft, übers Ohr gehauen worden war, da Epimenides kein Griechisch konnte und seine Worte nur nachplapperte wie ein Papagei: „Wie bei allem,

---

[12] M. Geier, *Das Sprachspiel der Philosophen*, Hamburg 1989, S. 94.

[13] D. Hofstadter, *Gödel, Escher, Bach. Ein endlos geflochtenes Band*, 2. Aufl., Stuttgart 1985, S. 622ff.; vgl. auch S. Pinker, *Wie das Denken im Kopf entsteht*, München 1998, S. 521ff.

[14] R. Todosco, „Lügen alle Kreter? Eine konstruktive Lösung der Kreter Paradoxie", in: G. Rusch/S. J. Schmidt/O. Breidsack (Hrsg.), *Interne Repräsentationen. Neue Konzepte der Hirnforschung*, Frankfurt a.M. 1966, S. 195-202.

was zu Markte getragen wird, glänzte bei ihm nur die Oberfläche." Deshalb strafte er ihn, indem er ihn den sinnhaften, wenn auch nicht wahren Satz nachsprechen ließ: „Alle Kreter sind dumm." Ähnlich böse Spiele hatte er schon früher mit Fremden getrieben und dabei sogar schon als Kind sein Ich veräußert, indem er in den Dreck der Nachbarhäuser den Satz schrieb: „Ich bin der Schweinestall von Augias." Als aber dann der Kreter eines Tages, wie ihm geboten, wiederholte, daß alle Kreter lügen, erkannte Eubulides plötzlich, daß ihm dieser Spaß gar nicht geglückt war, da sich aus diesem Satz nichts Schlechtes ableiten ließ über die Kreter, und noch mehr ärgerte ihn, daß er seinen aus dem Munde des Kreters unverschämt raffinierten, wahrhaft philosophischen Satz wiedergeben mußte als Erfindung des Kreters, um ihm nicht den Pfiff zu nehmen und sich selbst mit seinen Schikanen bloßzustellen. Sein Ärger über diese Paradoxie nagte so sehr an ihm, daß er Epimenides immer härter strafte, ihn auspeitschte und quälte. Albträume verzehrten ihn tags und nachts, und schließlich, in einer besonders dunklen Nacht, mußte er im Traum seinen Sklaven mit Händen und Füßen verschlingen. Schweißtriefend und würgend erwachte er mit geblähtem Bauch und ausgerenktem Kiefer - Epimenides aber war verschwunden. Schwer gefüllt befahl nun Eubulides in sich hinein, zu zweit befahl einer dem andern zu sagen: „Ich lüge". Der Gaukler beendete seine Erzählung mit den Worten: „Zu sagen, ich lüge, würde mir mit meiner bescheidenen Bildung so wenig in den Sinn kommen, wie Sklaven zu kaufen." Daraufhin bricht Eubulides mit Schaum vor dem Mund zusammen. „Als sich die Menge wieder dem Redner zuwenden wollte, war er durch Zauber verschwunden und jeder, der ihn nicht mehr sehen konnte, erkannte ihn.

Es ist eine, wie ich finde, wunderbare, in sich paradox verschachtelte und damit komplexe Geschichte, deren Zauber noch größer ist, wenn die expliziten und impliziten Erklärungsmuster des Textes (Schizophrenie, Xenophobie) gar nicht weiter erläutert werden. Der Epilog „Brauchen wir ein Sprachverbot?" jedenfalls richtet sich gegen jene Philosophen, die sogenannte selbstbezügliche, mithin tendenziell paradoxe Sätze explizit verbieten, und er plädiert für den Zauber der vom Hörer / Beobachter wahr-genommenen Lüge.

Daß „das Lügen", wie Ludwig Wittgenstein behauptete, „ein Sprachspiel (ist), das gelernt sein will, wie jedes andere"[15], daß es obendrein lebensrettend sein kann, will ich an meinem zweiten Beispiel zeigen, und ich mache dafür einen Zeitsprung ins Ende des 12. Jahrhunderts, hinein in den fragmentarisch überlieferten *Tristan*-Text des Béroul[16]. Im Zentrum dieser Version steht ein höchst umstrittenes „bel

---

[15] L. Wittgenstein, „Philosophische Untersuchungen", in: L.W., *Tractatus logico-philosophicus. Philosophische Untersuchungen*, hrsg. von P. Philipp, Leipzig 1990, S. 219.

[16] Im folgenden zitiert nach der Ausgabe: *Tristan et Iseut. Les poèmes français. La saga norroise.* Textes originaux et intégraux présentés, traduits et commentés par D. Lacroix/Ph. Walter, Paris 1989, S. 23-227.

mentir"[17], ganz im Gegensatz zu dem sogenannten (und etwa gleichzeitigen) *Tristan* des Thomas d'Angleterre, dessen Epilog damit schließt, daß der Erzähler behauptet, „tute la verur"[18], die ganze Wahrheit der Geschichte Tristans und Isoldens der Königin berichtet zu haben (was, nach Harald Weinrich, ja ein „Lügensignal" sein müßte und hier natürlich zu befragen ist auf die Wahrheit innerhalb der mittelalterlichen Dichtungsreflexion). Das „bel mentir", von dem hier die Rede sein soll, ist nun freilich kein Topos des Erzählers, der sich Berox/Béroul nennt, sondern die Äußerung des Einsiedlers Ogrin, zu dem Isolde und Tristan fliehen, und sie bezieht sich auf seine eigenen Spitzfindigkeiten und auf die semantischen Listen Isoldes, mittels derer sie sowohl ihre Liebe als auch ihr Leben - wie das Leben Tristans - für eine Weile, und das heißt hier über die Länge des gesamten Fragments, retten kann. Es sind redselige Listen in einem überaus gesprächigen Text, der - auch das im Unterschied zu der „Thomas"- Version, einen lebhaften Einblick in das gesellige und kommnikative, freilich wenig gemütliche Hofleben des Hochmittelalters gibt. Viel wird hier geredet - in Sprach-, Körper-, Kleiderzeichen, alles wird überwacht, viel wird gestraft, und ein Netz problematischer Botschaften - Zweideutigkeiten und Maskeraden, Anagramme und inter-dits, Pseudonyme und Homonyme - durchzieht den Text, ist Signum der doppelten, psychologisch-genealogischen Verstrickung und Fatalität. Es ist Isolde, welche die rettenden Travestien nachgerade theatralisch inszeniert: beim Liebestreffen im Baumgarten und in der Episode der Durchquerung der schlimmen Furt.

Mit der schwankhaften Szene im Baumgarten beginnt das Béroul-Fragment: Isolde, die sich mit Tristan zu einem nächtlichen Stelldichein verabredet hat, sieht durch eine Spiegelung des Wassers, daß König Marke, ihr Gemahl - der hier wie immer informiert worden war von seinen „trois barons felons" und dem spionierenden Zwerg Frocin - sie von einem Baum aus beobachtet. Ihre dann an Tristan gerichtete Rede ist eine Rede voller Ambivalenzen, welche ihre eigene familiale und erotische Doppelbindung, aber ebenso die augenblickliche Szenerie umspielt, die ihrerseits auch des Königs problematische Position in dieser Affaire des „linage" inszeniert. „Aïe o home qu'o mon seignor. / Et, Dex! se ne m'en croit il pas; / Je puis dire: de haut si bas" (vv. 38 sq.): Mit „ome" und „seignor" bezeichnet sie hier Tristan, den Geliebten und aufgrund des Verdachts in der Gunst seines Onkels, des Königs, tief Gefallenen, und sie benutzt für ihn in geschlechtsspezifischer und hierarchischer Umkehrung das senhal „seignor"; mit „ome" und „seignor" aber bezeichnet sie auch Marke, dem sie gleichwohl zugetan ist und dessen Bild in diesem Augenblick wahrlich tief gestürzt ist in den Wasserspiegel, während er in der Tat aus Mitleid beinahe aus dem Baum der Erkenntnis gefallen wäre: „Pitié en oi, petit falli / Que de l'arbre jus ne chaï" (vv. 481 sq.). Der Baum aber wird ihm

---

[17] Vgl zu den folgenden Ausführungen auch: W. Hülk, „'Bel mentir' und 'tute la verur'. Sprachsubversion und Sprachreflexion im *Tristan* des Béroul", *Romanistische Zeitschrift für Literaturgeschichte* Bd. 18/1994, S. 25-36.
[18] Thomas, *Le Roman de Tristan*. Ms. Sneyd 2 (Oxford, Bodleian Library d 16, f° 17aetb), S. 480, v. 46.

so, da Isoldes Worte an Tristan nirgends dingfest zu machen sind für ihr Verhältnis zu Tristan, zum Baum des Verkennens seiner ehelichen und höfischen Stellung, und zitiert wird so auch die Inszenierung des Sündenfalls, die mythologisch am Ursprung des Auseinanderfalls von Worten und Dingen und der dann babylonischen Sprachverwirrung steht[19]. Es ist stattdessen die unmißverständliche Schrift des Blutes, welche die Liebenden verrät: Tristans Wunde, die in der nächsten Szene aufplatzt, als er hinüber in Isoldes Bett springt: Wieder hatte ja der Zwerg aufgepaßt und Mehl gestreut, das einst weiße, nun ebenso wie das Linnen unzweideutig blutbefleckte des doppelt Geliebten Tristan, den Marke jetzt nach mittelalterlichem Recht töten muß. Tristan aber kann bekanntlich in den Wald von Morrois fliehen, ebenso Isolde. Keines der Gespräche der beiden ist von dort überliefert, wenn sie denn gesprochen haben. Wenn sie aber mit anderen reden oder andere über sie, dann wird, so berichtet der Erzähler, gelogen. Es lügt der König, und es lügt der Einsiedler, der im Ruf eines heiligen Mannes steht. Und Marke führt zweimal sein Gefolge in die Irre: „Li rois lor ment" (v. 2060)[20]: Als er nämlich erfährt von dem Liebesversteck seiner Gemahlin und seines Neffen, geht er in den Wald und wird sie dort schlafend finden, das Schwert zwischen sich: für Marke, der nur zu gerne verzeiht, gleichsam ein „Dingsymbol" ihrer Unschuld, die er beglaubigt durch die Hinterlegung seiner Insignien. Um aber allein gehen zu können, mußte er sein Vorhaben verschleiern, und als er zurückkehrt an den Hof, lügt er erneut, um die Liebenden, die sich lieben und die er liebt, zu schützen – ein eklatanter, souveräner Bruch des Lehnsvertrages, eine Herrenfelonie, welche die Rechtlosen legitimiert. Seinen Lügen aber, wie dem freizügigen Umgang mit der Wahrheit seitens Tristans und Isoldens wird im folgenden die Absolution erteilt: Als die Liebenden nämlich Markes Handschuh, seinen Ring und sein Schwert entdecken, fliehen sie panikartig in die Klause Ogrins, der sich, um der Restitution der sakramentalen Ehe und der königlichen Ehre willen, als Mittler bei Marke anbietet und diesem in einem Brief ein Gottesurteil vorschlägt zum Beweis der Unschuld beider, welche er selbst, ohne von ihr überzeugt zu sein, beteuert. Es ist ein Vorschlag, den Ogrin auf eigentümliche Weise begründet: „Por honte oster et mal covrir / Doit o un poi par bel mentir" (vv. 2353 sq.), ein Vorschlag, der augenscheinlich paradox ist: Wenn Ogrin nämlich glaubt an die Unschuld der Ehebrecher, lügt er nicht, wenn er Marke von der Reinheit ihrer Liebe zu überzeugen sucht; glaubt er jedoch an ihre Schuld, dann belügt er nicht nur Marke, sondern

---

[19] Vgl. hierzu allgemein: P. Zumthor, *Babel ou l'inachèvement*, Paris 1997.
[20] Vgl. die eklatante Lüge des Königs in den Versen 1931-1937: Ein Förster hatte ihm das Versteck Tristans und Isoldes verraten, und Marke antwortet auf die Frage seines Gefolges:
„Li rois respont: «Ne sai novele,
Mais mandé m'a une pucele
Que j'alle tost à lié parler.
Bien me mande n'i moigne per.
G'irai tot sens sor mon destier,
Ne merrai per ne escuier,
A ceste foiz irai sanz vos."

auch Tristan und Isolde, denen er einen „buen consel" (v. 2340) versprach, einen guten Rat mit tödlichem Urteil, da ja an der Wahrheit des angeratenen Gottesurteils nicht zu zweifeln war. Eine schöne Lüge ist es so in mehrfacher Hinsicht: zum einen als virtuose Argumentation aus der Feder eines rhetorisch geschulten Schriftgelehrten, zum anderen aber als eine moraltheologisch legitimierte „pia fraus", die mit unheiligen Mitteln heilige Zwecke verfolgt. Es ist zugleich eine Paradoxie, die hier gleichsam auf der Meta-Ebene gelöst wird: Die Doppelzüngigkeit Ogrins nämlich wird aufgehoben von jenem Gott, der während der ganzen Geschichte die Liebenden geschützt hat, beobachtend und richtend das Geschehen begleitet und Isolde, als es dann wirklich, auf Drängen der Barone zum gerichtlichen Eid kommt - Marke selbst wollte auf das Gottesurteil verzichten - , erneut die Gabe des wahr-scheinlichen Wortes gibt, „der „sage...bele Yseut, qui parler sot (vv. 3202, 3208). Öffentlich, vor dem Volk, Markes gesamtem Gefolge und König Artus soll Isolde an der Abenteuerfurt ihre Unschuld bekunden. Tristan, auf ihr Geheiß, verkleidet sich zum festgesetzten Termin als Aussätziger, lagert sich an die schlimme Furt und sieht, während er Marke und Artus eine närrische Geschichte erzählt von seiner schönen Freundin Isolde, deren Gatte aussätzig sei, wie die Reiter sich in der morastigen Furt besudeln und die Barone fast in ihr versinken. Endlich erscheint die strahlende Isolde und gebietet dem Aussätzigen, sie über die Furt zu tragen: „Ne vuel mes dras enpalüer, / Asne seras de mois porter" (vv. 3917sq.). Unbefleckt am rettenden Ufer angekommen, leistet sie ihren Reinigungseid: „...ci jure, / Qu'entre mes cuises n'entra home, / Fors le ladre qui fist soi some, / Qui me porta outre les guez, / Et li rois Marc m'esposez" (vv. 4199-4208). Das buchstäblich euphorische „Bühnenspiel" (Nietzsche), das Isolde als Dramaturgin und Tristan als Komödiant hier strategisch inszenieren, ist ein Zauber, der noch einmal glückt, da das Publikum gebannt starrt auf die Zauberin Isolde und den aussätzigen Narren Tristan: den schönen Schein der Repräsentation und den häßlichen Schleier der Verworfenheit. Zwischen beiden aber liegt, in den Heterotopien und Heterologien von Schuld und Unschuld, Wahrheit und Lüge, nicht sichtbar und nicht hörbar, jenes, was „entre (ses) janbes" (v. 4213) sich auch noch abspielte: Wünsche, die allererst entstehen in der Aufspaltung von Wort und Ding, als Subversion hier auch jenes realistischen Universalismus in der Eindeutigkeit von Schein und Sein, den der Gott des Béroul als Maskenspiel zugleich offenbart und beglaubigt zum Schutz der Liebenden.

*

Das Begehren, welches Tristan und Isolde nur eine Weile lang durch schöne Lügen und Listen geheim halten können und das als nichtlegitimer Wunsch die feudale Ordnung zutiefst erschüttert, ist sicherlich auch das Thema, das Marguerite de

Navarre in ihrem *Heptaméron* am meisten beschäftigt hat[21]. Darin läßt sie zehn Personen, fünf Frauen und fünf Männer, wie zufällig in einem Kloster zusammenkommen, weil ein gefährliches Hochwasser ihnen allen die Heimreise von einer Badekur verwehrt, und diese Personen überbrücken die Zeit bis zur Fertigstellung einer Brücke über den reißenden Strom, indem sie einander Geschichten erzählen und über jede dieser Geschichten plaudern. In allen Geschichten aber, die erzählt werden, geht es um die Liebe, und diese ist folglich auch das Thema der sich anschließenden Gespräche, welche gleichsam die unterschiedlichen Kommunikationsformen der Liebe - Sexualität, Freundschaft, platonische Liebe, Liebe zu Gott - umspielen und verhandeln. Die Liebe freilich als Begehren kollidiert im 16. Jahrhundert, der Erzählzeit und erzählten Zeit der Novellen des *Heptaméron*, unweigerlich mit den Ehrenkodices der höfischen Gesellschaft François I, welche die „hardiesse" der Männer und die „chasteté" der Frauen als letztlich aporetische Geschlechterordnung setzte: Mußte der Mann eine um die andere Frau erobern, galt es für die Frau, aller Verführung zu widerstehen und zugleich als Ehefrau alle amoureusen Abenteuer des Gatten zu dulden. Der Rechtsstand der Ehe ist, wie Niklas Luhmann gezeigt hat, vor dem 18. Jahrhundert zumal, selten der Ort der *Liebe als Passion*[22]. Wenn diese sich im *Heptaméron* ereignet und nach Erfüllung strebt, ist sie ein Skandalon und muß unter-sagt werden - ein „inter-dit", das sich einnistet in all jene Zwischenformen der Mitteilung, die nichts dingfest machen und hier nachgerade obsessionell die zwischenmenschlichen Beziehungen der Novellenfiguren regeln: affiner (hier: tromper par ruse), bruit (rumeur), cautèle (ruse, tromperie), celer couverture (hier: prétexte), couvrir, cuider (hier auch: avoir l'illusion), décevoir, dissimuler, feindre, finement (hier: avec ruse), finesse, (se donner) garde, masque, (faire le) méconnu (faire l'ignorant), rumeur, secret, (faire le) semblant, simuler, subtilité (hier: ruse), supposition (hier: faux-semblant, prétexte) - das Paradigma des Lügens und Betrügens, des Täuschens und Sich-Verstellens wie auch jenes gleichsam komplementäre der Verdächtigungen, Nachstellungen und Denunziationen (soupçon, curieux, bruit, rumeur, espie, déceler) ist den Handlungsweisen der Personen zugrunde gelegt, verzehrt ihre Energie und zersetzt die Kommunikation bis hinein in die nichtverbale Linguistik des Körpers, dessen klassische Symptome der Leidenschaft, Erregung oder Scham - der Liebesblick, das Erröten und Erbleichen - überzeichnet werden durch kontrollierte Äußerungen - so im Prolog: „Parlemente (...) se print à tousser, parquoy Hircan ne s'apperceut de la couleur qui luy venoit aux joues"[23] - oder eine ebenso dezentrierende wie schützende Sprachdisziplin: „[s]es oeilz (...) sçavoyent si bien faindre qu'elle ne povoit que pas bien obscur soupson", „contraindre son regard contre son cueur"[24], heißt

---

[21] Im folgenden zitiert nach: M. de Navarre, *L'Heptaméron*, hrsg. von M. François [Garnier], Paris 1967.

[22] N. Luhmann, *Liebe als Passion. Zur Codierung von Intimität*, 2. Aufl., Frankfurt a.M. 1983, Kap. 13, 14, S. 163-196.

[23] N. Luhmann, *Liebe als Passion*, S. 10.

[24] N. Luhmann, *Liebe als Passion*, S. 62.

es in der wohl bekanntesten Novelle von Floride und Amadour, der letzten des ersten Tages. Es ist eine Novelle, welche die klassischen Gattungsnormen sprengt durch Länge und Komplexität, und es ist die Novelle, die mit der Fülle der Personen und Handlungsstränge am deutlichsten aufzeigt, daß die Liebenden, umstellt von einem Heer potentieller Mitwisser, Neider und Richter, sich vor allen verstellen müssen und am Ende sich selbst verstellt sind[25]. Das dichteste Überwachungssystem kann freilich jene Grauzonen nicht lichten, in denen sich Wissen und Nichtwissen, Wahrheit und Lüge bis zur Nichtunterscheidbarkeit vermischen. Longarine, eine der Plaudererfiguren des Rahmens, formuliert in der Debatte zur siebenten Novelle des ersten Tages diesen inquisitorischen Zweifel, der für die gesamte Sammlung gelten kann. Er ist ein Antrieb nicht zuletzt der Novellenhandlung selbst, die sich buchstäblich verstrickt in die Maschen rettender „tapisseries" und „manteaux"[26], aber auch der letztlich immateriellen, die Indizien und Zeugnisse der Wahrheit vernichtenden Gerüchte: „Je n'ai gueres veu grand feu de quoy ne vint quelque fumée; mais j'ay bien veu la fumée où il n'y avoit poinct de feu. Car aussi souvent est soupsonné par les mauvais le mal à il n'est poinct, que congner là où il est"[27]. Ihre Bemerkung ist zugleich eine Kritik an einem Strafsystem, das die Werte der Gesellschaft und die Eigentümlichkeit des Einzelnen zerrüttet, einer Gesellschaft, in wlcher die Lüge und Verschleierung allein die Eigentümlichkeit schützen und die Gisèle Mathieu-Castellani in einem Vorgriff gleichsam auf den gleichnamigen Text Nathalie Sarrautes so treffend betitelt hat als *L'ère du soupçon*[28].

*

Ich komme zu meinem vierten Beispiel, einer Erzählung Edgar Allan Poes von 1845, *The Thousand-And-Second-Tale of Scheherazade*[29], einer Geschichte, welche, der Titel verkündet es, *Die Erzählungen aus 1001 Nacht* (arabisch: *Alf Laila Wa-Laila*) weiterspinnt. Diese Sammlung setzte so ziemlich an den Anfang der Literaturgeschichte - die verwickelte Genese der Geschichten aus „1001 Nacht" unterschlage ich an dieser Stelle - die Frage nach der Literatur als eine Frage auf Leben und Tod;

---

[25] Vgl. hierzu H. Schlaffer, *Poetik der Novelle*, Stuttgart/Weimar 1993, S. 64ff.

[26] Vgl. zu diesem Paradigma M. Bideaux, „Du ‚Bruict' à la ‚Tapisserie'", in: S. Perrier (Hrsg.), „*L'Heptaméron*" *de Marguerite de Navarre*. Actes de la journée d'étude Marguerite de Navarre (19.10.1991), Paris 1992, S. 113-131.

[27] *L'Heptaméron*, S. 42f.

[28] G. Mathieu-Castellani, „*L'Heptaméron*: L'ère du soupçon", in: M. Tetel (Hrsg.), *Les visages et les voix de Marguerite de Navarre*. Colloque de Duke University (10./11.4.1992), Paris 1995, S. 123-134; vgl. in diesem Zusammenhang auch: W. Haug, „Der Schatten des Kopfes der Kammerzofe. Der zwielichtige Platonismus im *Heptaméron* der Marguerite de Navarre", in: W. Haug/B. Wachinger (Hrsg.), *Literatur, Artes und Philosophie*, Tübingen 1992, S. 85-116.

[29] E. A. Poe, „The Thousand-And-Second-Tale of Scheherazade", in: E.A.P., *The Complete Stories*. With an Introduction by J. Seelyee, London 1992, S. 828-854.

deshalb spricht man ja auch, nach André Jolles, von „Halserzählungen" bzw. einem „Halsrahmen"[30]. Scheherezade also, die Kluge, Vielbelesene, in den Wissenschaften Bewanderte, so läßt sich resümieren, lebt so lange, wie sie dem Sultan Geschichten erzählt, welche die Neugier des Tyrannen wachhalten, und im Verlauf der 1001 Nächte, in denen ihr Erzählstrom nicht abreißt, verschachteln sich ihre Geschichten immer mehr ineinander, (Tzvetan Todorov sprach hier vom Prinzip des „enchâssement"[31]), bis daß am Ende in einer schwindelerregenden Erzählspirale virtuell die ganze Welt in die Erzählungen einbezogen ist, aber auch kein Ursprung der Geschichten mehr auszumachen ist: Immer und immer wieder erzählt Scheherezade, sie habe eine Geschichte gehört, daß jemand berichtete, einer seiner Freunde habe ihm erzählt, daß geschehen sei..., und während Scheherezade sich in diesem „langage à l'infini"[32] gleichsam begründet und frei-spricht aus der Willkür des Sultans, verliert sich immer mehr die Frage nach der Wirklichkeit (oder Wahrheit) hinter den zunehmend auch ineinander gespiegelten Geschichten. Die Frage nach der Wahrheit des Erzählten ist hingegen eine Frage, welche das Schicksal Scheherezades in Poes Erzählung bestimmt und der Erzählung vorangestellt ist in dem signifikanten Motto: „Truth is stranger than fiction. Old Saying" - einem Motto, das den alten Mythen und Geschichten der Völker paradoxerweise mit deren eigener Stimme, ihren Redensarten und Sprichwörtern, jene Eigentümlichkeit und Interessantheit bestreitet, die des Sultans Neugier geweckt und Scheherezades Erzähl- und Lebensstrom aufrechterhalten hatte. Poe nun widerruft mit buchstäblichem Galgenhumor das gute Ende der 1001 Nächte - an deren Ende der Sultan sich in sie verliebt hat und sie, statt sie zu töten, als Gemahlin anerkennt -, und sein Erzähler beruft sich im Namen der Wahrheit auf eine kurz zuvor gefundene (natürlich fiktive) orientalische Quelle, die den Irrtum bezüglich der Tochter des Wesirs aufklärt: In der 1002. Nacht nämlich, so heißt es nun, dem Bogenschuß entronnen und legitime Frau des schnarchenden Königs („I am sorry to say, he snores - a thing no gentleman would do"[33]), schickt Scheherezade sich an, die Geschichte Sindbads des Seefahrers zu Ende zu erzählen, die sie, wie sie sagt, einst aus Müdigkeit verkürzt hatte. In der 1002. Nacht also bricht Sindbad, eine der bekanntesten Figuren aus „1001 Nacht", auf zu neuen Reisen und Abenteuern, und diesmal trifft er nicht auf Menschenfresser, Seeteufel und den Vogel Roch, sondern auf ungleich gewaltigere Ungeheuer, die ihn zu verschlingen drohen: feuerspeiende Dampfschiffe, kochende Öfen und Schlote, stampfende Maschinen. Ganz neue Ängst werden ihm einverleibt: durch Stimmen, die von einem Ende der Welt zum

---

[30] Vgl. in diesem Zusammenhang die Ausführungen von André Jolles in seiner „Einleitung" zur deutschen Ausgabe des *Dekameron* ([Insel] Leipzig 1921), wieder abgedrückt in: G. di Boccaccio, *Das Dekameron*. Deutsch von A. Wesselski. Übertragung der Gedichte von Theodor Däubler [Fourier] Wiesbaden 1988, S. 5-86, hier: S. 15.

[31] T. Todorov, „Les hommes-récits", in: T.T., *Poétique de la prose*, Paris 1971, S. 78-91.

[32] M. Foucault, „Das unendliche Sprechen (le langage à l'infini)", in: M.F., *Schriften zur Literatur*, München 1974, S. 90-103.

[33] E. A. Poe, „The Thousand-And-Second-Tale of Scheherazade", S. 840.

anderen rauschen und Arme, die so lang werden, daß sie von Damaskus aus in Bagdad einen Brief diktieren - also die Telegraphie -, durch Körperzuckungen, die hervorgerufen werden durch die unheimlichen Künste eines Magiers - nämlich die elektrischen Leitungen. Die märchenhaften Abenteuer Sindbads verschmelzen mit den medialen Wundern der modernen Welt, deren stupende Techno-Logie die Grenzen zwischen Märchen und Wirklichkeit hyperreal aufhebt, um am Ende keiner Märchen mehr zu bedürfen, da die Wirklichkeit phantastischer ist als jene es je sein konnten. Diese Erkenntnis freilich einer paradoxen, interstitiellen Wahrheit, welche mit dem Motto des Textes gleichsam visionär an den Anfang allen Wissens gesetzt ist und von dort aus Wahrheit und Lüge mythisch umspielt, „Truth is stranger than fiction. Old saying", kommt Scheherezades Zuhörer, dem tyrannischen König, nicht. Er hatte ohnehin die Erzählung von der schwarzen Katze, der blauen Ratte, dem rosa Pferd als Fortsetzung von *The Black Cat* erwartet, jener (poeschen) Geschichte, auf die dann Baudelaire seinen „Satanismus" rückführen sollte. „Stop", said the king, „I can't stand that, and I won't. You have already given me a dreadful headache with your lies. The day, too, I perceive, is beginning to break"[34]. Dieser anbrechende Tag bringt Scheherezade den Tod, und sie stirbt in dem Bewußtsein, daß die Geschichten noch nicht zu Ende erzählt waren: Sie selbst nämlich stammte ab von Eva und hatte die ganzen prallvollen „baskets of talk" geerbt, die jene, „we all know, picked up from under the trees in the garden of Eden"[35]: Geschichten, Plaudereien, Geschwätz, welche die Erbin Scheherezade verzinste, bis daß Zins und Zinseszins 77 Körbe erbracht hatten. Das Zahlenspiel aber mit diesen Geld-Geschichten, kapitalisierter Fiktion gleichsam, kostet sie den Kopf in dem Moment, in dem die Echtheitsprobe der „Falschmünzerei" verlangt wird: Durch die Willkür des Tyrannen, welcher die Deckung der Geschichten verlangt und damit die realistischen ebenso wie die phantastischen und die Wahrheit der Fiktion überhaupt mißversteht[36]. Die „Prägung zum Sein"[37] aber war, wie auch Edgar Allan Poe erzählt, den Worten mit dem Sündenfall abhanden gekommen, und die dogmatische Verfügung über Echtheit und Falschheit, Wahrheit und Lüge bedeutet das Ende der Geschichten und manchmal den Tod derer, die sich zu begründen haben und manchmal retten können über unendliche Geschichten und ein „Bühnenspiel vor anderen und sich selbst".

---

[34] E. A. Poe, „The Thousand-And-Second-Tale of Scheherazade", S. 854.
[35] E. A. Poe, „The Thousand-And-Second-Tale of Scheherazade", S. 840.
[36] Vgl. in diesem Zusammenhang grundlegend J. Hörisch, *Kopf oder Zahl. Die Poesie des Geldes*, Frankfurt a.M. 1996; J.-J. Goux, *Les monnayeurs du langage*, Paris 1984.
[37] Zur Anwendung dieses Begriffs von Ernst Cassirer (*Philosophie der symbolischen Formen*) auf die Semantik des Geldes, vgl. J. Hörisch, *Kopf oder Zahl*, S. 28.

Rudolf Behrens

Zwiespältige Einbildungskraft.
Zum Thema der Selbsttäuschung im erkenntnistheoretischen Diskurs und im Roman (Prévosts *Histoire d'une Grecque moderne*)

I.

Zu den tröstlichen Aussichten, welche die postcartesische Erkenntnisphilosophie dem Subjekt für seine ‚conscience' verspricht[1], gehört die Möglichkeit, trotz aller Gefährdungen, die sich aus der Defizienz des Wahrnehmungsapparats ergeben, zu einer ungetrübten Erkenntnis fähig zu sein und sich dabei als Erkennender restlos durchschauen zu können. Der Weg zu dieser Selbsttransparenz ist zwar mit allerlei Hindernissen erschwert, die sich aus der Kontamination des Erkenntnisvorgangs mit physiologischen und damit körperlichen Mechanismen herleiten. Aber es mangelt auch nicht an Kontrollen, nach deren Anwendung das Subjekt der Welt und sich selber ohne Verzerrung ansichtig werden kann. Der *Traité de l'esprit*

---

[1] Der Begriff ‚conscience' im Sinne eines ‚sentiment intérieur', der dem Denkenden den Vollzug sowie den Gegenstand seiner Geistesoperation restlos vor Augen führt und damit eine selbstversichernde Instanz bezeichnet, entsteht erst im Zuge der cartesischen Erkenntnislehre in der zweiten Hälfte des 17. Jahrhunderts (vgl. C. G. Davies, *Conscience as consciousness: the Idea of Self-awareness in French Philosophical Writing from Descartes to Diderot* [Studies on Voltaire and the Eighteenth Century. 272], Oxford 1990, S. 1-21). Kennzeichnend für diese Verwendung des Begriffs, der eine zumindest der Möglichkeit nach immer gegebene Selbsttransparenz des Denkenden unterstellt, ist folgende Formulierung des Cartesianers Louis de La Forge: „[...] je prends ici la pensée pour cette perception, conscience, ou connaissance intérieure que chacun de nous ressent immédiatement par soi-même quand il s'apperçoit de ce qu'il fait ou de ce qui se passe en lui." (*Traité de l'esprit de l'homme*, Amsterdam 1666, S. 14) Daß sich in der cartesianischen Ideenlehre jedes ‚cogitare' per se in der Seele des Denkenden notwendigerweise vollständig reflektiert, hat freilich zu erheblichen Schwierigkeiten geführt, wenn es darum ging, in der Empirie durchaus nachweisbare Defizite der Bewußtheit aller gedanklichen Operationen zu erklären und dabei eine Art Unbewußtes annehmen zu müssen. Zu diesen Schwierigkeiten der sog. ‚pensées imperceptibles', die sich als erste Theoreme einer Schicht des Unbewußten verstehen lassen, vgl. G. Rodis-Lewis, *Le Problème de l'inconscient et le cartésianisme*, Paris 1950.

de l'homme (1666) von Louis de La Forge, *La Logique ou l'art de penser* (1662) von Antoine Arnauld und Pierre Nicole und *De la Recherche de la vérité* (1674-1678) von Nicolas Malebranche sind die vielleicht exponiertesten Gründungsurkunden dieser Bewußtseinstheorie, die einem breiten Publikum mit unterschiedlich akzentuierten Wahrnehmungskonzepten einen Königsweg zur Vermeidung der Selbsttäuschung anbietet[2].

Der moralistische Diskurs hat solcherlei Hoffnung auf die Selbsttransparenz bekanntlich nicht teilen können. Erinnert sei nur an La Rochefoucaulds Maxime 115, nach der es ebenso leicht ist, „de se tromper soi-même sans s'en apercevoir qu'il est difficile de tromper les autres sans qu'ils s'en aperçoivent."[3] Diese Maxime erhält ihre Schärfe durch zwei Pointen. Erstens impliziert sie, daß eine Selbsttäuschung nichts substantiell anderes ist als die willentliche Täuschung eines Anderen, auch wenn im Falle der Selbsttäuschung keine bewußte Täuschungsabsicht, wohl aber ein uneingestandener Wunsch die Regie führt. Und zweitens enthält die Maxime unter der Oberfläche der syntaktischen Symmetrie eine provokante Disproportion auf der semantischen Ebene. Das Aperçu besagt ja, daß der ingeniöse Aufwand, der zum erfolgreichen Betrug anderer Menschen nötig wäre, mindestens so groß ist wie der Aufwand, mit dem sich der einzelne Mensch vor der Gefahr von Selbsttäuschungen schützen müßte. Das heißt aber auch: So wie es angesichts des faktischen Aufwandes der Regelfall ist, daß derjenige, der betrogen werden soll, den an ihm zu verübenden Betrug durchschaut, so muß ebenfalls als Regelfall gelten, daß die Täuschung, mit der sich ein Ich aus welchen Gründen auch immer selbst betrügt, von ihm gar nicht erst durchschaut wird.

Man mag nun einwenden, daß der moralistische Diskurs weniger den geübten Denker als den Alltagsmenschen im Auge hat und deshalb skeptischer als ein erkenntnistheoretisch ausgerichteter Text mit der Hypothese der vermeidbaren Selbsttäuschung umgehen muß. Aber ein Blick in Pascals *Pénsees*, die die Selbsttransparenz des Menschen noch radikaler als La Rochefoucaulds Maximen in Zweifel ziehen, belehrt uns eines Besseren. Selbst der Philosoph, so lesen wir im Fragment 44 (Zählung nach Lafuma), gerät in Situationen, in denen die Vernunft abdankt und das Selbstbewußtsein von Störfaktoren in die Irre geführt wird. Krankheiten, die Sinne, die Einbildungskraft, falsche Erziehung in der Kindheit und schließlich der ‚amour-propre', der dem Menschen „auf angenehme Art die

---

[2] Hinzu gesellen sich vor allem gegen Ende des Jahrhunderts cartesianistisch inspirierte Traktate, die in einer Annäherung an den moralistischen Diskurs Fallen der Selbsttäuschung und damit defiziente Modalitäten einer auf Selbsttransparenz abzielenden ‚conscience' zu eruieren versprechen: so, um nur die prominentesten zu nennen, *La Vraie connoissance de soi-même* (1691) von Claude Buffier, *L'Art de se connoître soi-même* (1692) von Jacques Abbadie und *De la Connoissance de soymesme* (1694-1698) von François Lamy.

[3] La Rochefoucauld, *Maximes* suivies des Réflexions diverses, du Portrait de La Rochefoucauld par lui-même et des remarques de Christine de Suède sur les Maximes, hrsg. von J. Truchet [Classiques Garnier], Paris 1967, S. 32.

Augen (blendet)"[4], sind die Faktoren, die eine Gründung des Wissens auf die Selbstsicherheit des Subjekts unmöglich machen. „Nichts zeigt ihm die Wahrheit", heißt es im Fragment 45 in bezug auf den Menschen, der nicht im Zustand der Gnade ist: „Tout l'abuse"[5]. Nochmals radikalisiert wird diese Skepsis in bezug auf eine wünschenswerte Selbsttransparenz dann noch durch die These, in anthropologischer Hinsicht seien manche Irrtümer und Selbsttäuschungen „erreurs nécesssaires", also dem Menschen zum Leben im sozialen Verbund von Natur aus mitgegebene Lebenslügen, die noch durch ihre paradoxe Zweckhaftigkeit die grundsätzliche Heilsbedürftigkeit durch die Gnade anzeigen[6]. So läßt sich – das behauptet jedenfalls der moralistische Diskurs, wenn er seine Grundannahmen zu

---

[4] „Notre propre intérêt est encore un merveilleux instrument pour nous crever les yeux agréablement." (B. Pascal, *Pensées*, hrsg. von L. Lafuma, Paris 1962, S. 46) Die stringenteste und die ideengeschichtlich pertinenteste Interpretation des berühmten Fragments 44 (Zählung nach Lafuma) über die Imagination bietet G. Ferreyrolles, *Les Reines du monde*. L'imagination et la coutume chez Pascal (Lumière classique. 6), Paris 1995. – Vernachlässigt wird in unserer Argumentation, daß es sich bei Pascals *Pensées* nicht eigentlich um einen moralistischen Text, sondern um einen über bestimmte Strecken moralistisch argumentierenden bzw. den moralistischen Habitus sich einverleibenden apologetischen Text handelt.

[5] Der Text des gesamten Fragments 45, das die Einleitung zu einem ursprünglich projektierten Kapitel zu den „puissances trompeuses" skizzieren will, lautet folgendermaßen: „L'homme n'est qu'un sujet plein d'erreur naturelle, et ineffaçable sans la grâce. Rien ne lui montre la vérité. Tout l'abuse. Ces deux principes de vérité, la raison et les sens, outre qu'ils manquent chacun de sincérité, s'abusent réciproquement l'un l'autre; les sens abusent la raison par de fausses apparences. Et cette même piperie qu'ils apportent à l'âme, ils la reçoivent d'elle à leur tour; elle s'en revanche. Les passions de l'âme les troublent et leur font des impressions fausses. Ils mentent et se trompent à l'envi. Mais outre cette erreur qui vient par accident et par le manque d'intelligence entre ces facultés hétérogènes... (Il faut commencer par là le chapitre des puissances trompeuses.)" (Pascal, *Pensées*, S. 47)

[6] Im großen Fragment zur Imagination heißt es: „Voilà à peu près les effets de cette faculté trompeuse qui semble nous être donnée exprès pour nous induire à une erreur nécessaire." (Pascal, *Pensées*, S. 45) Man mag diese Stelle vorderhand zwar noch lesen können im dem Sinne, die Störfaktoren der Imagination führten notwendigerweise (im Sinne von unvermeidbarerweise) zum Irrtum. Der Fortgang der Argumentation zeigt aber – besonders in der Abteilung „Raisons des effets" –, daß dem hier von Pascal benutzten Notwendigkeitsbegriff eine bezeichnende Ambivalenz zukommt. Die Täuschungen haben unter säkularen Gesichtspunkten gesehen durchaus ihren guten Sinn, sie sind notwendig in dem anthropologischen Sinne, daß ohne sie bestimmte lebensnotwendige Formen des Lebens (die wechselseitige Achtung der Menschen, der Staat usw.) gar nicht möglich wären. Deutlich wird dies u. a. an folgender Formulierung des Fragments 828 aus der Série XXXI: „Les cordes qui attachent le respect des uns envers les autres en général sont cordes de nécessité; car il faut qu'il y ait différents degrés, tous les hommes voulant dominer et tous ne le pouvant pas, mais quelques-uns le pouvant." (Pascal, *Pensées*, S. 325) In diesem Fragment wird noch einmal deutlich gemacht, daß die auf der Imagination fußenden und der physiologischen Dimension des Menschen geschuldeten Irrtümer und Selbsttäuschungen zwar zweifelsfrei defizitäre Erkenntnismodalitäten generieren, daß diese aber – zumindest im Zustand der ‚natura lapsa' und ohne die Einwirkung der göttlichen Gnade – ihr relatives säkulares Recht im Sinne eines vom Schöpfer finalistisch implantierten anthropologischen Grundmusters beanspruchen dürfen.

Ende denkt – auf der vom erkenntnistheoretischen Diskurs in Aussicht gestellten Möglichkeit der Selbsttransparenz des Subjekts nichts Sicheres aufbauen.

Unabhängig von der unterschiedlichen Einschätzung der Korrigierbarkeit von Selbsttäuschungen divergieren der erkenntnistheoretische und der moralistische Diskurs aber auch noch in einem anderen Punkt. Der erstere entwickelt seine Vorstellungen von der Korrigierbarkeit der Selbsttäuschung modellhaft, d. h. in der Abstraktion von situativen und individuellen psycho-physiologischen Vorbedingungen und im Rahmen einer konsistenten Erkenntnistheorie, die den Erkenntnisvorgang einschließlich seiner Varietäten bis hin zu den Möglichkeiten der Defizienz prinzipiell in einem systemischen Zusammenhang zu modellieren hat. Der moralistische Diskurs gründet dagegen seine skeptische Haltung auf Beobachtung und soziale Empirie, die er den systemisch gebundenen Sollwerten gegenüberstellt. Da ihn nicht die Abstraktion eines idealtypischen Erkennens, sondern eher schon die Verallgemeinerbarkeit der schlimmsten erfahrbaren Möglichkeiten eines Sich-Verkennens interessiert, kann er auf die epistemologisch-systemhafte Absicherung seiner Aussagen verzichten und dagegen die Wahrscheinlichkeit ungünstigster Voraussetzungen für die fragliche Selbsttransparenz annehmen. Entsprechend tendiert er in seiner sprachlichen Gestaltung zumeist zu offenen, dialogischen oder ins Gesprächshafte eingebundenen Formen der Artikulation und modelliert den einzelnen Fall zum Zwecke seiner dialogischen Weiterführung pointenhaft, wenn er ihn nicht geradezu in ein provokantes Diktum überführt[7].

Als diejenige literarische Form, in der die Rivalität zwischen diesen beiden (und anderen) Diskursen ausgetragen wird und in der überhaupt theoretische Behauptungen auf dem Prüfstand stehen, kann in dem hier zur Debatte stehenden Zeitraum die Romangattung gelten[8]. Im Roman, der gegen Ende des 17. Jahrhunderts nahtlos an die Moralistik anschließt und dessen analytisches Spektrum erzählerisch auffaltet, eröffnet sich für moralistische Fallstudien ein weites Feld an Möglichkeiten, das von der erzählerischen Perspektivierung der Divergenz von Handeln und Empfinden über die Modellierung des Affekthaushalts in biographischen Langzeitlinien bis hin zur Auslotung der Körperdimension des Menschen reicht[9]. Für die Frage nach der Möglichkeit einer Selbsttransparenz ist es nun ge-

---

[7] Zur historischen Entwicklung von Gegenstand und literarischer Gestalt der Moralistik und der Interdependenz von Funktion und diskursiver Artikulation, vgl. zuletzt F. Wanning, *Diskursivität und Aphoristik*. Untersuchungen zum Formen- und Wertewandel in der höfischen Moralistik (mimesis. 6), Tübingen 1989.

[8] Vgl. dazu Verf., *Umstrittene Theodizee, erzählte Kontingenz*. Die Krise teleologischer Weltdeutung und der französische Roman (1670-1770) (mimesis. 17), Tübingen 1994, hier vor allem das Kapitel 3 des ersten Teils: „Der Roman und seine Motivationsstruktur in funktionsgeschichtlicher Sicht" (S. 35-43).

[9] Dies auf breiter Basis und in einläßlichen Analysen dokumentiert zu haben, ist das Verdienst von D. Steland, *Moralistik und Erzählkunst*. Von La Rochefoucauld und Mme de Lafayette bis Marivaux, München 1984.

rade der „roman à la première personne"[10], der sich zur Auffächerung des Problems anbietet. „Narcisse romancier" – der auf seine Vita zurückblickende Erzähler des Brief- und Memoirenromans, wie ihn Jean Rousset in einem Buchtitel genannt hat[11] – stellt deshalb ein griffiges Modell der Analyse von Selbsttäuschungsstrategien dar, weil die Aufspaltung des Ich in Erzähler und erzählte Figur einschließlich der zeitlichen Perspektivierungsmöglichkeiten des Erzählens Defizienzen sozusagen im erzählerischen Vollzug des Erkennens erfahrbar macht. Der ‚double registre', der sich als narrative Grundfigur aus dieser Konstruktion ergibt[12], erlaubt ja neben der Möglichkeit einer perspektivischen Klarheit der Selbstsicht des gereiften und deshalb mehr wissenden Erzählers immer auch die weitaus interessantere Möglichkeit, daß der Erzähler trotz seines rekonstruierenden Bemühens im Erzählvorgang von der subjektiv beschränkten Sicht der erzählten Figur, die er einmal war, eingeholt wird und insofern das doppelte Register gar nicht beherrscht, sondern umgekehrt von ihm beherrscht wird.

In besonders hohem Maße nutzen die Romane des Abbé Prévost diese Möglichkeit der Destabilisierung des erzählerischen Bewußtseins[13], ganz gleich, ob es sich um *Cleveland*, den *Homme de qualité*, den *Doyen de Killerine* oder die kleineren Romane handelt. Als erzählte Helden und Protagonisten sind ihre Erzähler mit einem mechanistisch kodierten Innenleben ausgestattet[14]. Sie funktionieren sozusagen nach den Konzepten der postcartesischen Psycho-Physiologie, wie sie Nicolas Malebranche im ersten Buch von *De la Recherche de la vérité* (1674) und nach ihm François Lamy in seiner *Connoissance de soy-mesme* (1694) im Rückgang auf Descartes' Psycho-Physiologie und unter Rückgriff auf eine augustinische Anthropologie körperlich verursachter Defizienz entworfen haben[15]. „Inquiétude"[16], senso-

---

[10] Zur historischen und morphologischen Auffächerung dieses Romantyps sei verwiesen auf R. Démoris, *Le roman à la première personne*. Du classicisme aux lumières, Paris 1975.

[11] *Narcisse romancier*. Essai sur la première personne dans le roman, Paris 1973.

[12] Erinnert sei hier an die für Marivaux, aber auch den frühaufklärerischen Roman, soweit er aus dem Blickwinkel eines Ich-Erzählers geschrieben ist, maßgebliche Studie von J. Rousset, „Marivaux ou la structure du double registre", in: J. R., *Forme et signification*. Essais sur les structures littéraires de Corneille à Claudel, Paris, 2. Aufl. 1964, S. 45-64.

[13] Die erzählstrategischen Spezifika des Prévostschen Ich-Erzählers, ihre Ausprägungen und Varianten sind in der Forschung verschiedentlich dargestellt worden. Vgl. zuletzt R. A. Francis, *The Abbé Prévost's First-Person Narrators* (Studies on Voltaire and the Eighteenth Century. 306), Oxford 1993.

[14] Zur Weiterführung der Anthropologie Malebranches im 18. Jahrhundert, vgl. A. Robinet, „La tradition malebranchiste au XVIIIe siècle", *Revue de l'Université de Bruxelles* Bd. 2-3/1972, S. 166-187. Zur Verarbeitung einzelner anthropologischer Aspekte, die sich allesamt in einem augustinischen Kontext bewegen, sei verwiesen auf J. Deprun, „Thèmes malebranchistes dans l'œuvre de Prévost", in: *L'Abbé Prévost*. Actes du Colloque d'Aix-en-Provence, 20 et 21 décembre 1963, Aix-en-Provence 1965, S. 155-172.

[15] An größeren Arbeiten, die diesen Zusammenhang herausarbeiten, seien genannt: A. Robinet, *Système et expérience dans l'œuvre de Malebranche*, Paris 1965; G. Rodis-Lewis, *Nicolas Malebranche*, Paris 1963; St. Nadler, *Malebranche and Ideas*, Oxford/New York 1992.

rielle Reizbarkeit und ein Ausgeliefertsein an die ‚concupiscentia' sind die Stichworte, mit denen man ihre Haltlosigkeit in der Lebensführung bezeichnen kann. Als Erzählenden ist den Prévostschen Helden eine mit dieser Disposition konvergierende Eigenschaft gemeinsam: Ihr Erzählimpuls speist sich aus der Obsession einer labyrinthischen Erinnerung[17], die eine glaubhafte Rekonstruktion des Erlebten von vorneherein vereitelt und somit auch die erzählerisch behauptete Kausalität ihrer Geschichten in Mißkredit bringt. So bewegt sich der durchschnittliche Ich-Erzähler Prévosts noch im nachhinein auf unsicherem Gebiet. Oft genug droht die Narration in den Sog jener Bilder und Phantasmen zu geraten, denen der ‚héros inquiet' aus sensoriell konditionierter Begierde oder aus seiner überladenen Imagination heraus nicht zu entkommen vermochte.

Im Falle unseres Bezugstextes, der *Histoire d'une Grecque moderne* von 1740, bestimmt nun ein besonderes Raffinement die Erzählung, das vorab erläutert werden soll. Ihr Ich-Erzähler, der französische Botschafter im osmanischen Konstantinopel[18], situiert sich von vorneherein in einer Position unzulänglichen Begreifens, indem er den Leser in einer eigentümlichen captatio benevolentiae über die möglichen Verzerrungen seines Erzählens informiert. Er wird davon berichten, so kündigt er an, wie er eine schöne junge Griechin mit letztlich unklarer Biographie aus dem Serail eines befreundeten Türken losgekauft, sie im Sinne westlicher Autonomievorstellungen erzogen hat, und wie sie sich gerade aufgrund der Aneignung solch moralisch gestützten Selbstverständnisses seinem verdeckten Begehren entziehen konnte. Von vorneherein steht so die narrative Rekonstruktion unter einem massiven Verdacht. Sie scheint, wie der Erzähler es selbst zu Beginn formuliert, durch den Affekt der „passion violente" in ihrer Sachhaltigkeit getrübt. Das sexuelle Begehren unerfüllt, aber dadurch nicht weniger die Wahrnehmung prägend wirkt offenbar auf Seiten des Erzählers nach, und es ermöglicht ihm nur eine defizitäre Einsicht in die inneren Beweggründe der schönen Griechin, sich den Ansprüchen „de son libérateur, de son père et de son dieu" – wie der Erzähler sie

---

[16] Zu verweisen ist hier auf J. Deprun, *La philosophie de l'inquiétude en France au XVIIIe siècle*, Paris 1979.

[17] Die Funktion einer labyrinthischen Erinnerung, die auf der Ebene des ‚discours' ein Analogon zu den topographischen Labyrinthen in der Form abenteuerlichster Irrfahrten Prévostscher Helden darstellt, wurde zuletzt herausgearbeitet bei J. Sgard, *L'Abbé Prévost. Labyrinthes de la mémoire*, Paris 1986.

[18] Der Roman modelliert eine Art ‚fait divers', der zu Beginn des 18. Jahrhunderts dem 1692 von Ludwig XIV. nach Konstantinopel entsandten Comte de Ferriol (Charles, marquis d'Argental, comte de Ferriol) zugeschrieben wurde. Die Historizität einiger Details des im Roman Erzählten braucht hier nicht zu interessieren, da es uns um strukturelle Gesichtspunkte der literarischen Modellierung und nicht um Fragen historiographischer Treue geht. Einen Überblick über die Quellenfrage und das historische Substrat des Romans bietet der Kommentar von Allan Holland in: *Œuvres de Prévost*, hrsg. von J. Sgard, 8 Bde., Grenoble 1977-1986, hier: Bd. 8 (*Commentaires et notes*), S. 277-281. Zitiert wird der Roman im laufenden Text nach der Edition dieser Gesamtausgabe (*Œuvres de Prévost*, Bd. 4, Grenoble 1982, S. 6-121).

einmal zitiert[19] – zu entziehen. Nun ist dieses Begehren zum Zeitpunkt des Erzählens immer noch ungestillt. Es kann auch gar nicht mehr gestillt werden, denn in der Zwischenzeit, d. h. nach dramatischen Abenteuern in Konstantinopel unter Beteiligung weiterer Verehrer und der durch äußere Umstände provozierten Rückreise des Erzählers samt seiner Griechin nach Paris, ist die „Grecque moderne"[20], die nach ihrer Auslösung aus dem Harem sich nicht mehr Zara nennt, sondern den bezeichnenden Namen Théophé trägt[21], aus nicht hinreichend klärbaren Gründen gestorben. Deshalb färbt das ungestillte und nur partiell eingestandene Begehren des Erzählers auf die sprachliche Rekonstruktion der Vergangenheit ab. Verspricht doch einzig die retrospektive Imagination eine kompensatorische Erfüllung – wenn auch um den Preis einer permanenten Verzerrung der Geschichte, die man freilich anders als über den Diskurs des Erzählers nicht erfassen kann. So wird der Erzähler zu einem doppelten Pygmalion[22]: Als erzählte Figur hatte er die junge Griechin nach seinem Wunschbild zu einem Idealbild der schönen und zugleich tugendhaften Frau formen wollen, ohne sich dabei der treibenden Kraft seines Wunsches, sie gleichzeitig zur Geliebten zu machen und damit entgegen seinen hehren Zielen in Abhängigkeit zu halten, einzugestehen. Und als Erzähler bleibt ihm keine andere Wahl, als dem nicht wirklich verstande-

---

[19] Der Erzähler berichtet zunächst, daß ihn die Griechin, nachdem er sie über einen Mittelsmann aus dem Harem des mit ihm befreundeten „bacha" losgekauft hat und sie offenbar anläßlich dieser Wendung ihres Schicksals ihren Haremsnamen Zara gegen den verheißungsvollen Namen Théophé ausgetauscht hat, bei der ersten Begegnung folgendermaßen begrüßt: „Ses soupirs furent d'abord le seul langage qu'elle me fit entendre; mais à mesure que le tumulte de ses sentiments diminuait, elle m'adressa mille fois les noms de son libérateur, de son père et de son dieu." (S. 18). Wenig später berichtet der Erzähler, wie sie ihm bei einem Abschied „le nom de son maître, de son roi, de son père" (S. 30) gegeben habe. Auch wenn der Erzähler hier diese Beziehungen als landesüblich ausweist, so ist doch unverkennbar, daß er solche Adorationen Théophés, die ihn in die Position des väterlichen Allmächtigen bringen, gerne wiederholt und damit den latent inzestuösen Charakter seines Liebesbegehrens gegen die eigentliche Absicht seines Erzählens mitformuliert.

[20] Der eigentümliche Titel des Romans wird akribisch ausgedeutet in J. Sgard, „Le titre comme programme: *Histoire d'une Grecque moderne*", *Rivista di letterature moderne e comparate* Bd. 47/1994, S. 233-239. Demnach pointiert die Formulierung ‚grecque moderne' das zeitgenössische Griechentum der Titelheldin und suggeriert damit in Übereinstimmung mit der völkerpsychologischen Topik des 18. Jahrhunderts eine degenerierte, sklavische Mentalität, die sich der Auflösung der griechischen Kultur unter der Herrschaft des osmanischen Reiches verdankt und sich in einer Art grundsätzlicher ‚mauvaise foi' niederschlägt. Der Titel insinuiert demnach diskret aber deutlich, daß der Titelheldin nicht zu trauen ist, was die fehlgeleitete Rezeption provozieren konnte, die den Roman in erster Linie als die Geschichte einer rätselhaft sich entziehenden schönen Frau versteht.

[21] Der Name, den sich die junge Griechin gibt, soll wohl sprechend in dem Sinne sein, daß er eine Konversion zu christlichen Lebensgrundsätzen suggeriert (‚Théophèmi' – ‚die Gott Liebende').

[22] Dieser Bezug ist verschiedentlich von der Forschung ins Spiel gebracht worden. Vgl. insbesondere J. P. Gilroy, „Prévost's Théophé. A Liberated Heroine in Search of Herself", *The French Review* Bd. 60/1987, S. 311-318.

nen Erlebten im narrativen Akt eine über die Imagination gewonnene Gestalt zu geben. Wenn er allerdings ausdrücklich dem Leser ein Urteil über die enigmatische Schöne abfordert, so situiert er das Problem dort, wo es gar nicht existiert, in dem Objekt seiner Wahrnehmung nämlich und nicht – wie es angemessen wäre – in seiner eigenen Wahrnehmung. Um ermessen zu können, wie wenig Sicherheit des Urteilens sich der Erzähler trotz einer radikal scheinenden Skepsis gegenüber der eigenen Sichtweise zutraut und wie schwankend der Boden ist, auf dem er seine Erinnerungen zu einer Plausibilität beanspruchenden Geschichte zusammenfügt, genügt ein Blick in die Eingangspassage des Romans:

> Ne me rendrai-je point suspect par l'aveu que va faire mon exorde? Je suis l'amant de la belle Grecque dont j'entreprends l'histoire. Qui me croira sincère dans le récit de mes plaisirs ou de mes peines? Qui ne se défiera point de mes descriptions et de mes éloges? Une passion violente ne fera-t-elle changer la nature à tout ce qui va passer par mes yeux ou par mes mains? En un mot, quelle fidélité attendra-t-on d'une plume conduite par l'amour? Voilà les raisons qui doivent tenir un lecteur en garde. Mais s'il est éclairé, il jugera tout d'un coup qu'en les déclarant avec cette franchise j'étais sûr d'en effacer bientôt l'impression par un autre aveu. J'ai longtemps aimé, je le confesse encore, et peut-être ne suis-je pas aussi libre de ce fatal poison que j'ai réussi à me le persuader. Mais l'amour n'a jamais eu pour moi que des rigueurs. Je n'ai connu ni ses plaisirs ni même ses illusions, qui dans l'aveuglement où j'étais auraient suffi sans doute pour me tenir lieu d'un bien réel. Je suis un amant rebuté, trahi même, si je dois m'en fier à des apparences dont j'abandonnerai le jugement à mes lecteurs; estimé, néanmoins, de ce que j'aimais, écouté comme un père, respecté comme un maître, consulté comme un ami; mais quel prix pour des sentiments tels que les miens! Et dans l'amertume qui m'en reste encore, est-ce des louanges trop flatteuses ou des exagérations de sentiments qu'on doit attendre de moi, pour une ingrate qui a fait le tourment continuel de ma vie? (S. 11)

Überraschend an diesem exordialen Geständnis ist die Selbstverständlichkeit, mit welcher der Erzähler einerseits einen Pakt der Wachsamkeit mit dem Leser einfordert, andererseits aber eine eigentümliche Doppelbödigkeit zu erkennen gibt. Geradezu im selben Atemzug gesteht der Erzähler die durch sein Liebesbegehren verursachte Eintrübung seiner Sicht der zu erzählenden Ereignisse und damit seine mangelhafte ‚fidélité' und versucht dann gleichsam in Tilgung dieses Mangels, die Tatsache, daß sein Liebesbegehren unerfüllt geblieben ist, in gegenläufiger Linie als Argument für die Annahme vorzubringen, gerade dies habe ihn vor den üblichen Illusionen der Leidenschaft bewahrt[23]. Dennoch suspendiert der Erzähler nach diesen Einsichten in seine offenbar changierende perzeptive Disposition keineswegs seine erzählerische Glaubwürdigkeit; vielmehr verschiebt er das Problem

---

[23] Vgl. auch die Analyse dieser Eingangssequenz bei J.-P. Sermain, *Rhétorique et roman au dix-huitième siècle. L'exemple de Prévost et de Marivaux (1728-1742)* (Studies on Voltaire and the Eighteenth Century. 233), Oxford 1985, S. 131: „Le fonctionnement [de l'aveu] reste le même: l'aveu se fait dans l'intention d'échapper aux conséquences de ce qui est avoué."

nun auf die offen bleibende Frage, was man als Leser angesichts seiner Glücklosigkeit und seiner Verbitterung wohl an Empfindungen Théophé gegenüber zu erwarten habe. Dies ist freilich eine Frage des Erzählers, die die eigene Defizienz minimiert, weil sie nicht mehr – wie noch in den ersten Sätzen – die eigene Verblendung als mögliche Ursache einer unglaubwürdigen Erzählung unterstellt, sondern lediglich mit einer emotionalen Einfärbung, die sich dem Schmerz des Abgewiesenseins verdankt, als Gefährdung des eigenen Erzählens rechnet. Implizit wird damit der schönen Griechin die Schuld für den nachfolgenden undeutlichen Text zugewiesen: Da sie den Schmerz des Erzählers verursacht hat, fühlt sich dieser in gewisser Weise der Aufgabe enthoben, einen klarsichtigen und neutralen Bericht seiner Geschichte vorzulegen. Allerdings vermag es der Leser, die Doppelbödigkeiten und Ambivalenzen des Erzähldiskurses analytisch aufzulösen und die Verbiegungen des mutmaßlichen Geschehens durch den Erzähler wieder ins rechte Lot zu rücken.

Um nun zu verstehen, wo denn der Kern des Problems liegt, das den Erzähler zu einem eigentümlich unsicheren und dabei sich selbst betrügenden Erzählen führt, und worin der Reiz liegt, die in der ersten Jahrhunderthälfte sattsam bekannte Affäre des französischen Gesandten Ferriol in Konstantinopel mit einer importierten Geliebten romanesk auszugestalten, sollen zunächst einmal die Gefahren der Selbsttäuschung, wie sie der erkenntnistheoretische und moralistische Diskurs der Zeit explizit formulieren, etwas genauer rekonstruiert werden. In einem weiteren Schritt wird dann auf dieser Basis zu erweisen sein, daß die Selbsttäuschungsstrategien unseres Erzählers in erster Linie der Imagination zuzuschreiben sind, weil sie ihn in eine paradoxe Lage bringt. Als erzählte Figur war er – wie wir später sehen werden – mit einer leicht erregbaren und deshalb schwer zu kontrollierenden Einbildungskraft ausgestattet, die ihm den Zugang zu einer transparenten Selbstsicht versperrte. Als Erzähler dagegen, der diese Defizienz theoretisch einsehen könnte, ist er geradezu angewiesen auf den affektiven und sympathetischen Effekt der Imagination, mit dem er den Leser in seine Perspektive hineinzwingen kann.

II.

Die Störfaktoren, die die rationalistische Erkenntnistheorie für Selbsttäuschungen verantwortlich macht, liegen vor allem im Bereich der Perzeption. Nicht etwa auf der Ebene der Urteilsbildung oder des Schließens situiert z. B. die *Logique* von Arnauld und Nicole die größten Gefahren für die Klarsichtigkeit des Denkenden, sondern auf der Ebene der Ideenbildung. Gerade bei deren Erweiterung, nämlich in der symbolischen Repräsentation der Ideen durch die Sprachzeichen, verberge sich für die hermeneutische Transparenz der Rede eine Gefährdung, die auf die sogenannten „idées confuses" und die „idées accessoires"[24] zurückgehe. Auch wenn für die cartesianische Bewußtseinskonzeption im Prinzip gar keine unbewußten Ideen denkbar sind, so konstatieren die auf Descartes aufbauenden sprachtheoretischen und moralistischen Autoren sehr wohl das Bewußtsein trübende „sensations imperceptibles", die sich in der Kommunikationspraxis günstigstenfalls als Konnotationen, Assoziationen und affektive Nuancen darstellen, im ungünstigen Fall aber die Basis für eine Vielzahl von Kommunikationsverzerrungen und Selbsttäuschungen abgeben[25]. Es sei hier nur angedeutet, daß sich diese Kontamination des Bewußtseins aus der am Wahrnehmungsvorgang beteiligten Körpersubstanz ergibt und in der auf Malebranche aufbauenden Theorie von Leibniz bis Kant das Fundament für eine Konzeption eines körperlich situierten Unbewußten bereitstellt[26].

Dasjenige Vermögen des mentalen Apparats, in dem die Kontaminationen des reinen Denkens mit körperlich affizierten ‚idées confuses' besonders desaströse Folgen nach sich ziehen, ist freilich die Einbildungskraft, oder in romanisch geprägter Terminologie: die Imagination. Auch wenn dieses Vermögen in den neuplatonisch beeinflußten Seelenlehren der Renaissance (vor allem bei Ficino) eine in die gesamte Neuzeit hineinwirkende Positivierung im Sinne der Kreativitätsvorstellungen vom demiurgischen Schöpfer-Künstler erfahren hat, so

---

[24] Vgl. A. Arnauld, P. Nicole, *La Logique ou l'art de penser* contenant, outre les règles communes, plusieurs observations nouvelles, propre à former le jugement. Introduction de L. Marin, Paris 1970, Kap. 9-14. Die ‚idées confuses' sind im Prinzip diejenigen Vorstellungen, die sich die Seele von Objekten der sinnlichen Wahrnehmung macht, ohne zu berücksichtigen, daß der sensitive Effekt nur in einem okkasionalen Verhältnis zu dem wahrgenommenen Gegenstand steht. In die mentale Repräsentation (Idee) dieses Gegenstands fließen dann gleichsam sensitive Projektionen ein, die sich dem Wahrnehmungsapparat, nicht aber dem Gegenstand selbst verdanken. Die ‚idées accessoires' sind dagegen solche Vorstellungsinhalte, die in einer sprachlichen Kommunikationssituation an die Sprachzeichen angeheftet werden, obwohl sie keineswegs sich aus der bezeichneten Sache ableiten lassen, vielmehr wie assoziativ ‚hinzugefügt' werden und deshalb in der Rezeption unterhalb der Aufmerksamkeitsschwelle unkontrolliert wirken können.

[25] Vgl. für diesen Zusammenhang die schon zitierte Arbeit von G. Rodis-Lewis (*Le Problème de l'inconscient*). Für die dilemmatischen Konsequenzen dieser Psycho-Physiologie für cartesianisch inspirierte Sprach- und Rhetoriktheorien des späten 17. Jahrhunderts sei verwiesen auf Verf., *Problematische Rhetorik*. Studien zur französischen Theoriebildung der Affektrhetorik zwischen Cartesianismus und Frühaufklärung (Reihe Rhetorik. 2), München 1982.

[26] Vgl. dazu Verf., „Die Spur des Körpers. Zur Kartographie des Unbewußten in der französischen Frühaufklärung", in: H.-J. Schings (Hrsg.), *Der ganze Mensch*. Anthropologie und Literatur im 18. Jahrhundert, DFG-Symposium 1992, Stuttgart/Weimar 1994, S. 561-583, bes. S. 561-570. Mit dieser Studie überschneidet sich die hier vorgelegte bei der Analyse von Prévosts Roman *Histoire d'une Grecque moderne*, wenn auch im vorliegenden Fall der Blick auf das im Roman modellierte Konzept der Imagination ausgerichtet ist. Wie die bei Leibniz fast zeitgleich und in Anlehnung an die Lehre der ‚idées confuses' entwickelte Theorie der ‚petites perceptions' in die deutsche Aufklärung hineingewirkt hat und dort das noch von Kant verwendete Konzept der „dunklen Vorstellungen" der Seele generiert hat, beschreibt H. Adler, „Fundus Animae – der Grund der Seele. Zur Gnoseologie des Dunklen in der Aufklärung", *Deutsche Vierteljahrsschrift für Literaturwissenschaft und Geistesgeschichte* Bd. 62/1988, S. 197-220.

dominiert doch in der zweiten Hälfte des 17. Jahrhunderts in Frankreich – der stoischen Grundierung der cartesianischen Anthropologie gemäß und erst recht im Kontext des augustinisch geprägten Jansenismus – eine skeptische oder gar abwehrende Haltung der Imagination gegenüber[27]. Malebranche, dessen erster Band von *De la Recherche de la vérité* (1674) die cartesianische Ideenlehre unter physiologischen Gesichtspunkten breit ausfaltet, situiert entsprechend die stärkste Gefährdung des Menschen durch Selbsttäuschungen gerade in der Imagination. Er unterlegt der eher moralistischen Imaginationskritik, wie sie sich schon bei Montaigne ausgeprägt hatte[28], ein physiologisch-neurologisches Gerüst, indem er die ‚liaison des traces', d. h. die wechselseitige Erregbarkeit von Wahrnehmungsspuren im Gehirn, für körperliche und kombiniert körperlich-mentale Automatismen, die sich dem direkten Zugriff des Bewußtseins entziehen, verantwortlich macht[29]. Verursacht werden solche Störungen durch Bahnungen, die sich den ‚fibres' des Gedächtnisses durch den Fluß der ‚esprits animaux' beim sinnlichen Eindruck und bei jeden Gedanken okkasionell begleitenden Modifikationen des Vorstellungsvermögens einschreiben. Umgekehrt reproduzieren die gespeicherten Sinneseindrücke von körperlichen Bildern bei entsprechender Reaktivierung durch einen Rückfluß der ‚esprits animaux' den ursprünglichen Eindruck (im wörtlichen und übertragenen Sinn) im Raume der Imagination, sofern nur die jeweilige

---

[27] Vgl. die allerdings skizzenhafte Darstellung bei A. Pizzorusso, „L'idea di ‚immaginazione' nel Seicento francese", *Rivista di letterature moderne e comparate* Bd. 37/1984, S. 91-103. Eine nicht unerhebliche Rolle in diesem Entwertungsprozeß dürfte, was allerdings noch einer genaueren Überprüfung bedarf, der verbreitete Traktat *De imaginatione* (1500) von Gianfrancesco Pico della Mirandola gespielt haben, der die antiplatonistische und geradezu empiristische Imaginationskonzeption, wie sie über Aristoteles' *De anima* tradiert wurde, konsequent unter moralistischen und frömmigkeitsbezogenen Gesichtspunkten durchleuchtet und dabei – trotz seiner prinzipiell neuplatonischen Grundierung – zu vergleichsweise negativen Einschätzungen der Einbildungskraft für die praktische Lebensführung gelangt. Ersichtlich wird dies vor allem an denjenigen Kapiteln, die sich nach einem an Aristoteles orientierenden physiologischen Aufriß der Thematik den negativen Konsequenzen zuwenden, die die Vorstellungskraft über die Beteiligung des Körpers an diesem Vermögen für den Menschen haben kann (vgl. das Kapitel „De Malis plurimis quae de Imaginatione prodeunt" [Kap. 7] und die folgenden [G. Pico della Mirandola, *Über die Vorstellung. De imaginatione*. Lateinisch-deutsche Ausgabe (Humanistische Bibliothek. Reihe II. 13), hrsg. von E. Keßler, München 1984]). Zu der Frontstellung des Gianfrancesco Pico gegen die im Zeichen des Neoplatonismus stehende Überhöhung der Imagination, wie sie u. a. bei Ficino ausgeprägt ist, vgl. zuletzt B. Marx, „Über die Imagination in der Renaissance", in: U. Ecker, Cl. Zintzen (Hrsg.), *Saeculum tamquam aureum. Ein Internationales Symposion zur italienischen Renaissance des 14. - 16. Jahrhunderts am 17./18. September 1996 in Mainz*, Oldenburg 1997, S. 261-279.

[28] Vgl. J. D. McFarlane, „Montaigne and the concept of imagination", in: D. R. Haggis u. a. (Hrsg.), *The French Renaissance and its Heritage*. Essays presented to Alan M. Boase, London 1968, S. 117-137.

[29] Vgl. N. Malebranche, *De la Recherche de la vérité*, hrsg. von G. Rodis-Lewis, Bd. 1, Paris 1962, S. 212-229 (Partie seconde, Chapitre 5: „1. De la liaison des idées de l'esprit avec les traces du cerveau. 2. De la liaison reciproque qui est entre ces traces. 3. De la mémoire. 4. Des habitudes.").

Bahnung durch entsprechende Modifikation der Seele erneut – und ggf. eben unwillkürlich – mit ‚esprits animaux' beschickt oder durch die Aktivierung benachbarter Spuren erregt wird. Daher funktioniert die Imagination prinzipiell wie das Gedächtnis, läßt aber die beliebig synthetisierende Kombination von ‚Spuren' zu. Am gefährlichsten erweisen sich dabei die nicht zum Bewußtsein gelangenden ‚traces confuses'. Denn sie reaktivieren sich ihrerseits unwillentlich, indem sie sich durch bestimmte Korrelationsfaktoren wechselseitig ohne Zutun des Bewußtseins erregen. Erinnerungsvorgänge, Gewohnheiten, aber auch altersbedingte und von der biologischen Disposition her verursachte Ausprägungen dieser Bahnungen leiten sich aus diesen unterschiedlich gespeicherten und reaktivierbaren Erregungen ab, so daß die ‚liaison mutuelle des traces' von Malebranche zu einem fundamentalen Datum für die anthropologische Konstitution überhaupt erhoben wird.

Nun sind nicht die Details dieser Mechanik interessant, sondern die generellen Vorzeichen, unter denen die Selbsttätigkeit der Imagination als partiell körpereigener Instanz gesehen wird. Entscheidend ist hier vor allem, daß die Imagination mit einem Kontrollverlust des Bewußtseins einhergeht. M. a. W.: Die Selbsttätigkeit der körperlichen Spuren ist für das Subjekt wegen mangelnden Zugriffs des Bewußtseins kontingent[30]. Sieht man näher hin, so wird diese Kontingenz noch durch einen asynchronen Effekt verschärft. Denn die Imagination als körperlich konditionierte Einbildungskraft reaktiviert die Bilder der Vergangenheit und synthetisiert sie, als seien sie gegenwartsbezogen. Das in gewisser Weise maschinelle Nachfahren ihrer Spuren im Mechanismus der ‚liaison des traces' trübt ja die unmittelbare Realitätswahrnehmung durch zeitliche Überlagerung mit gespeicherter Vergangenheit. So gilt auch der Schlaf als eine prekäre Phase. Denn er ist schon nach einem Argument des Cartesianers Louis de La Forge dadurch gekennzeichnet, daß in seinem Verlauf tief gebahnte Spuren sich einer erneuten Reaktivierung durch den Fluß der ‚esprits animaux' leichter öffnen und entsprechend

---

[30] In einer vergröbernden und die Problematik ins Moralistische wendenden Darstellung dieser Gefährdung, die François Lamy in Anlehnung an Malebranche in gewisser Weise vulgarisiert, liest sich dieser Sachverhalt folgendermaßen: „Pour voir combien ce qui échaufe l'imagination, partage & remplit la capacité de l'esprit; il ne faut que prendre garde que la chaleur de l'imagination consiste dans un mouvement turbulent, irrégulier & souvent involontaire des esprits animaux: car ces esprits étant comme le burin qui forme, ou qui reveille dans le cerveau, les traces des objets; il est visible que par la multitude & la confusion des traces qu'ils excitent, dans cette agitation, la capacité de l'esprit doit estre si partagée, si ocupée, si remplie de diverses images; que loin de pouvoir embrasser d'une simple vûe, plusieurs idées & les raports de ces idées (ce qui fait l'étendue de l'esprit) il ne pense, la plûpart du tems, à rien moins, qu'à ce qu'il voudroit méme penser. [...] Les traces profondes du cerveau ne partagent & ne remplissent pas moins la capacité de l'esprit. Car outre qu'elles sont toujours acompagnées de sensations touchantes & aplicantes; elles presentent des images si vives & si excessives des moindres objets; que souvent on croit voir ce qui n'est point: ou du moins on le voit autrement qu'il n'est; & l'esprit en demeure si rempli; qu'il ne peut s'apliquer à autre chose; & que pour ces phantômes d'imagination, il abandone les plus purees idées & les plus sublimes verités." (Fr. Lamy, *De la Connoissance de soymesme*, Bd. 5 [*Eclaircissemens*], Paris 1698, S. 390-391.)

nachhaltige Bilder vergangener Wahrnehmung oder imaginärer Produktion erzeugen, weil benachbarte und schwächer ausgeprägte ‚traces' stillgelegt sind und der unwillkürlichen Ausdehnung der aktivierten Spur keinen Widerstand entgegensetzen[31]. Übertragen auf den Fall stark ausgebildeter Einbildungskraft („imaginations fortes") heißt das: Die Identität einer Person wird in ihrem Gegenwartsbezug potentiell durch die asynchronen Effekte ihrer gespeicherten Körperwahrnehmungen gestört, wenn nicht zerstört; entsprechend erklärt sich auch die Skala pathologischer Realitätsverzerrungen von der ‚inquiétude' über die Melancholie bis hin zur ‚folie' aus einer dysfunktionalen Mechanik der Imagination heraus[32].

Aber nicht nur durch unterschiedlich erworbene und gespeicherte Sinneseindrücke destabilisiert sich das Bewußtsein. Die Abhängigkeit von den kontingenten Bahnungen mag noch so groß sein; sie wird in ihrer Wirkkraft in den Schatten gestellt durch erbliche Dispositionen schon längst eingeschriebener Spuren. In einer interessanten Passage vergleicht Malebranche die durch Sinneseindrücke erworbenen Spuren mit Wunden, die letztlich vernarben so wie die „traces acquises" veröden, sofern sie nicht reaktiviert werden. Dagegen bleiben die „traces naturelles", also die vererbten „Bahnungen", als zeitlich invariable Determinationsfaktoren bestehen: „[ils] ne s'effacent point, mais les autres [die erworbenen, nicht-erblichen] se guérissent avec le temps."[33] So erwächst dem Menschen (in Übereinstimmung mit der Lehre der Erbsünde) eine im Verhältnis zu den sinnlichen Sensationen viel höhere Gefahr durch ererbte „Bahnungen", die Wahrnehmung, Erinnerung und Imagination konditionieren.

Was nun die Bewertung dieses komplexen Zusammenspiels von körperlichen Spuren und mentalen Repräsentationen betrifft, so ist sie durchaus nicht nur negativ. Immerhin stellt diese Konzeption ja das anthropologische Fundament des prekären ‚commercium mentis et corporis' des Menschen dar, freilich mit all seinen Risiken und Gefährdungen[34]. Aufschlußreicher als diese grundsätzliche Ambivalenz ist allerdings eine andere: Schon bei Malebranche, erst recht aber bei François Lamy und anderen Moralisten, die sich der cartesianischen Psycho-Physiologie zur Erklärung devianter oder beängstigender Phänomene des Unbe-

---

[31] Vgl. L. de La Forge, Œuvres philosophiques. Avec une étude bio-bibliographique, hrsg. von P. Clair, Paris 1974, S. 260.

[32] Aufschlußreich ist für diesen Zusammenhang vor allem die „Troisième partie" des zweiten Buchs („De la communication contagieuse des imaginations fortes" [De la Recherche, S. 320-378]). Hier werden die aus biologischen Gründen ‚starken' Ausprägungen der Einbildungskraft samt ihrer pathologischen Erscheinungen (‚visionnaires', ‚sorciers', ‚loups-garoux') ausführlich vorgestellt.

[33] Malebranche, De la Recherche, S. 251 (II, I, VII, § VI).

[34] So gehört die Kompetenz zur Bildung sprachlicher Zeichen sowie die Gedächtnisleistung zu den natürlich auch von Malebranche positiv bewerteten Folgen der ‚liaison des traces'. Freilich setzen sich die Menschen mit dieser Doppelnatur immer einer Gefährdung durch unkontrollierte körperliche Prozesse aus.

wußten bedienen, ist nämlich durchaus eine Faszination angesichts der beschriebenen Gefährdungen sichtbar. Am deutlichsten wird sie dort, wo mit dem Modell der Spuren monströse Mißbildungen bei Schwangeren aufgrund kontaminierender Imagination beschrieben werden[35] – ein bekanntlich beliebtes misogynes Argumentationsmuster, das sich aus der scheinbar neutralen neuzeitlichen physiologischen Wissenschaft speist, de facto aber das Modellieren von naturhaften Relationen in Bildanalogien, wie es die frühe Neuzeit noch kennt, perpetuiert[36]. So tendiert schon der erkenntniskritische und moralistische Diskurs an seinen Rändern zu einer narrativ-anekdotischen Inszenierung beängstigender Phantasmen. In bezug auf die Imagination kann man sogar behaupten, daß das Interesse an ihrer Sezierung zwar vordergründig auf einer wohlmeinenden Therapeutik im Sinne der eingangs beschriebenen Verheißungen möglicher Selbsttransparenz beruht, daß gleichwohl aber auch die Faszination am Unheimlichen des nicht domestizierbaren Teils mentaler Vorgänge in diesen Sezierungen mitartikuliert wird.

III.

Liest man Prévosts *Histoire* auf der Folie der cartesianisch inspirierten und von Malebranche besonders im Blick auf die Imagination ausgefalteten Theorie der ‚liaison des traces', dann zeigt der Roman ein konsistenteres und entschiedeneres Profil, als es die Vielzahl von Deutungsaspekten der jüngeren Forschung vermuten läßt[37]. Auch die bislang konsequenteste und ausführlichste Analyse, die Alan J.

---

[35] Vgl. Malebranche, *De la Recherche*, S. 232-245, sowie Lamy, *De la Connoissance*, Bd. 3, S. 219-223.

[36] Daß die (post)cartesische ‚Physiologisierung' des Körpers Geschlechtsspezifika einführt, mit denen traditionelle Abwertungen und Perhorreszierungen biologisch festgeschrieben werden, zeigt E. Fischer-Homberger, *Krankheit Frau und andere Arbeiten zur Medizingeschichte der Frau*, Bern/Stuttgart/Wien 1979. Vgl. zur damit sich ergebenden ‚Sonderanthropologie der Frau' auch Cl. Honegger, *Die Ordnung der Geschlechter*. Die Wissenschaften vom Menschen und das Weib. 1750-1850, Frankfurt am Main/New York 1991, S. 126-167.

[37] Folgende neuere Forschungen, die mit unterschiedlichen Akzentsetzungen allesamt die Mehrfachkodierung des Erzähltextes aufzulösen versuchen und dabei entweder kulturelle Oppositionen (Frankreich - Orient), geschlechtsbezogene Perspektiven (männlich - weiblich), Machtstrukturen (Herr - Sklavin) oder psychische Deformationen (Eifersucht, ‚mauvaise foi', Illusionsbildung durch Lektüre) zum Ausgangspunkt haben, seien – neben den in den Anmerkungen 13, 17, 20, 22, 23, 38 und 39 aufgeführten Arbeiten – ausdrücklich (in der Reihenfolge ihres Erscheinens) genannt: P. V. Conroy, Jr., „Image claire, image trouble dans l'*Histoire d'une Grecque moderne* de Prévost", *Studies on Voltaire and the Eighteenth Century* Bd. 217/1983, S. 187-197; J. F. Jones, Jr., „Textual Ambiguity in Prévost's *Histoire d'une Grecque moderne*", *Studi Francesi* Bd. 80/1983, S. 241-256; Sh. Jones, „Virtue, Freedom and Happiness in the *Histoire d'une Grecque moderne*", *Nottingham French Studies* Bd. 29/1990, S. 22-30; A. Pizzorusso, „La *Histoire d'une Grecque moderne*. Il sospetto e la velleità", in: A. P.: *Letture di romanzi*. Saggi sul romanzo francese del Settecento, Bologna 1990, S. 71-92; N. K. Miller, „L'*Histoire d'une Grecque moderne*, No-Win Hermeneutics", in: N. K. M.: *French dressing*. Men, Women and Ancien Régime fiction, New York/London 1994, S. 105-120, 219-221; A. J. Singerman, „Relecture ironique de l'*Histoire d'une Grecque moderne*", *Cahiers de*

Singerman 1987 in einem Buch vorgelegt hat und die den ideengeschichtlichen Vorzug hat, die großen Romane Prévosts in den für den Autor ausschlaggebenden Kontext einer augustinischen Anthropologie einzurücken, könnte von diesem Vorschlag profitieren[38]. Singerman interpretiert das Mißverständnis, das sich zwischen dem Erzähler und der von ihm losgekauften Sklavin entwickelt und das in der nachträglichen Narration nicht aufgedeckt wird, als den Effekt einer schlichten Konversion Théophés unter dem Einfluß einer willkürlichen Gnadeneinwirkung. So wie Des Grieux angesichts der Attraktivität Manon Lescauts im doppelten Wortsinn gnadenlos in den Zustand des Verfallenseins an die Sinne absinke, so wecke umgekehrt das verführerisch honette und deshalb doppelsinnige Gerede des französischen Erzählers im türkischen Harem über die okzidentalen Tugendbegriffe eine unerklärliche Evidenz in der schönen Zuhörerin, die von nun an konsequent den Leitbegriffen der freien Selbstbestimmung, der Ehre und der Sittlichkeit folgen wolle und deshalb ihren Loskauf aus dem Serail als plötzliche aber nachhaltig wirkende Erweckung verstehe. Für den Erzähler hat das – dieser Deutung zufolge – die Konsequenz, daß er das in seinem Selbstverständnis und in seiner Selbstpräsentation verdeckte Begehren zunächst einmal gar nicht wahrnimmt und im Laufe der deutlicher werdenden Ahnungen seiner unbewußten Intentionen zu Abwehr-, Verdrängungs- und Projektionsmechanismen Zuflucht nimmt, mit denen sich das Begehren wenigstens in der Deviation Bahn brechen kann. In der Tat bieten sich manche Reaktionen und Projekte des frustrierten Liebhabers, so wie er sie im wahrsten Sinne des Wortes verständnislos retrospektiv erzählt, für eine Deutung in freudianischen Kategorien an. Abgesehen von dem Problem des Anachronismus solcher Erklärungen steht aber auch die Konsistenz des gesamten Narrationsgefüges bei einem solchen Verfahren zur Disposition. Denn was für die Interpretation von Handlungen des Protagonisten und Erzählers selbst noch einsichtig ist, wird problematisch, wenn – wie es die referierte Deutung tut – verdrängte Ich-Anteile des Protagonisten in Nebenfiguren der Erzählung ausgelagert werden. Die gedrosselte Aggressivität des Begehrens des Protagonisten wird etwa in einem unverstellt werbenden türkischen Konkurrenten als invers gespiegelt gedeutet; oder das latent inzestuöse Moment der Beziehung des Protagonisten zu

---

l'Association internationale des études françaises Bd. 46/1994, S. 355-370; E. Lavezzi, „L'odalisque au livre. Livre et lecture dans *Histoire d'une Grecque moderne*", in: J. Herman/P. Pelckmans (Hrsg.), *L'Épreuve du lecteur*. Livres et lectures dans le roman d'Ancien Régime, Louvain-la-Neuve/Paris 1995, S. 251-260; J. D. Walsh, „Jealousy, Envy, and Hermeneutics in Prévost's *L'Histoire d'une Grecque moderne* and Proust's *A la Recherche du temps perdu*", *Romance quarterly* Bd. 152/1995, S. 67-81.

[38] *L'Abbé Prévost*. L'Amour et la morale, Genève 1987, S. 211-295. Singerman, der ausdrücklich die Nähe des Romans zu der Psycho-Physiologie cartesianischer Prägung diagnostiziert, diese Diagnose allerdings fälschlicherweise auf den Charakter der Nebenfigur Maria Rezati bzw. deren habituelle Disposition beschränkt (vgl. S. 228-233), schreibt in einer Anmerkung, die Konzeption der ‚imagination pernicieuse', wie sie bei Montaigne und Malebranche entwickelt sei, verdiene „par rapport à la Grecque moderne, une étude entière" (S. 271, Anm. 84). Diese sei hiermit zumindest in der Dimension der ‚ébauche' vorgelegt.

seiner Elevin wird in einer Nebenhandlung, in der sich der mutmaßliche Bruder Théophés in sie verliebt, ausgeführt gesehen.

Nun weisen zwar besonders die großen Romane Prévosts traumähnliche Strukturen auf, von denen schon die ältere Forschung vermuten konnte, daß der Autor seine eigenen Obsessionen in ihnen abgearbeitet habe[39]. Für den Fall unserer *Histoire* bietet es sich aber zunächst einmal an, den zeitgenössischen Bezugshorizont des psychologischen Wissens nicht vorschnell zu verlassen und die mehrfachen Hinweise des Erzählers auf seine leicht entflammbare Imagination und seinen offenkundig spielerischen Umgang mit ihr ernst zu nehmen. Von einem so gewonnenen Fixpunkt aus ließen sich – das sei hier nur angedeutet – alle erzählten Ereignisse als durch verdeckt bleibende Wünsche, d. h. als durch imaginär kontaminierte Überformungen von Sachverhalten verstehen, die als solche – also aus dritter Sicht objektiviert – gar nicht mehr zugänglich sind. Nicht, daß der Erzähler manche Ereignisse phantasmatisch erfunden hätte, soll damit behauptet werden, sondern lediglich, daß in der narrativen Inszenierung des Vergangenen und Unbegriffenen der Grad an Verschiebungen und Projektionen, die sich durch das erzählerische Sich-vor-Augen-Führen ergeben, nicht mehr kontrollierbar ist und daß dies eine von Prévost durchaus intendierte erzählerische Konstruktion ausmacht, mit der den Transparenzverheißungen des philosophischen Diskurses eine Absage erteilt wird[40].

In der Tat läßt Prévost den Erzähler fast auf jeder dritten Seite die eigene Imagination, d. h. die Imagination des erzählten Ich, oder diejenige anderer Figuren ansprechen. Dabei gibt es zahlreiche beiläufige Nennungen des Begriffs, die nur durch die Häufung ins Auge fallen, damit allerdings die Präsenz des Konzepts im Erzählvorgang überdeutlich machen[41]. Es gibt aber auch einige Passagen, in

---

[39] Vgl. J. Sgard, *Prévost romancier*, Paris 1968, S. 587-604 („Conclusion").

[40] Wir konvergieren hier mit einem Befund, den J.-P. Sermain vorträgt, wenn er die rhetorisch-zirkuläre Struktur der Doppelbotschaften in dem Roman analysiert (Vgl. Sermain, *Rhétorique et roman*, S. 130-142).

[41] Nur einige ausgewählte Beispiele mögen belegen, daß der Begriff in obsessiver Weise immer wieder als Erklärungskonzept ins Spiel gebracht wird: Théophé gebraucht wie selbstverständlich in ihrem Lebensbericht, den sie an ihren ‚Befreier' richtet, den Begriff, wenn sie deutlich machen will, daß die ersten Glücksvorstellungen, die ihr der Vater und die ersten Gönner vermittelt haben, ihre in die Zukunft gerichteten Vorstellungen geprägt haben („Ce qui m'était annoncé comme la plus haute fortune ne se présenta plus *à mon imagination* que sous cette forme." [S. 19]). Nachdem der Botschafter vergeblich versucht hat, Théophé in seinem Landhaus nach allen Regeln des ‚libertinage' zu verführen und dieser Versuch auf desaströse Weise zu einer Verweigerung geführt hat, wirkt dies auf folgende Weise bei ihm nach: „ […] à peine l'obscurité et le silence de la nuit eurent-ils commencé à recueillir mes sens que toutes les circonstances *qui venaient de se passer à mes yeux se représentèrent presque aussi vivement à mon imagination.*" (S. 49) Interessanterweise führt diese ‚imagination' aber zu der Überlegung, daß Théophé, deren narzißtische Selbstentdeckung der Botschafter bewundert, ausgerechnet ihn, als einen notorischen Liebhaber der Frauen, zum ersten Opfer einer Art Rache auserkoren habe: *„Elle s'est imaginé*, disais-je; sur l'air de bonté que je porte dans mon visage et dans mes manières, qu'elle allait faire de moi sa première dupe […]." (S. 50) Das zweite Buch beginnt damit, daß zwei Rivalen – der Bruder Théophés und

Zwiespältige Einbildungskraft 111

denen der Erzähler aufschlußreiche Situationen, in denen er als erzählte Figur im Mittelpunkt steht, regelrecht unter dem Generalnenner der Imagination wiederaufleben läßt. Einige dieser Passagen seien hier wenigstens in groben Zügen erläutert. Aufschlußreich ist z. B. die Passage, in der der Erzähler seine Reaktion auf die ausführliche Lebensbeschreibung Théophés (S. 19-28) rekapituliert, die ihrerseits als rührende Rede ihre Höhepunkte in den kaum reflexiv durchdrungenen Erlebnissen der hin und her verschobenen jungen Sklavin, aber auch in der Faszination der Begegnung mit ihm als dem ersehnten Befreier und finalen moralischen Fixpunkt hatte:

> Après avoir expédié quelques affaires importantes, je ne pus me mettre au lit sans *me représenter* toutes les circonstances de ma visite. Elles me *revinrent même en songe*. Je me trouvai *plein de cette idée à mon réveil*, et mon premier soin fut de faire demander au maître de langues comment Théophé avait passé la nuit. Je ne me sentais point rappelé à elle par un penchant qui me causât de l'inquiétude; mais *ayant l'imagination remplie de ses charmes*, et ne doutant point qu'ils ne fussent à ma disposition, j'avoue que je consultai ma délicatesse sur les premières repugnances que je m'étais senties à lier un commerce de plaisir avec elle. J'examinai jusqu'où ce caprice pouvait aller sans blesser la raison. Car les caresses de ses deux amants lui avaient-elles imprimé quelque tache, et devais-je me faire un sujet de dégoût de ce que je n'aurais point aperçu si je l'avais ignoré? Une flétrissure de cette espèce ne pouvait-elle pas être réparée par le repos et les soins de quelques jours, surtout dans un âge où la nature se renouvelle incessamment par ses propres forces? D'ailleurs ce

---

der Sélictar – nächtens in seinem Landhaus auf der Suche nach Théophé zusammentreffen und sich ein blutiges Handgemenge liefern. Der Erzähler leitet diese düstere Szene folgendermaßen ein: „Mon jardin réunissant *tout ce qu'on peut s'imaginer d'agréable* je proposai à Théophé d'y prendre l'air après souper. [...] [Je crus] avoir aperçu dans divers enfoncements la figure d'un homme. *Je me figurai* que c'était mon ombre [...] *je m'imaginai* que c'était le vent. [...] Cependant, comme je ne pouvais m'*ôter de l'imagination* que j'avais entendu quelqu'un autour de nous [...]." (S. 65). Nach einem enttäuschenden Antwortbrief Théophés auf ein zweideutiges Ansinnen des Botschafters ‚imaginiert' dieser, daß vielleicht die strengen Lektüren, die er Théophé zur Weiterbildung aufgetragen hatte (nämlich die *Logique* von Arnauld und Nicole sowie Nicoles *Essais*), deren Geist aufgrund einer lebhaften Einbildungskraft verdorben haben könnten („*Je m'imaginai* que les ouvrages des cette nature avaient pu causer plus de mal que de bien *dans une imagination vive* et qu'en un mot ils n'avaient fait que lui gâter l'esprit." [S. 81]). Während der Rückreise nach Europa treffen der Botschafter und sein Schützling auf einen weiteren Rivalen, einen unglücklichen Comte, der nach einem persönlichen Desaster durch Europa reist, „*pour effacer des images* qui faisaient de sa situation un supplice perpétuel." (S. 103) In Paris, wo man mittlerweile ansässig geworden ist, sät der junge M. de S., den der Botschafter protegiert und der durchaus Ambitionen bei Théophé hat, Zweifel an deren Treue und führt den Botschafter zu einem offenbar geheimgehaltenen Treffen Théophés und deren Zofe mit zwei jungen Männern; dabei unterstellt der Botschafter dem M. de S. zunächst einmal eine „*imagination échauffée*" (S. 113), bevor er dann das Quartett tatsächlich ‚auf frischer Tat' bei einem Ausflug in Saint Cloud ‚überführt', dabei das galante Benehmen der ausdrücklich zur Überwachung Théophés eingestellten Zofe wahrnimmt und diese dann einer „*imagination gâtée*" zeiht (S. 114), weil sie seine ironischen Galanterien, mit denen er in die delikate Situation eingreift, ernst nimmt (Hervorh. in den Zitaten dieser Anm. von mir, R.B.).

> que j'avais trouvé de plus vraisemblable dans son histoire, était l'ignorance où elle était encore de l'amour. Elle avait à peine seize ans. Ce n'était pas Chériber qui avait pu faire naître de la tendresse dans son cœur, et l'enfance où elle était à Patras l'en avait dû défendre avec le fils du gouverneur, autant que le récit qu'elle m'avait fait de ses dégoûts. *Je me figurai* qu'il y aurait de la douceur à lui faire faire cet essai, et je souhaitai, *en y réfléchissant de plus en plus*, d'avoir été assez heureux pour lui en faire éprouver quelque chose. (S. 30, Hervorh. von mir, R.B.)

Der Gegenstand dieser erzählerischen Erinnerung ist ein doppelter. Einerseits wird der imaginative Raum rekonstruiert, in dem das erzählte Ich, offenbar beeindruckt sowohl von den undeutlichen erotischen Initialerfahrungen Théophés als auch von dem starken, an ihn als den väterlichen Befreier geknüpften Hoffnungen auf eine moralische Rettung, die sinnlichen Eindrücke Revue passieren läßt und dabei die in Théophés Bericht angelegten oder auch nur in ihn hineingehörten seduktiven Momente in der Phantasie fortspinnt. Andererseits legt der Erzähler Wert darauf, daß dieses imaginative Ausspekulieren eines noch undeutlichen Begehrens reflexiv durchbrochen wird von skrupulösen Hemmungen, die den „caprice" abbremsen. Freilich sind dies reflexive Bremsmanöver, die sich nicht aus der ursprünglich maßgeblichen Haltung des väterlichen und philanthropischen Befreiers herleiten, sondern eher die Dezenz des gutsituierten Verführers tangieren, der sich nicht gern auf eine Stufe stellen will mit den orientalischen Vorgängern. So mündet die Situation nach dem Zerstreuen der unangenehmen Verdächte denn auch folgerichtig in den imaginär antizipierten ‚apprentissage d'amour' ein („Je me figurai [...]"), den sich der Nachsinnende, jetzt befreit von seinen Skrupeln möglicher Indezenz, vor Augen führt.

Das eigentümliche Ineinandergreifen von Passagen, die im Modus der Empathie die vergangenen Situationen des Getriebenwerdens durch die eigene Imagination rekapitulieren, und solchen Passagen, die ausdrücklich die gleichzeitige Selbstreflexion vor Augen führen und somit ein sich selbst moralistisch analysierendes Ich präsentieren, findet sich fast durchgängig an Scharnierstellen im Handlungsablauf[42]. Überhaupt scheint manches an Undeutlichkeit in der Position des

---

[2] Ein anschauliches Beispiel findet sich in der Passage, in der von dem Angebot des Botschafters an Théophé berichtet wird, sie nach ihrer Herauslösung aus dem Harem in einem kleinen Landhaus unterzubringen: „Eloignez toutes les idées du sérail, c'est-à-dire celles de solitude et de contrainte perpétuelle. J'y serai avec vous aussi souvent que mes affaires me le permettront. [...] Si mes caresses, mes soins et mes complaisances peuvent servir à vous rendre la vie douce, vous ne vous apercevrez jamais que je m'en relâche un moment. Enfin, vous connaîtrez combien il est différent pour le bonheur d'une femme de partager le cœur d'un vieillard dans un sérail, ou de vivre avec un homme de mon âge, qui réunira tous ses désirs à vous plaire et qui se fera une étude de vous rendre heureuse. – J'avais tenu les yeux baissés en lui adressant ce discours, comme si j'eusse trop présumé du pouvoir que j'avais sur elle et que ma crainte eût été d'en abuser. Plus occupé même de mes sentiments que d'un projet que j'avais formé avec tant de joie, j'attendais bien plus impatiemment qu'elle s'expliquât sur le goût qu'elle avait pour moi que sur le repos et la sûreté que je lui faisais envisager dans le parti que je lui proposais." (S. 43) In

Erzählers daher zu rühren, daß er sich als erzähltes Ich in einer paradoxen Gleichzeitigkeit von Versunkensein in den faszinierenden Bildern der Imagination und affichierter Selbsttransparenz vorführt, die ihrerseits den Verdacht auf ein bloßes Getriebensein von den Bildern der Einbildungskraft zu entkräften sucht. So sehr nämlich die sinnliche und besonders die visuelle Beeindruckbarkeit des erzählten Ich betont wird[43], so sehr insinuieren in gegenläufiger Richtung manche Hinweise des Erzählers eine ausgesprochen wache Vertrautheit mit der eigenen Schwäche[44]. Sie drückt sich nicht zuletzt darin aus, daß der Erzähler in seiner eigenen Narration, aber auch in den von ihm direkt wiedergegebenen Erzählungen seiner Mitfiguren, häufig die Terminologie der postcartesischen Psycho-Physiologie benutzt, um Vorgänge der sinnlichen Anschauung, der Erinnerung oder der Imagination zu beschreiben. So zitiert der Erzähler Théophé, die in ihrem Lebensbericht von der „première trace que ma mémoire conserve" (S. 19), später dann von den „traces" der Jugendzeit (S. 22) und wiederum später von den völlig erloschenen „traces" der Erinnerung an ihre Mutter berichtet (S. 33). Seine eigene „imagination" beschreibt er als bedrohliche Selbsttätigkeit der Sinne (S. 49, 65). Anderen wiederum unterstellt er ganz selbstverständlich, die imaginative Reizbarkeit Théophés „par la vue d'un lieu charmant" zum Zwecke der Verführung auszunutzen (S. 72). Der Umgang mit den eigenen Erinnerungsbildern modelliert der Botschafter ebenfalls in der einschlägigen Terminologie. So z. B. in der folgenden Passage, die sich für eine weitergehende Analyse deshalb anbietet, weil sie die inneren Turbulenzen nach dem mißglückten Verführungsversuch[45] sowie die gleichzeitigen Versuche einer analytischen Bewältigung vorführt:

> *Les premières traces* que je retrouvai le matin *dans ma mémoire* furent celles qui s'y étaient si doucement *gravées* en m'endormant. Elles s'y étaient *étendues avec tant de force* qu'ayant comme effacé celle de mon premier projet [das Projekt, Théophé zu heiraten und damit das eigene Begehren in eine anerkannte soziale Form zu integrieren], il ne me revint pas le moindre désir qui ressem-

---

dieser Stelle wird zunächst sozusagen im Originalton der Verführungsdiskurs samt seiner insinuierenden Rhetorik wiederholt, bevor in einem zweiten erzählerischen Schritt die introspektiv gewonnene ‚Enthüllung' artikuliert wird, daß die Körpersprache bei der damaligen Verführungsrede von der Sorge getragen war, die offenbar gegebene rhetorische Macht ungebührlich auszunutzen oder gar zu mißbrauchen – was freilich den Verführer, wie der Erzähler gesteht, nicht daran hinderte, eigentlich mehr in Sorge um eine amouröse Antwort zu sein, als die in Aussicht gestellte Ruhe und den Schutz der Théophé im Auge zu haben.

[43] Ersichtlich wird das, abgesehen von der offensichtlichen Haltlosigkeit gegenüber den ‚inneren Bildern' der Imagination, an Formulierungen wie „[...] je demeurai quelque temps à la regarder avec un goût, ou plutôt avec une avidité, que je n'avais jamais sentie" (S. 39), „j'étais comme enivré" (S. 56) oder „Je ne fus pas le maître de mon transport à ce discours" (S. 53).

[44] Gelegentlich wird sie zumindest in der retrospektiven Sicht des Erzählers deutlich, so z. B. in folgenden Passagen: „Je n'examinais point d'où me venait la chaleur qui animait toutes ces offres [...]" (S. 53); „Je pensai confusément, et sans oser me l'avouer à moi-même, que la présence continuelle de ce jeune homme m'ôterait la liberté d'être seul avec Théophé." (S. 55)

[45] Vgl. das Zitat in Anm. 42.

blât à ceux dont je m'étais entretenu depuis plusieurs jours. *Je brûlais de me revoir* avec Théophé, mais c'était dans l'espérance de la trouver telle que j'avais eu *tant de plaisir à me la figurer,* ou du moins *de la voir dans la disposition* que je lui avais supposée. (S. 51, Hervorh. von mir, R.B.)

Aufschlußreich an diesen Überlegungen ist einmal die in der Terminologie enthaltene Distanz, mit der der Botschafter offenbar die Dynamik der „Bahnungen" verfolgt, die die Erlebnisse des Vortages in seiner Seele zurückgelassen haben. Zum anderen ist aber bemerkenswert, wie trotz dieser analytischen Matrix die Introspektion auf die Diagnose hinausläuft, daß die in Relation zu den Phantasien einer Ehelichung sinnlich attraktiveren Bilder („Je brûlais de me revoir", „le plaisir à me la figurer") wegen ihrer stärkeren „force" den Sieg davontragen und sich der Nachsinnende, wie der Erzähler wiederum distanzlos berichtet, dieser Dynamik gerne überläßt. Man sieht daran: Das nach außen hin aufrechterhaltene Bewußtsein, die schöne Griechin selbstlos von der sexuellen Sklaverei im Serail befreit und auf den Weg der sittlichen Autonomie gebracht zu haben, wird zwar gelegentlich in der Narration durch freimütige Bekenntnisse zu einer lustbetonten Einbildungskraft konterkariert. Aber solche Inkonsistenzen der Selbstsicht, die sich einer steuerlosen und von Fall zu Fall tätigen Imagination oder konkreter: dem unkontrollierbaren Nachfahren sensorieller Gehirnbahnen verdanken, haben keine langfristigen Auswirkungen im Sinne einer Selbstkorrektur. Im Gegenteil, die partielle Einsicht des Erzählers in unbewußte Verschiebungen seitens des erzählten Ich sind punktueller Natur und verhindern nicht, daß der Erzähler bei der nächstbesten Gelegenheit sein früheres Ich wiederum als bloß wohlmeinenden Mentor der Griechin modelliert und den Grund zunehmender Zerrüttung des Verhältnisses in den – eifersüchtig vermuteten bzw. imaginativ ausgemalten – Eskapaden Théophés liegen sieht.

Ein deutlicher Beleg für die Präsenz des psycho-physiologischen Grundkonzepts in diesem Roman ist auch die eigentümliche Nebengeschichte der ‚schönen Sizilianerin', für deren Befreiung aus dem Harem sich Théophé bei ihrem Mentor stark macht, und die dann über einige amouröse Abenteuer für manche Verwicklung sorgt. Von dieser Dame, Maria Rezati mit Namen, berichtet Théophé dem Erzähler – und dieser dem Leser –, daß der Vater, dessen Mutter einen notorischen libertinen Lebenswandel geführt hatte, seine Tochter durch eine abgeschiedene klösterliche Erziehung gegen all diejenigen Einflüsse hatte abschirmen wollen, die in seiner eigenen Familie den moralischen Untergang verursacht hatten (S. 73). Nun ist es bezeichnenderweise ein Spiegel, der – zufällig durch einen Bijouterie-Händler in das Gewahrsam eingeschleppt – der schönen Sizilianerin die Augen über die Verführungskraft des eigenen Leibes öffnet und sie damit entgegen der wohlmeinenden Erziehung des Vaters zu einem unstillbaren Begehren des Begehrtwerdens disponiert. Wenn nun Maria Rezati auf Drängen Théophés hin ebenfalls vom Erzähler auf die Bahn der Tugend bzw. okzidentaler Autonomievorstellungen gebracht wird, dann wird sie im Gegensatz zu ihrer Freundin nicht auf dieser Bahn fortschreiten; sie entgleist dem Botschafter und gerät rasch in den libertinen Kontext, zu dessen Vermeidung die jahrelange Erziehung hatte dienen sollen. Offenkundig setzen sich bei ihr, malebranchistisch gesprochen, die hereditären ‚traces' einer Empfänglichkeit gegenüber den Verführungen der Sinne durch, reaktiviert durch die ausführlich beschriebene Entdeckung des eigenen Spiegelbildes. So wie sich Théophés undeutliche Initialerfahrungen als sexuell versklavtes Kind durch spätere Rektifizierungen tilgen lassen, so wenig hat im Falle der Maria Rezati die langjährige Klostererziehung gegen eine vererbte Veranlagung zu sinnlicher Verführbarkeit ausgerichtet. Auch hier ist freilich der Erzähler, der diese Vorgänge ja im Kontext seiner malebranchistischen Terminologie erzählt, blind gegenüber den hinter den Phänomenen versteckten Ursachen. Im Spiegel einer Figur wie der schönen Sizilianerin könnte er, was er nicht tut, den eigenen blinden Fleck im Bewußtsein, zumindest aber die Diskrepanz zwischen psycho-physiologischem Wissen und faktischem Lebensvollzug erkennen. Insofern funktioniert die Figur der Maria Rezati wie ein opaker Spiegel, dessen Botschaft dem Erzähler verschlossen bleibt, wohl aber dem Leser den Einblick in die Defizienz der Wahrnehmung durch den Erzähler ermöglicht[46].

Man wird in der Kopräsenz der aus der Psycho-Physiologie ausgeliehenen Begrifflichkeit mit der distanzlosen Empathie des Erzählers gegenüber seinem erzählten Ich einen Ironie-Effekt sehen können, der letztlich auf eine Entwertung des erkenntnistheoretischen Wissens von der leichten Täuschbarkeit des Bewußtseins hinausläuft. Besonders offensichtlich wird diese Ironie an solchen Stellen, die eine dem Erzähler nicht bewußte komische Wendung nehmen. So etwa, wenn der Erzähler von sich berichtet, daß er nach der Verweigerung Théophés befürchtet habe, die Lektüre der *Logique de Port-Royal* und der *Essais* von Nicole hätten den Geist Théophés aufgrund deren „imagination vive" zerrüttet (S. 81); ein insofern schwindelerregender Gedanke, als gerade in diesen Texten, die der Botschafter seinem Schützling zur Erbauung zu lesen gegeben hatte, im Vorgriff auf Malebranche die Gefährlichkeit der körperlichen ‚pensées imperceptibles' ausgiebig diskutiert wird, andererseits Malebranche in seiner *Recherche* die Lektüre im allgemeinen und diejenige einiger Autoren im besonderen als Ursache einer außer Kontrolle geratenen Einbildungskraft ausweist[47].

Der Ironie-Effekt erreicht dabei einen ins Befremdlich-Komische umkippenden Höhepunkt, wenn der Erzähltext die verwendete analytische Begrifflichkeit von den ‚impressions', den ‚traces' und dem Nachfahren der Spuren ins Wörtliche wendet und somit die seine eigene Lexik bestimmende Obsession unfreiwillig kenntlich macht. Das ist z. B. der Fall, wenn der Erzähler berichtet, wie er in einer Phase unbeherrschter Eifersucht Théophés Bett durchwühlt, um an der „figure du lit" die verborgenen „traces" einer vermuteten Liebesnacht zu ent-

---

[46] Vgl. auch Singerman, *L'Abbé Prévost*, S. 225-232, der den Bezug zur Theorie der ‚hereditären Spuren' Malebranches sieht, der digressiven Geschichte der Maria Rezati aber einzig die Funktion zuweist, eine Kontrastfolie für die durch göttliche Gnade hervorgerufene Konversion Théophés zu bilden.

[47] Malebranche, *De la Recherche*, S. 304-309 (hier geht es um die besonderen Gefahren der gelehrten Lektüre), sowie S. 341-369.

decken und sich dennoch an der „forme [imprimée]" des begehrten Körpers seiner selbst zu vergewissern:

> J'observai jusqu'aux moindres circonstances *la figure du lit*, l'état des draps et des couvertures. J'allai jusqu'à mesurer la place qui suffisait à Théophé, et à chercher si rien ne paraissait foulé hors des bornes que je donnais à sa taille [...] il me semblait que rien n'était capable de me faire méconnaître *ses traces*. Cette étude, qui dura longtemps, produisit un effet que j'étais fort éloigné de prévoir. N'ayant rien découvert qui n'eût servi par degrées à me rendre plus tranquille, la vue du lieu où ma chère Théophé venait de reposer, *sa forme que je voyais imprimée*, un reste de chaleur que j'y trouvais encore, *les esprits qui s'étaient exhalés d'elle* par une douce transpiration, m'attendrirent jusqu'à me faire baiser mille fois tous les endroits qu'elle avait touchés. Fatigué comme j'étais d'avoir veillé toute la nuit, *je m'oubliai si entièrement dans cette agréable occupation que le sommeil s'étant emparé de mes sens*, je demeurai profondément endormi dans la place même qu'elle avait occupée." (S. 104, Hervorh. von mir, R.B.)

In dieser Passage entäußert sich die halluzinatorische Fixierung auf das Labyrinth sensorieller Spuren in die Spurensuche im praktischen Leben. In kaum überbietbarer Ambiguisierung der Sprache wird das Bett über die Metaphorik der Spur zur imaginären ‚memoria'. Deren vermeintliche Spuren fährt der eifersüchtig und glücklos Begehrende nach, um des ‚Eindrucks' habhaft zu werden, der ihm die Gewißheit über die eigene Nichtigkeit geben könnte, dessen Absenz ihm aber auch die offenbar gewünschte Perpetuierung des imaginativen Eifersuchtsgefühls garantiert[48]. Daß ihm über die „agréable occupation" schließlich der Schlaf die Sinne raubt und er – zum Erstaunen der später Hinzukommenden – justament auf dem Umriß der begehrten Théophé einschläft, pointiert dabei noch die eigentümliche Selbstvergessenheit, in der Angst und Wunsch, Negation und Erfüllung in einem symbolischen Akt koinzidieren. Aber eine solche Verdichtung kann eben nur die erzählerische Rekonstruktion in einem imaginären Entwurf zustandebringen.

IV.

Ein Fazit sollte angesichts der hier nur in Abbreviaturen durchgeführten Analyse vorsichtig ausfallen. Dennoch sei angemerkt, daß Prévosts kleiner Roman ganz offensichtlich die Selbstbetrugsmanöver auf der Basis einer steuerlosen Imagination, wie sie Malebranche warnend, aber mit Blick auf eine mögliche Beherrschung der psychischen Mechanik beschrieben hatte, über den Weg eines partiell opaken, partiell aber auch transparenten Erzähldiskurses als prinzipiell unaufheb-

---

[48] Das Motiv der Eifersucht des erzählten Ich, die wie das latent inzestuöse Doppelspiel gegenüber Théophé eine immer wieder sich in den Vordergrund schiebende Problematik bildet (vgl. die in Anm. 37 genannte Arbeit von Walsh), wurde hier aus programmatischen Gründen vernachlässigt, weil es nur eine Artikulationsform der Imaginationsproblematik darstellt.

bar ausweist. Konkret und augustinisch gesprochen: Die ‚concupiscentia' bahnt sich ihren Weg unterhalb des Bewußtseins[49], und das moralistische Wissen ebnet der darin enthaltenen Selbsttäuschung eher noch den Weg, als daß es wirksame Sperren errichtet. Insofern treibt der Roman nur die moralistische Skepsis zur Leistung der ‚imagination' auf die Spitze, indem er den anthropologischen Befund in einer ihm entsprechenden Weise vertextet, d. h. ihm eine die Destabilisierung des Subjekts anzeigende, semantisch changierende Gestalt gibt.

Gleichwohl läßt sich dieses Ineinandergreifen von skeptischer Moralistik und verzerrter Semantik des Erzähldiskurses nicht von der wirkungspoetischen Funktion des suggestiven Effekts der Imagination trennen, in der sich diese Dramatik der Destabilisierung des Subjekts überhaupt vollziehen kann. Retrospektives Schreiben – und die entsprechende Lektüre – bedeuten für Prévost bzw. dessen Erzähler immer auch: dem Sog der biographischen Bilder nachgeben, sich von der Suggestion des erzählerisch Evozierten überwältigen lassen und den Leser, der dieser Aussprache sozusagen als Resonanzkörper dient, an der Überwältigung teilhaben lassen. Die Memoirenform – ganz gleich, ob sie sich auf historisch Verankertes bezieht oder eine Fiktion inszeniert – nutzt auf diese Weise ein wirkungspoetisches Potential, das in einer Art Verschmelzung der Imagination des Erzählers mit derjenigen des Lesers besteht: „La force qui règne ordinairement dans ces ouvrages," – heißt es dazu in den von Prévost aus dem Englischen übersetzten *Lettres de Mentor* (1764) – „cette chaleur que le souvenir de ce qu'on a fait inspire toujours en l'écrivant [...] frappe[nt] le lecteur avec plus de force et l'intéresse[nt] bien plus pour un héros qui s'offre à lui sous la double qualité d'acteur et d'écrivain."[50] Die ‚Stärke' eines Erzählens aus der Ich-Perspektive besteht demnach nicht etwa in einer geweckten Neugier auf oder einem intellektuellen Interesse für die erzählende Person. Sie liegt vielmehr in dem Umstand, daß deren Erzählen eine auf den Leser übergreifende „chaleur" gerade dadurch entwickelt, daß sich der Erzähler die eigene Erinnerung gleichsam erschreibt und damit – so wäre aus der Kenntnis des hier Dargestellten ergänzend hinzuzufügen – in einen Raum suggestiver Bilder hinabsteigt, deren Status zwischen den Polen der puren erinnernden Rekonstruktion und des Sich-Überwältigen-Lassens durch die retrospektive Imagination changiert. Der Text bedient sich hier zweifellos eines innerrhetorischen Topos, nämlich der Abhängigkeit des energetischen Effekts der Rede („force", „frappent") von deren imaginationsgesättigter Qualität, die sich wirkungstechnisch gesehen in der Fähigkeit niederschlägt, ‚Bilder vor Augen zu stellen' (‚energeia'). Aber dieser Topos läßt sich applizieren auf den besonderen Fall des Prévostschen Erzähldis-

---

[49] Vgl. auch die folgende Passage aus dem *Cleveland*-Roman, in der Prévost dem Ich-Erzähler einen vergleichbaren Befund in den Mund legt: „Je n'ai jamais si bien reconnu que dans cette occasion combien nous devenons obscurs et impénétrables à nous-mêmes, aussitôt que l'imagination se livre à de frivoles amusements qui ôtent à l'esprit le pouvoir de s'exercer par ses reflexions." (*Œuvres de Prévost*, Bd. 2 [*Le Philosophe anglais ou Histoire de Monsieur Cleveland*, hrsg. von Ph. Stewart], Grenoble 1977, S. 575).

[50] Prévost, *Œuvres*, 39 Bde., Paris 1810-1816, hier: Bd. 34, S. 263.

kurses, in dem der wirkungspoetische Effekt der „force" eben nicht zu trennen ist von der Gewalt der Imagination, derer die Erzähler und die erzählten Helden – vergeblich – Herr zu werden versuchen.

Frank Wanning

Sympathische Betrüger?
Anmerkungen zu Diderots *Jacques le fataliste*

Der Roman erfährt bekanntermaßen in der Aufklärung einen rasanten Bedeutungszuwachs. Das große Interesse an der Gattung fällt dabei nicht zufällig mit dem an die Literatur allgemein herangetragenen Anspruch zusammen, sie solle moralisch belehren. Bereits 1670 erkannte Pierre Daniel Huet die vielfältigen Möglichkeiten der Epik, Rezipienten zu lenken und moralisch zu beeinflussen. Zu einem Zeitpunkt, als der Roman aus der literarischen Gattungshierarchie noch völlig ausgegrenzt war, verfaßte er seinen überaus einflußreichen *Traité de l'origine des romans* und rechtfertigte den Roman in einer für die aufklärerische Literaturtheorie prototypischen Weise:

> La fin principale des Romans ou du moins celle qui doit estre, & que se doivent proposer ceux qui le composent, est l'instruction des Lecteurs, a qui il faut toûjours faire voire la vertu couronnée; & le vice chastié. ... Ainsi le divertissement du Lecteur, que le Romancier habile semble se proposer pour but, n'est qu'une fin subordonnée à la principale, qui est l'instruction de l'esprit, & la correction des mœurs: ...[1]

Mit dieser Funktionsbestimmung der Gattung leitet Huet – historisch gesehen – bedeutende gattungstheoretische Veränderungen ein: Zunächst legitimiert er die Darstellung von Unmoral innerhalb des institutionellen Rahmens literarischer Normenvermittlung und erschließt damit ein neues literarisches Themenspektrum. Der Dualismus *vice/vertu*, aus dem das Protagonistenschema direkt gewonnen wird, leitet sich nicht aus einer metaphysisch gesicherten Weltordnung ab, sondern diskutiert die Geltung des Moralkanons auf der Ebene des Subjekts. Die Bedeutung und Funktion dieser elementaren Verschiebung des Bezugspunkts ethischer Reflexion wird erst im Hinblick auf die spätere moralische und literaturtheoretische Modellbildung evident, denn „die Frage nach den Grundlagen moralischen Handelns ist für das Bürgertum keine abstrakt philosophische, sondern eine eminent praktische Frage: sie betrifft die Möglichkeit eines humanen Zusammen-

---

[1] P. D. Huet, *Traité de l'origine des Romans*. Faksimiledrucke nach der Erstausgabe von 1670 und der Happelschen Übersetzung von 1682, hrsg. von H. Hinterhäuser, Stuttgart 1966, S. 5f.

lebens in einer nicht mehr durch den Glauben an Gott und Jenseits gebundenen Gemeinschaft."[2] Eine grundsätzlich veränderte Einstellung gegenüber jeder sozialen Norm ist die notwendige Konsequenz der theoretischen Postulate Huets: indem rational generierte Verhaltensmuster in Relation zur real erfahrbaren sozialen Wirklichkeit gesetzt werden, haben diese ihre normative Geltung und Praktikabilität stets aufs Neue zu beweisen. Sie werden einem permanenten Prozeß rationaler Kritik unterworfen, welcher den Autoren einen „begrenzten Spielraum der Negation"[3] eröffnen wird. Huet scheint die gesellschaftspolitische Tragweite seiner Theorie erahnt zu haben, denn er integrierte in sein Modell romanesker Textproduktion die „Notbremse" des moralisch intakten Kosmos, der letztlich nur die affirmative Darstellung des sittlichen Kanons gestattet. Da die handelnde Figur vollständig in den sie leitenden moralischen Grundhaltungen aufgeht, gewinnt sie epische Handlungssicherheit. Die Existenz und Darstellung auch nur eines rudimentären inneren Konflikts der handelnden Charaktere ist auf diese Weise von vornherein ausgeschlossen. Die Lösung des romanesken Konflikts unter dem Diktum der *vertu couronnée* und der *vice chastié* dient unter diesen Vorzeichen allein der Bestätigung und Rechtfertigung des durch den Protagonisten vertretenen Wertehorizonts.

Auch hinsichtlich des literarischen Vermittlungsprozesses selbst setzt Huet mit seinen Ausführungen neue Maßstäbe. Hierbei postuliert er ganz offensichtlich einen rationalen Leser, der den Erfolg und Mißerfolg fiktiver Handlungen kalkuliert und sein eigenes Verhalten an der siegreichen Tugend orientiert. – Auf der Ebene der Narration möchte ich Huets Diktum der *vertu couronnée* und der *vice chastié* als „finale Rechtfertigung" bezeichnen, weil sich der moralische Nutzen erst in Anbetracht des Romanschlusses einstellt.

Huets Modell erwies sich über einen langen Zeitraum als tragfähige Basis gattungspoetologischer Reflexion. Spätestens seit Diderots *Eloge de Richardson* jedoch erfährt die Theorie eine markante Abwandlung. Bereits in seinen dramentheoretischen Schriften wurde seine kritische Einstellung gegenüber allen Entwürfen einer literarischen Wirkungsästhetik deutlich. In seiner *Eloge* setzt sich dies mit Blick auf die Epik fort. Er beschreibt hier seine Lektüre der Romane Richardsons mit geradezu euphorischen Worten:

> J'avais parcouru dans l'intervalle de quelques heures un grand nombre de situations, que la vie la plus longue offre à peine dans toute sa durée. J'avais entendu les vrais discours des passions; j'avais vu les ressorts de l'intérêt de

---

[2] P. Bürger, „Moral und Gesellschaft bei Diderot und Sade", in: P.B. (Hrsg.), *Aktualität und Geschichtlichkeit.* Studien zum gesellschaftlichen Funktionswandel der Literatur, Frankfurt a.M. 1977, S. 48-79, hier: S. 55.

[3] Vgl. H. Sanders, *Institution Literatur und Roman.* Zur Rekonstruktion der Literatursoziologie, Frankfurt a.M. 1981, S. 90f.

l'amour-propre jouer en cent façons diverses; j'étais devenu spectateur d'une multitude d'incidents, je sentais que j'avais acquis de l'expérience.[4]

Diderot gibt in seiner *Eloge* eine eindeutige Funktionsbestimmung des Romans und erhebt das Effektivitätskriterium zum Maßstab der literarischen Wertung. Dieses setzt jedoch voraus, daß die Gattung thematisch auf empirische Lebenswirklichkeit verpflichtet wird. Der historische Fortschritt dieses empiriebezogenen Modells wird erst im Zusammenhang mit dem bürgerlichen Moralbegriff selbst deutlich: Im Gegensatz zum metaphysisch abgesicherten Verhaltenskodex der Aristokratie ist der bürgerliche Moral- und Tugendbegriff Produkt der bürgerlichen Lebenspraxis selbst und nicht getrennt von ihr zu denken. Erst das innerweltliche Handeln der Subjekte konstituiert die ethische Norm, die auch auf diesem Wege vermittelt werden soll. Die Funktionsbestimmung des Romans ist in diesem Zusammenhang nur durch die enge Anbindung des Genus an Empirie einzulösen.

Darüber hinaus kündigt sich über die rein quantitative Rechtfertigung des Romans (*grand nombre de situations*) hinaus hier auch ein qualitativer Paradigmenwechsel an, denn mit den Worten „je sentais que j'avais acquis de l'expérience", wird der Rationalitätsprimat praktisch außer Kraft gesetzt und durch die Empfindung des Rezipienten ersetzt. Literarische Normenvermittlung wird ganz offensichtlich nicht länger als rationaler Nachvollzug, sondern vielmehr als affektive Empfindung konzipiert. Wenig später wird Diderot noch deutlicher:

> Richardson sème dans les cœurs des germes de vertu qui y restent d'abord oisifs et tranquilles: ils y sont secrètement, jusqu'à ce qu'il se présente une occasion qui les remue et les fasse éclore. Alors ils se développent; on se sent porter au bien avec une impétuosité qu'on ne se connaissait pas.[5]

Die Herzmetaphorik deutet auf einen literarischen Wahrheitsbegriff hin, der sich in erster Linie an der Innerlichkeit der Protagonisten orientiert. Die Schilderung subjektiver Befindlichkeit rückt bei Diderot zum zentralen Thema des Romans auf und garantiert dessen Wirkung auf den Rezipienten. Huet und Diderot handeln das Tugendproblem somit aus ganz unterschiedlichen Perspektiven ab: Während *vertu* für Huet allein im Fragehorizont ihrer Effektivität für das Individuum erscheint und dementsprechend an den persönlichen Nutzen gebunden ist, beruft sich Diderot auf Shaftesbury, bei dem persönliches Interesse und Tugend auseinandertreten und sogar zu gegensätzlichen Begriffen werden. In Diderots Shaftesbury-Übersetzung mit dem Titel *Essai sur le mérite et la vertu* aus Jahre 1745 heißt es: „L'homme est intègre ou vertueux lorsque [...] il contraint ses passions à conspirer au bien général de son espèce [...]"[6]

Im Rahmen dieses Tugendbegriffs, der das Allgemeine dem Besonderen überordnet, ist die Frage nach dem Erfolg oder Mißerfolg einer (romanesken) Hand-

---

[4] D. Diderot, „Eloge de Richardson", in: D.D., *Œuvres complètes*, 20 Bde., hrsg. von J. Assézat/M. Tourneux [Garnier], Paris 1875, Bd. 5, S. 213.
[5] Ebd., S. 214.
[6] D. Diderot, „Essai sur le mérite et la vertu", in: D.D., *Œuvres complètes*, Bd. 1, S. 13.

lung nicht länger sinnvoll. Am Ende einer Handlung aus partikularem Interesse steht etwa der Reichtum; am Ende einer tugendhaften Handlung jedoch das Glück, das als eine Art Gewissensruhe zu denken ist. Im Gegensatz zu Huet wird die Tugend bei Shaftesbury also unabhängig von individuellen Interessen definiert und hat ihre Motivation in sich selbst zu finden. Diderot hat sich diesen Tugendbegriff frühzeitig zu eigen gemacht. Das Glück bzw. Unglück ist folglich als elementarer Bestandteil subjektiven Empfindens und Erlebens bestimmt. Es determiniert damit wesentlich die innerliche Disposition des Menschen, die im Roman erst unter dem Primat der Innerlichkeit ästhetisch gestaltet werden kann. Eben diese Innerlichkeit ist es, die Diderot in den Romanen Richardsons vorfindet und die er normativ festschreiben will. Erst indem der Tugendbegriff vom (objektiven) Effektivitätskomplex losgelöst und auf subjektive Befindlichkeit bezogen wird, ist er für die Romantheorie fungibel.

Im Unterschied zu Huets finalem Rechtfertigungsmodell der *vertu couronnée* und der *vice chastié*, das auf rationaler Erfolgskontrolle beruht, basiert Diderots Vermittlungsmodell auf der Identifikation des Rezipienten mit der Romanfigur. Der Leser soll an den literarischen Affekten partizipieren und ebenso wie der Protagonist nach Glück streben, das als Konsequenz tugendhaften Verhaltens definiert ist. In dieser affektiven Beziehung kann ein positiver moralischer Effekt nur dann eintreten, wenn das moralisch Negative in abschreckender Weise dargestellt wird. Nur unter diesen Bedingungen (Innerlichkeitsprimat und modifizierter Tugendbegriff) ist es möglich, moralische Normen jenseits allen materiellen Erfolgs zu proklamieren. Das wirkungsästhetische Prinzip der Romantheorie Diderots besteht damit in der Suggestion eines subjektiven Glücksempfindens als Folge moralisch vorbildlicher Handlungen. Der Identifikation des Rezipienten mit den sittsamen Protagonisten entspricht seine Abscheu gegen die boshaften Antagonisten. Von Bedeutung ist in dieser Konzeption weniger das Ende des Romans als vielmehr die Art und Weise der Darstellung. Die Belehrung wird zu einem kontinuierlichen Prozeß der Sympathiestiftung. Anders formuliert: Diderots affektives Rechtfertigungsmodell ist nicht *final*, sondern *prozessual* konzipiert. Es erfordert andere Darstellungsmittel und verlangt nach tugendhaften Sympathieträgern.

*

Überraschenderweise ist aber gerade Diderots Epik reich an moralisch verwerflichen Figuren, die nichtsdestoweniger als Sympathieträger des Lesepublikums anzusehen sind. Ein anschauliches Beispiel liefert eine Episode aus *Jacques le fataliste*: Erzählt wird die Geschichte des frauenverachtenden Lebemanns Marquis des Arcis, der sich Hals über Kopf in die schöne Witwe Mme de la Pommeraye verliebt. Aufgrund von negativen Erfahrungen verschließt sie sich zunächst seinem Werben, willigt aber schließlich doch in eine dauerhafte Beziehung ein. – Nach einigen Jahren des gemeinsamen Lebens verliert des Arcis das Interesse an Mme de la Pommeraye und vernachlässigt sie zusehends. Um Sicherheit über die Motive ihres Geliebten zu gewinnen, inszeniert Mme de la Pommeraye ihrerseits ein Geständnis, in dem sie vorgibt, daß sich ihre Empfindungen abgekühlt hätten. Des Arcis gibt daraufhin seinerseits zu, daß seine Liebe erkaltet ist und schlägt eine Art „offene Zweierbeziehung" vor, in der jeder Partner seiner Wege geht, was Mme de la Pommeraye zum Schein akzeptiert.

Wutentbrannt beschließt sie jedoch insgeheim, sich beim Marquis für den Verrat zu rächen. Sie nimmt Kontakt zur moralisch zweifelhaften Mme d'Aisnon auf, die aufgrund akuter Geldnot gemeinsam mit ihrer Tochter der Prostitution nachgeht. Mit dem Versprechen, eine gute Partie für die Tochter zu eröffnen, willigen beide ein, Mme de la Pommerayes Anweisungen bedingungslos und ohne Rückfragen zu folgen. Unter großem finanziellen Aufwand verschafft sie ihnen daraufhin eine neue Identität als *dévots* und leitet sie zu einer untadeligen Lebensführung an, so daß sie in Kürze einen guten Leumund erwerben. Auf ihr Betreiben hin trifft der Marquis auf die beiden und verliebt sich in die Tochter. Als scheinbar unbeteiligte Vermittlerin zieht Mme de la Pommeraye im Hintergrund die Fäden und versteht es, durch das Wechselspiel von Zustimmung und Verweigerung die Liebe ihres Mannes zu Melle d'Aisnon bis zur Raserei zu steigern, so daß er schließlich seine Liebe zu Melle d'Aisnon öffentlich bekennt, sie ehelicht und ihr große Teile seines Vermögens überschreibt. Erst in diesem Augenblick klärt Mme de la Pommeraye ihren Mann über die anrüchige Vergangenheit seiner Frau auf. Außer sich verläßt er für längere Zeit das Haus. Bei seiner Rückkehr erfährt er, daß sich Mme d'Aisnon ins Kloster begeben hat und dort gestorben ist. Nach langen Gesprächen und inständigem Flehen seiner jungen Frau läßt er sich schließlich davon überzeugen, daß sie mit ihrer Vergangenheit gebrochen hat, moralisch geläutert ist und ihn von Herzen liebt. Fortan leben sie glücklich zusammen.

*

Bei der Betrachtung der verschiedenen Figuren der eingeschobenen Erzählung fällt zunächst auf, daß es keine moralisch vorbildliche Figur gibt, die als Sympathieträger für den Rezipienten fungieren könnte. Jede trägt auf ihre Weise einen Makel, der sie moralisch disqualifiziert. Auch streben alle Protagonisten nach einem persönlichen Vorteil, der entweder im Reichtum oder im Lustgewinn zu suchen ist. Keine Figur erfüllt damit den moralischen Anspruch, den Diderot mit Bezug auf Shaftesbury formuliert hat.

Dem Marquis des Arcis, dem über weite Strecken die Rolle des Opfers zuteil wird, ist zu Beginn der Handlung aber auch Täter. Er wird als „homme de plaisir" vorgestellt, der über einen „goût efféminé pour la galanterie"[7] verfügt. Der bekanntermaßen unzuverlässige Erzähler des Romans stellt ihn zunächst als einen älteren Frauenhasser vor, unterstreicht aber nur wenige Zeilen später „sa jeunesse (!), sa figure, des apparences de la passion la plus vraie, de la solitude" sowie seinen „pen-

---

[7] D. Diderot, „Jacques le fataliste et son maître", in: D.D., *Œuvres complètes*, Bd. 6, S. 111f.

chant à la tendresse."[8] Er wird ferner als launisch und unstet charakterisiert, denn er vernachlässigt seine Geliebte schon nach kurzer Zeit. In der fingierten Geständnisepisode zeigt sich darüber hinaus sein maßloser Opportunismus.

Moralisch noch unter ihm steht Mme d'Aisnon, deren Handeln durchgängig durch niedrige finanzielle Interessen motiviert ist. Ihnen opfert sie sowohl ihre eigene Reputation als auch die Unschuld ihrer Tochter. Gegenüber Mme de la Pommeraye zeigt sie sich willfährig. Ihre Tochter, Melle d'Aisnon, wird als naiv und „belle comme un ange" beschrieben. Ihr werden *finesse* und *grâce* zugesprochen. Die Mutter bedauert jedoch, daß sie weder über den „esprit de libertinage" noch über „ces talents propres à reveiller la langueur d'hommes blasés"[9] verfüge. Sie beteiligt sich jedoch freiwillig an der Intrige gegen den Marquis des Arcis und leistet keinen Widerstand gegen den Betrug.

Auch die zentrale Figur der Erzählung – Mme la Pommeraye – bleibt moralisch ambivalent. Der Erzähler führt sie als „une veuve qui avait des mœurs, de la naissance, de la fortune et de la hauteur"[10] ein. Die vergleichsweise ausführliche Darstellung der Vorgeschichte ihres Rachefeldzugs gegen den Marquis hat die Funktion, ihren Verhaltenswandel zu motivieren und zu rechtfertigen. In der Szene des fingierten Geständnisses verstellt sie sich ihrem Mann gegenüber und sagt bewußt die Unwahrheit. Zwar verfolgt sie mit ihrer Verstellung keinen persönlichen Vorteil und ihre Empörung erscheint gerechtfertigt, dennoch wird sie vom Erzähler auch als „vindicative"[11] charakterisiert, womit ihr Verhalten auf einen Charakterfehler zurückgeführt wird. Mit äußerster Kaltblütigkeit ersinnt und verfolgt sie ihren Racheplan. Besonderen Wert legt der Erzähler auf die Feststellung, daß ihre Rachsucht niemanden verbessert habe[12]. Ihre Rache dient somit ausschließlich der persönlichen Befriedigung, was in den Augen der Rezipienten nicht gebilligt werden kann. Sie scheidet als Identifikationsfigur ebenfalls aus.

Durch die Anwesenheit von vier moralisch negativ bewerteten Figuren und der gleichzeitigen Abwesenheit einer positiven Identifikationsfigur scheint Diderots Vermittlungsmodell in Frage gestellt zu sein. Ein „interesseloses Glücksstreben" läßt sich ebensowenig entdecken wie ein Sympathieträger, der als affektiver Bezugspunkt des Rezipienten dienen könnte. Eine prozessuale moralische Vermittlungsstrategie affektiver Prägung scheidet damit aus.

Um den funktionalen Anspruch der Gattung nicht aufgeben zu müssen, greift Diderot folgerichtig zunächst auf das traditionelle finale Rechtfertigungsmodell der belohnten Tugend und des bestraften Lasters zurück. Mit Blick auf seine Protagonisten demonstriert Diderot die diesem Modell innewohnenden Möglichkeiten moraldidaktischer Unterweisung. Mme d'Aisnon als zweifellos negativste Figur der Erzählung, an der sich keinerlei positive Züge finden lassen, ereilt gemäß

---

[8] Ebd., S. 112.
[9] Ebd., S. 128.
[10] Ebd., S. 111.
[11] Ebd., S. 127.
[12] Vgl. ebd., S. 127.

dem Prinzip der poetischen Gerechtigkeit der Tod. Von Bedeutung ist dabei nicht etwa das Leiden vor dem Tode, sondern das Ableben überhaupt.

Ein ganz anderer Protagonistentyp realisiert sich in ihrer Tochter: Melle Aisnon verkörpert das Prinzip der tätigen Reue. Zwar sind ihre moralischen Verfehlungen bis zur Hochzeit mit dem Marquis evident, doch spätestens als der Marquis die Wahrheit über ihr Vorleben erfährt, unterwirft sie sich ganz seiner Autorität und schwört ihrem bisherigen Leben ab. Ihr moralischer Gesinnungswandel wird durch Glückserfüllung betont. Im Sinne des Tugendbegriffs Shaftesburys muß ihre moralische Bekehrung als authentisch interpretiert werden. Dennoch werden die dieser Konstellation potentiell innewohnenden affektiven Wirkungsmöglichkeiten von der Narration übergangen.

Ein verwandter Protagonistentyp ist der Marquis des Arcis. Seine charakterliche Oberflächlichkeit und die Unaufrichtigkeit gegenüber Mme de la Pommeraye wird zunächst durch die Qualen gesühnt, die er im Verlauf der Intrige erleidet. Zudem empfängt er seine gerechte Strafe in Gestalt seines gesellschaftlichen Ansehensverlusts. Am Ende bewirkt jedoch eben dieser einen markanten Sinneswandel sowie eine moralischen Verbesserung, die ihn mit seiner jungen Frau glücklich werden und sogar zu der Feststellung kommen läßt: „cette Pommeraye, au lieu de se venger, m'aura rendu un grand service."[13]

In den genannten Fällen kommt also die traditionelle finale Legitimation bzw. das Modell der Belohnung durch Glückserfüllung zur Geltung. Beide setzen voraus, daß alle Handlungsstränge zu Ende geführt werden und die Erzählung geschlossen ist. Eine bemerkenswerte Ausnahme von diesem narrativen Schema bildet Mme de la Pommeraye selbst. Nachdem sie den Marquis schriftlich von der Vorgeschichte Melle d'Aisnons unterrichtet und ihre Rache vollendet hat, tritt sie nicht mehr in Erscheinung. Trotz des Handlungsumschwungs, der durch den abschließenden Neigungswandel des Marquis initiiert wird, bleibt ihr weiteres Schicksal im Dunkeln. Weder erfährt der Leser, ob ihr betrügerisches und intrigantes Verhalten in irgendeiner Weise bestraft wird oder ob sie nach Abschluß ihres Rachefeldzugs die angestrebte Befriedigung findet. Ganz offensichtlich läßt sie sich weder unter das finale Modell rationaler Erfolgsabschätzung, noch unter das Modell affektiver Identifikation subsumieren. Sie fällt damit scheinbar aus dem moralischen Vermittlungsrahmen aufklärerischer Literaturbegriffe heraus.

*

Der prekäre moralische Status der Mme de la Pommeraye gibt Anlaß zu weiteren Fragen. Welchen Stellenwert hat eine moralisch negative Figur innerhalb eines offenen Handlungsgefüges? Inwiefern kann eine schillernde Figur wie Mme de la Pommeraye den Rezipienten doch Identifikationsangebote unterbreiten? Und

---

[13] Ebd., S. 159.

schließlich: Wie läßt sich das aufklärerische Modell literarischer Normenvermittlung in dieser Erzählung überhaupt aufrechterhalten?

Eine Hilfestellung bei der Beantwortung dieser Fragen bietet Alberto Moravia. In seinem Werk *L'uomo come fine et altri saggi* formuliert er mit Bezug auf Boccaccios *Decamerone* eine Theorie des Betrugs, die in unserem Kontext weiterführende Hinweise gibt:

> Nell'inganno, l'ingannatore viene a trovarsi rispetto all'ingannato in una singolare condizione di libertà e di potenza. Esso sa di ingannare mentre la sua vittima non sa di essere ingannato. La sua libertà è illimitata finché l'inganno dura; e la sua azione, appunto perché fondata sopra un compiacimento contemplativo, è del tutto gratuità e fine a se stessa.. Inoltre ingannare vuol dire agire senza pericoli, sottraendosi alle conseguenze immediate dell'azione, agire dal covo caldo e perfettamente sicuro della finzione. [...] L'inganno è un sogno di azione che non potendo esplicarsi nella maniera franca ripiega sopra la maschera. Vagheggeranno gli inganni, come è giusto, sopratutto colore che si sentono troppo al disotto delle esigenze di un azione aperta e brutale. Nell'inganno è una rivalsa dell'ingegno sopra la forza e su tutti gli altri elementi irrazionali.[14]

Nach Moravia beinhaltet jeder Betrug drei Elemente, die mit der aufklärerischen Anthropologie und Sozialphilosophie durchaus kompatibel sind: Erstens, so betont Moravia, kennzeichnet den Betrug ein Akt der Freiheit, zweitens ein Sieg der Rationalität über das Irrationale und drittens schließlich bewirkt er eine Umkehrung von Herrschaftsverhältnissen und realisiert damit das Egalitätsprinzip. Alle Elemente sind der Aufklärungsphilosophie Diderots kompatibel und, wie zu zeigen ist, in der Erzählung nachweisbar.

Zunächst zum Aspekt der Freiheit: Um Mme und Melle d'Aisnon dazu zu bewegen, sich an ihrer Intrige zu beteiligen, führt Mme de la Pommeraye aus: „Si je me mettais en tête de vous faire à l'une et à l'autre le sort le plus brillant, vous y consentiriez donc."[15] Sie läßt beide über ihre wirklichen Motive im Unklaren und begründet ihr Verhalten als reine Willkür. Damit trifft sie insofern etwas Richti-

---

[14] A. Moravia, „Boccaccio", in: A.M., *L'uomo come fine et altri saggi*, Milano 1964, S. 144f., zit. nach der Übersetzung von P. Bürger, „Alberto Moravia: Boccaccio", in: P.B. (Hrsg.), *Boccaccios Decameron*, Darmstadt 1974, S. 78f.: „Im Betrug ist der Betrüger gegenüber dem Betrogenen in der einzigartigen Situation der Freiheit und Überlegenheit: er weiß, daß er betrügt, während sein Opfer nicht weiß, daß es betrogen wird. Die Freiheit des Betrügers ist unbegrenzt, solange der Betrug dauert; sein Tun ist, gerade weil es auf selbstzufriedenem Zuschauen beruht, ganz und gar interesselos; es hat seinen Zweck in sich selbst. Betrügen bedeutet darüber hinaus, daß man gefahrlos handelt und sich der unmittelbaren Folgen der Aktion entzieht; man inszeniert den Betrug aus dem warmen und völlig sicheren Hort der Verstellung. [...] Ein Betrug ist der Wunsch zu handeln, der sich nicht offen entfalten kann und daher auf die Verstellung zurückgreift. Am Betrug findet natürlicherweise Gefallen, wer sich den Anforderungen der offenen und brutalen Aktion nicht gewachsen fühlt. Der Betrug ist die Rache des Verstandes über die Gewalt und das Irrationale."

[15] D. Diderot, „Jacques le fataliste et son maître", S. 128.

ges, als ihr Verhalten weder an moralische Normen, noch an andere Verpflichtungen oder gar ihrem Gewissen gebunden ist. Willkür steht hier als Synonym für ihre uneingeschränkte Handlungsfreiheit.

Als der Marquis von Liebe entbrannt finanzielle Angebote macht, auf die Mme d'Aisnon eingehen möchte, weist Mme de la Pommeraye sie mehrmals scharf in die Schranken. Mit Worten wie „ce n'était pas là le compte de Mme de la Pommeraye"[16] unterstreicht der Erzähler die Unabhängigkeit seiner Protagonistin, die niemandem verpflichtet ist und alle Menschen für ihre Zwecke instrumentalisiert. Dies zeigt sich besonders deutlich auch in der Formulierung des Ehevertrags zwischen dem Marquis des Arcis und Melle d'Aisnon, an der Mme de la Pommeraye maßgeblich beteiligt ist: „Mme de la Pommeraye mit à ses informations toute l'exactitude et la célérité qu'elle voulut."[17] In ihrer nahezu vollständigen Handlungsautonomie tritt eine individuelle Freiheit hervor, die durch keine gesellschaftlichen Normen oder Selbstverpflichtungen eingeschränkt ist.

Zum Aspekt der Rationalität: An verschiedenen Stellen wird die Kaltblütigkeit und Zielstrebigkeit hervorgehoben, mit der Mme de la Pommeraye ihren Rachefeldzug plant und durchführt. Kurz nach ihrer List des fingierten Geständnisses, die ihr Gewißheit über den Verrat ihres Mannes brachte, heißt es: „Lorsque les premières fureurs furent calmées, et qu'elle jouit de toute la tranquillité de son indignation, elle songea à se venger, [...]"[18]. Ganz offensichtlich setzt Rache ein geplantes und zielgerichtetes Verhalten, kurz: ein rationales Verhalten voraus. Die Kaltblütigkeit, mit der Mme de la Pommeraye die Zusammentreffen zwischen dem Marquis und den d'Aisnon inszeniert, sowie das scheinbare Unbeteiligtsein, mit dem sie zwischen beiden Parteien vermittelt, werden durch die begleitenden Kommentare des Maître und Jacques deutlich markiert. Etwa wenn es heißt: „Voilà une terrible tête de femme!"[19] oder „[...] quel diable de femme! l'enfer n'est pas pire."[20]

Kurz vor Vollendung des Rachefeldzugs bei Aufsetzung des Ehekontrakts ermahnt Mme de la Pommeraye den Marquis ironischerweise noch einmal, sich alles genau zu überlegen: „Marquis, l'affaire est grave, et demande de la réflexion. [...] Vous pourriez vous tromper."[21] Triumphaler läßt sich der Sieg der Vernunft über die Irrationalität kaum darstellen.

Zum Egalitätsprinzip: Die Beziehung zwischen dem Marquis des Arcis und Mme de Pommeraye werden zunächst als patriarchalisch beschrieben. In zahlreichen Wiederholungen wird er als Handelnder vorgestellt (il passa...; il manqua...; il abrégea...; il disait...; il se retirât...) während von Mme de la Pommeraye ganz monoton heißt, daß sie einwilligt: „Il lui proposa de se répandre dans la société: elle y

---

[16] Ebd., S. 150.
[17] Ebd., S. 155.
[18] Ebd., S. 127.
[19] Ebd., S. 132.
[20] Ebd., S. 145.
[21] Ebd., S. 153.

consentit; à recevoir quelques femmes et quelques hommes: et elle y consentit; à avoir un dîner-souper: et elle y consentit."[22]

Während ihres Rachefeldzugs kippt das Verhältnis plötzlich um. Mme de la Pommeraye wird zum dominanten Partner in ihrer Beziehung. Am deutlichsten wird dies vielleicht schon in der Passage des fingierten Geständnisses, mit dem Mme de la Pommeraye Aufschluß über die wahren Einstellungen des Marquis gewinnt. Des Arcis, der sich aufgrund des Geständnisses in einer überlegenen Position glaubt, stellt ohne dies zu ahnen die Wahrheit fest, wenn er ausruft: „Ah! quelle supériorité ce moment vous donne sur moi! Que je vous vois grande et que je me trouve petit!"[23] Der Marquis, der sich hier auf die moralische Überlegenheit seiner Frau bezieht, ahnt nicht, daß er hier reale Herrschaftsverhältnisse anspricht.

In ihrer Rolle als Vermittlerin treibt sie den Marquis schließlich so weit in ihre Abhängigkeit, daß er gestehen muß: „Mon amie, si vous m'abandonnez, je suis perdu!"[24] Die Abhängigkeitsverhältnisse sind ganz offensichtlich umgeschlagen. Mme de la Pommeraye hat die Zwänge der patriarchalischen Gesellschaft überwunden und kehrt die Herrschaftsverhältnisse de facto um. Da die patriarchalische Gesellschaft aber auch weiterhin den Rahmen ihrer Handlungen bildet, besteht zwischen beiden faktisch eine Gleichheit: das aufklärerische Egalitätsprinzip ist partiell realisiert.

*

Die eingebettete Erzählung läßt, wie der Roman insgesamt, viele Probleme offen. Hierzu zählt u.a. die Frage, ob die Rache Mme de la Pommerayes als erfolgreich angesehen werden kann. Zwar erreicht sie zunächst das Ziel, den Marquis öffentlich bloßzustellen und sein Selbstwertgefühl ins Wanken zu bringen. Seine spätere Liebe zu der moralisch geläuterten Melle d'Aisnon kann aber auch als Scheitern der Protagonistin interpretiert werden. Abgesehen davon, daß sie kaum Züge von Innerlichkeit aufweist, läßt sich nicht ermitteln, ob sie durch ihr Handeln glücklich wird, was vor dem Hintergrund des Tugendbegriffs Shaftesburys als Indiz für moralisches Verhalten zu werten wäre.

Tatsächlich treffen wir in der eingebetteten Erzählung auf eine Protagonistin, die trotz ihrer außerordentlichen moralischen Gefährlichkeit und ihrer Betrügereien – sie richtet beinahe drei andere Protagonisten zugrunde – nicht den Widerwillen der Rezipienten erregt. Sie kann ganz im Gegenteil sogar eine gewisse Sympathie für sich beanspruchen, die insbesondere durch die ausführlich entwickelte Vorgeschichte aufgebaut wird. Freilich kann eine solche Figur im Kontext der Aufklärungsliteratur insofern noch keinen Platz beanspruchen, als mit ihrer Hilfe keine affirmative Wertevermittlung möglich ist. Dem Erzähler bleibt vor diesem Hintergrund nur die Möglichkeit, sie nach vollzogener Rache einfach zum Ver-

---

[22] Ebd., S. 112.
[23] Ebd., S. 115.
[24] Ebd., S. 144.

schwinden zu bringen. Dennoch enthält sie ein narratives Potential, an das insbesondere der realistische Roman anknüpfen konnte. Ihr moralisch ambivalenter Status ist geeignet, eine Normendiskussion zu initiieren, die potentiell sogar zur Negation moralischer Prinzipien führen könnte.

Es wäre sicher verfehlt, Mme de la Pommeraye als eine Nana *avant la lettre* zu interpretieren. Sie taugt schon deshalb nicht als Fixpunkt literarischer Desillusionierung, weil das biographische Prinzip nicht zu Ende geführt wird und die Protagonistin unvermittelt verschwindet. Wie Diderot in seinen romantheoretischen Stellungnahmen selbst bekundet, steht er fest auf dem Boden der aufklärerischen Normenvermittlung, was durch die Analyse seiner literarischen Verfahren letztlich gestützt wird. Die Motive, die ihn veranlaßt haben, eine moralische negative Gestalt mit bestimmten Sympathiewerten auszustatten, können mit Hilfe Alberto Moravias als Demonstration individueller Freiheit, dem Sieg der Vernunft über das Irrationale und zumindest partiellen Realisierung des Egalitätsprinzips interpretiert werden. Im Rahmen dieser abstrakten Funktionalisierungen dieser überaus schillernden Protagonistin jedoch hätte er seinen eigenen literarischen Anspruch, den wir etwa in der *Eloge de Richardson* entwickelt finden, weit hinter sich gelassen. Treffen diese Überlegungen zu, fällt *Jacques le fataliste* aus der Liste der Unterhaltungs- und der didaktischen Romane heraus und muß als eminent philosophischer Roman angesehen werden.

Matthias Waltz

Das Objekt des Begehrens im Betrug (Boccaccio, Crébillon fils)

Was ist die Beziehung von *Liebe und Betrug*? Das umfangreiche Buch von Manfred Schneider, das genau diesen Titel trägt[1], geht von der These aus, daß die Sprache der Liebe ihrem Wesen nach eine betrügerische Sprache ist. Dieser Gedanke wird in verschiedenen Richtungen entwickelt; im Zentrum steht der Gedanke, daß Verlangen durch Illusionen, also durch Täuschungen erzeugt wird und Illusionen erzeugt. Das Buch beschreibt die Versuche der Sophisten, Platoniker, Christen und anderer Vertreter der Vernunft bis hin zu den New Age-Propheten, die Liebe in Sprachen der Wahrheit zu fassen. Am Ende des Buchs steht der Appell, den Betrug zu entkriminalisieren, „Täuschung als unvermeidliche Bedingung alles Sprechens (anzuerkennen), das Macht und Verlangen ins Spiel bringt"[2]. Illusion ist ein Begriff, der auf Wahrheit verweist. Bei Schneider sind die Sprachen der Liebe allesamt illusionär. Wahrheit ist nur außersprachlich. Wahr ist das *Zwitschern des Fleisches;* ein anderes Jenseits der immer täuschenden Sprache sind die Hunde, die die Menschen nicht an ihren Worten und Namen, sondern an ihrem Geruch erkennen und deren Gesellschaft die Liebenden suchen. Das ist eine witzige Neuformulierung des alten Biologismus. Sexualität ist natürlich, aber nicht nur das biologisch Sexuelle. Auch bei Manfred Schneider zwitschert das Fleisch in aller Regel, wenn Männlein und Weiblein sich treffen; d.h. in einer solchen Begrifflichkeit ist die Natürlichkeit der Geschlechterdefinition und des zwischengeschlechtlichen Begehrens mitgesetzt.

Das sind Voraussetzungen, die eigentlich schon bei Freud und sehr intensiv in den neueren Diskussionen in Zweifel gezogen werden. Ich werde im folgenden Fragen stellen, die sich aus dieser Position des Zweifels ergeben, und zwar auf der Basis der Lacanschen Theorie. Lacans Versuch, die Beziehung der Geschlechter theoretisch zu rekonstruieren, liegt zwischen dem alten Biologismus und der Vorstellung, Geschlechterbeziehungen seien total kulturell konstruiert. Einerseits –

---

[1] M. Schneider, *Liebe und Betrug*. Die Sprachen des Verlangens, München/Wien 1992.
[2] M. Schneider, *Liebe und Betrug*, S. 434.

„du côté du vivant"³ – ist der Ausgangspunkt der mythische Verlust an Leben, der für die Subjekte mit der sexuellen Form der Fortpflanzung gegeben ist und die Folgen dieses Verlusts für das von der Sprache erfaßte Lebewesen.

„Du côté de l'Autre" liegt die Begegnung mit dem Austausch der Signifikanten, mit den Idealen, die diese tragen, mit den elementaren Strukturen der Verwandtschaft, der Metapher des Vaters. Dort stehen die Worte unter der Forderung der Wahrheit, es entstehen Normen, eine Ordnung, die dem Subjekt sagt, was es als Mann und Frau zu tun hat.

Im folgenden wird es nur um die „Seite des Anderen" gehen, um die kulturelle Ordnung der Geschlechter und des Begehrens. Ich will zeigen, daß es eine *Wahrheit des Begehrens* geben kann, in einem doppelten Sinn: Betrug verlangt, daß man sich mit der Ordnung identifiziert, die man betrügt. Und, wie Plato es von den Räubern gesagt hat, Betrüger brauchen ein Gesetz, das sie verbindet.

Wie kann man von Wahrheit des Begehrens, von Wahrheit der Liebe sprechen? Ganz ausweichen kann man dieser Dimension jedenfalls nicht. Auch heute noch gehört zum Standard einer Liebesgeschichte eine Selbstbefragung des Subjekts: „Warum liebe ich? Was an der geliebten Person ist es, das mich lieben läßt?" und: „Liebe ich wirklich?" Heute gibt es auf die erste Frage, wenn überhaupt, nur individuelle Antworten. Es geht vorwiegend um die zweite Frage, bei der die Gewißheit der Liebe ins Spiel kommt. Wir werden uns hier mit den vorbürgerlichen Verhältnissen beschäftigen. In diesen wird die Gewißheit kaum zum Problem; dafür gibt es ein kulturelles System von Gründen, die Männer und Frauen füreinander begehrenswert machen. Wenn eine Frau geliebt wird, so wird sie geliebt „als...", als die Tochter des Königs von Neapel, als besonders anmutig, geistvoll, schön, tugendhaft. Das ganze Buch hindurch will Manfred Schneider beweisen, daß in der Liebe Sprache nur als täuschender Kanal funktionieren kann, aber in der vorbürgerlichen Welt begründet sich die Liebe in einer Sprache, die Wahrheitsgeltung beanspruchen kann. Im Extremfall kommt die Liebe ohne Begegnung aus; es genügt ein Katalog von Eigenschaften, um die heftigste Leidenschaft auszulösen.

Wenn ein Mann geliebt wird „als...", dann heißt das auch, in Lacans Formulierung, daß „ein Mann als männlicher immer mehr oder weniger seine eigene Metapher ist."⁴ Der Effekt einer Metapher ist eine Identifikation. Begehren und Liebe identifizieren. „Ich liebe dich" ist nicht eine Aussage über einen Sachverhalt, sondern ein performativer Satz. Er sagt: „Ich will der sein, für den du dieses und dieses und dieses bist", wobei sich der konkrete Inhalt aus dem spezifischen, jeweils die Liebesbeziehungen regulierenden Code ergibt. „Wahre Liebe" heißt dann nicht nur, daß das Subjekt sich und das Objekt in einer Beziehung identifiziert, sondern auch, daß es die Macht des Codes über sich anerkennt. Wenn die Liebe als göttlich

---

³ J. Lacan, *Ecrits*, Paris 1966, S. 849.

⁴ J. Lacan, *Le séminaire. Livre V: Les formations de l'inconscient* (1957-1958), hrsg. von J.-A. Miller, Paris 1998, S. 195: „Je vous fais remarquer qu'en tant qu'il est viril, un homme est toujours plus ou moins sa propre métaphore."

angesprochen wird, so bezeichnet das nicht nur ihre Macht, sondern auch die Gesetzlichkeit dieser Macht.

Das Gesetz erzeugt die Lust am Betrug und macht aus dem Betrügen die höchste Lust; das möchte ich am Beispiel des *Decamerone* zeigen. Wenn das Gesetz seine Kraft verliert, dann ist natürlich auch der Betrug uninteressant. Das erotische Problem besteht dann darin, das Gesetz wenigstens für einen Moment wiederherzustellen; und dafür braucht es die Täuschung. Das soll an Texten aus dem 17. und 18. Jahrhundert dargestellt werden.

*

Madonna Lisetta aus der zweiten Novelle des vierten Buchs des *Decamerone* ist deswegen an einem Liebhaber nicht interessiert, weil sie keinen Mann sieht, der ihrer einzigartigen Schönheit würdig wäre. Ihr Beichtvater, Fra Alberto, ein falscher Mönch, merkt sofort, daß das ein Acker für seinen Pflug ist, er redet ihr ein, der Erzengel Gabriel habe sich in sie verliebt und wolle sie in seiner, Albertos Gestalt besuchen; was dann auch geschieht. Jeder Mann ist eine Metapher, aber Fra Alberto als Gabriel ist es in einer besonders drastischen Weise. Die wenigen Male, wo im *Decamerone* sexuelle Akte explizit dargestellt werden, geschieht das fast immer in solchen Figuren metaphorischer Täuschung: in der Novelle von dem Einsiedler (III, 10), der den Besuch eines jungen Mädchens bekommt, als die Gott wohlgefällige Aktion, den Teufel in die Hölle zu stecken; in der Novelle von der jungen Bauersfrau, die in eine Stute verwandelt werden möchte, in einer derb sexuellen Form. In der idyllischen Erzählung V, 4, in der das männliche Glied als Nachtigall apostrophiert wird, geht die metaphorische Aktivität nicht vom Verführer aus, sondern vom Vater; sie zielt nicht auf Täuschung, sondern auf Befriedung der durch die ordnungsbrechende Liebesnacht geschaffenen Situation. Anstatt den obligaten Weg der Rache zu gehen, zwingt der Vater den Besitzer der Nachtigall zur Ehe, so daß er dann „die Nachtigall in seinen eigenen Käfig getan hat und nicht in den anderer Leute."[5]

Hier wird die auffällige Nachtigallenmetapher, die der eigentliche Gehalt der ansonsten ereignislosen Novelle ist, verdoppelt durch eine zweite unauffällige Metaphorik, die des Eigentums. Man weiß, daß in der vorbürgerlichen Welt das Geschlechterverhältnis massiv über eine Semantik des Eigentums codiert ist. Vor allem in der historiographischen Literatur führt das zu dem gängigen Fehlurteil, bis ins 18. Jahrhundert seien Eheschließungen vor allem durch ökonomische Interessen bedingt und erst ab dann würde Ehe typischerweise mit Liebe verbunden. Dabei wird die aus anderen Zusammenhängen bestens bekannte Tatsache ignoriert, daß in der vorbürgerlichen Welt Eigentum auch in seinem materiellen Sinn ein symbolisches System ist, und zwar im Gegensatz zu heute, wo Eigentum na-

---

[5] G. Boccaccio, *Il Decamerone*, hrsg. von A. Ottolini, Milano 1951, S. 337: „[...] egli si troverà aver messo l'ussignuolo nella gabbia sua e non nell'altrui."

türlich auch noch massive symbolische Bedeutungen hat, in einer festen (und im Lauf der Geschichte unterschiedlich) codierten Form. Das bedeutet, daß Eigentum identifiziert; das kann es tun, weil es in eine Ordnung des symbolischen Austauschs im Sinn von Marcel Mauss eingebunden ist. Die genealogische Familie ist der eigentliche Träger allen Eigentums; die Familien, nicht Individuen, inkarnieren soziale Positionen. Die Familien konkurrieren, sie verbinden sich, die Verbindungen sind das wichtigste Instrument der Konkurrenz, und der Austausch der Frauen ist das wichtigste Instrument der Verbindung. Als ein System der symbolisch codierten, nicht nur ökonomischen Konkurrenz und des Austauschs schafft diese Ordnung Signifikanten, Werte, kodifizierte Objekte des Begehrens. Männer und Frauen sind auch Signifikanten, als die Träger der Familienzugehörigkeit und der in der Konkurrenz und im Austausch gewünschten Tugenden; hier schließt sich eine ganze umfangreiche Semantik an, zu der für Frauen vor allem auch die Schönheit gehört. Der Kern dieser Tugenden – was sich bei Frauen unter Worten wie *costumata* oder *onesta* verbirgt – ist die Identifikation mit dieser Zugehörigkeit und den sich aus ihr ergebenden Anforderungen. Identifikation ist *nicht* einfach Übereinstimmung; Lacan bestimmt das Subjekt gerade dadurch, daß es mit seinen Identifikationen nicht übereinstimmt. Identifikationen sind aber auch nicht Rollen, die man wählen kann. Es sind internalisierte unbewußte Signifikanten, die das Subjekt in der fundamentalen, das Leben bestimmenden Auseinandersetzung mit den Vertretern des Anderen einsetzen kann. Die Fähigkeit, die Identifikationen bewußt zu übernehmen und für sie öffentlich einzustehen, nennt Boccaccio *grandezza dell'animo*[6].

Ein großer Teil der Novellen des *Decamerone* erzählt ernste oder heitere Betrugsgeschichten, wobei die Erzählung fast immer die Partei des illegalen Paares ergreift. Diese Geschichten appellieren an ganz verschiedene Codes. Am höchsten steht der Code der höfischen Liebe, ein durch die Literatur etablierter echter Alternativcode zu dem offiziellen, für den es, trotz der Heimlichkeit der konkreten Beziehungen, einen öffentlichen Raum gibt, den Raum, in dem sich die Werbung abspielt und in dem, nach dem tragischen Ende, die Liebe gefeiert wird. Ganz unten stehen verschiedene Arten käuflicher Beziehungen und die wirkliche Prostitution, die auch gelegentlich detailreich beschrieben wird. Für uns am interessantesten ist der mittlere Bereich, aus dem ich eine typische Novelle, die neunte des siebten Tages, kurz vorstellen möchte. Einer jungen, mit einem vorzüglichen, aber zu alten Mann verheirateten Dame fehlt das, „woran die jungen Frauen am meisten Vergnügen haben."[7] Darauf beschließt sie, sich einen Liebhaber zu suchen, sie sucht sich einen jungen Mann aus, den vertrauten Diener ihres Gatten, der alle denkbaren Vorzüge besitzt, verliebt sich in ihn und trägt ihm durch ihre Magd ihre Liebe an. Der junge Mann fürchtet nun, sie sei von ihrem Mann angestiftet,

---

[6] Ein Beipiel dafür ist Ghismonda aus der ersten Novelle des vierten Buchs, von der noch später die Rede sein wird.

[7] G. Boccaccio, *Il Decamerone*, S. 453: „[...] di quello che le giovani donne prendono più piacere io vivo poco contenta."

der ihn auf die Probe stellen wolle, und er verlangt Garantien: sie solle den Lieblingsfalken ihres Manns vor dessen Augen töten, sie soll ihm eine Locke von dem Bart des Gatten und einen seiner Zähne schicken. Die Frau erfüllt nicht nur diese Aufgaben, sie fügt noch eine weitere hinzu: sie wolle sich in Gegenwart ihres Mannes mit ihm vergnügen. Auch das gelingt ihr, indem sie den Mann glauben macht, der Birnbaum, von dem aus er die Szene beobachtet hat, erzeuge Trugbilder.

Genügt es, in dieser Novelle den Konflikt von moralischem Gesetz und individuellem Recht auf sinnliche Befriedigung zu sehen? Diese Lesart ignoriert gerade das Auffälligste: die Triangulierung der erotischen Szene, die Inszenierung der sexuellen Lust als Lust am Betrug. Das Objekt des Begehrens ist nicht die Frau, sondern die Frau als Eigentum eines anderen. Die Frau, die einem Mann (von ihrem Vater) *gegeben worden* ist, der sie (im sexuellen Sinn des Wortes) nicht zu würdigen weiß, *schenkt sich selbst* vor dessen Augen einem besseren Mann. Die ganze erotische Konstellation ist in dem Code von Eigentum und Gabe gefaßt.

*

Man könnte Boccaccios Novellen daraufhin durchgehen, welche Varianten und Merkwürdigkeiten die Codierung der Geschlechterbeziehung als Eigentum und Gabe produziert. Ich möchte hier einen anderen Weg gehen und an Texten aus dem 17. und 18. Jahrhundert zeigen, was es für Folgen hat, wenn das Prinzip des identifizierenden Eigentums als Code nicht mehr zur Verfügung steht. Durch die Allgegenwart des Eigentumscodes werden die metaphorischen Bewegungen möglich, durch die Männer „als..." und Frauen „als..." zu Objekten des Begehrens werden. Die Auflösung des Codes macht genau dieses „als", als was Männer und Frauen begehrt werden, ihre Konstruktion als Objekte des Begehrens, zum Problem.

Dieses Problem möchte ich an einer eingeschobenen Geschichte aus der *Clélie*[8] deutlich machen. Den Erzähler hat es auf eine Insel verschlagen, wo er auf eine Salongesellschaft trifft, wie wir sie überall in der *Clélie* finden. Er verliebt sich, die Liebe wird erwidert. Eines Tages erfährt er, daß die Frau vorher eine Beziehung mit einem Mann hatte, der zwar alle Eigenschaften eines *honnête homme* besaß, aber aus irgendwelchen Gründen in der Gesellschaft eine Zielscheibe des Spottes war. Dieses Wissen bringt die Liebe zum Erlöschen. Nicht wegen der Tatsache einer früheren Beziehung, sondern wegen der Aura des Lächerlichen, die dem früheren Freund anhaftet und auf die Frau abfärbt. Geschichten dieser Art findet man ab dem 18. Jahrhundert die Menge, vor der Entstehungszeit der *Clélie* gibt es sie nicht. Sie erlauben es, die Frage zu stellen, mit welchen Mechanismen Begehren erzeugt wird und wie sich die Dimension des Paktes und der Wahrheit mit dem Begehren verbindet und von ihm löst.

---

[8] M. de Scudéry, *Clélie. Histoire Romaine* [Augustin Courbé], Paris 1660, Livre III, tome 2, S. 1202-1370.

Für uns ist es selbstverständlich, eine durch Formen sozialen Prestiges erzeugte Liebesbeziehung als falsche, nur konventionelle anzusehen[9]. Wenn man sich für eine ethnologische Geschichte der Liebe interessiert, d.h. die historischen Konstellationen der Geschlechterbeziehung als einen systematischen Zusammenhang beschreiben will, dann muß man solche Selbstverständlichkeiten in Fragen verwandeln; hier geht es um die Frage, warum ein sozial induziertes Begehren ab einem gewissen Zeitpunkt als lächerlich gilt.

Wenn sich Frauen im *Decamerone* umschauen, in welche Männer sie sich verlieben möchten, dann schauen sie nach einem klar umrissenen Bündel von Eigenschaften. Im Extrem genügt die Aufzählung selbst ohne persönliche Bekanntschaft, um eine Leidenschaft zu erzeugen, wie in der Novelle IV,4. Hier – wie in der *Clélie* – ist es ein sozialer Mechanismus, der das Verlangen erzeugt. Warum genau ist der Effekt ganz verschieden?

Wir müssen auf den Lacanschen Begriff der symbolischen Identifikation zurückkommen. Symbolische Identifikation heißt, daß das Subjekt sich von dem Ort des Gesetzes aus sieht, sich selbst als das erlebt, als was es von dem Gesetz aus gesehen wird. Bei Boccaccio ist dieses Gesetz das tatsächlich noch gültige der genealogischen Familie und der Ehre, sein Vertreter ist der Vater in dem alten starken Sinn des Wortes, der symbolische Vater Lacans. Das Gesetz ist universal und total, es gibt weder in der Welt noch im Subjekt ein Außen, von dem aus man es in Frage stellen könnte[10]; es begründet eine gemeinsame, die ganze Person erfassende Identifikation, auf der alle weiteren Identifikationen aufbauen. Die Salongesellschaften stehen außerhalb des symbolischen Raums der Familien. Wenn sie auch einen bestimmten sozialen Status als Zugangsvoraussetzung verlangen, so sind sie doch gerade dadurch definiert, daß sie eine von der sozialen Ordnung unabhängige Rangordnung schaffen, eigene Objekte des Begehrens und eigene Identifikationen. Diese Gesellschaften identifizieren nie total; ihr Gesetz erscheint zwar als mächtig, auch innerlich mächtig, aber immer als gesetzt, als willkürlich und konventionell. Zur symbolischen Identifikation gehört ein Akt der Bejahung, d.h. die Übernahme der Figur, als die der Andere mich sieht, als mein eigenes wahres Ich. Wenn Versac in den *Égarements du cœur et de l'esprit*[11] den Erzähler in die Gesellschaft initiieren will und ihm zeigt, was er selber ist, und was der junge Protagonist zu werden hat, dann spricht er von sich als einem anderen. Von der Gesellschaft geht zwar ein absoluter Imperativ aus, dem er zu folgen hat, aber es ist unmöglich, die Person, die dieser Imperativ erzeugt, als sein eigenes Selbst zu übernehmen.

---

[9] Das ist sehr ungenau ausgedrückt. Groupies, die mit Popstars ins Bett gehen, werden belächelt. Wenn eine Frau einen Mann liebt, weil er phantasievoll und engagiert ist, finden wir das eher normal. Der entscheidende Unterschied besteht wahrscheinlich darin, ob wir das System der Werte von innen oder von außen betrachten. Das bedeutet dann auch, daß die beiden Typen der Konstruktion von Begehrenspositionen, die wir unterschiedlichen Momenten einer Entwicklungslogik zuschreiben, in unserer Kultur nebeneinander existieren.

[10] Dieser Satz müßte ausführlicher diskutiert werden, wozu hier der Raum fehlt.

[11] Crébillon fils, *Les égarements du cœur et de l'esprit,* hrsg. von Etiemble, Paris 1977, S. 236-258.

Ich möchte an drei Bereichen zeigen, was diese Neuorganisation der Identifikationen für den Betrug bedeutet, für das Subjekt im Betrug, die Rolle des Sexes, die Dimension des Pakts zwischen dem betrügerischen Paar. In Marivaux' *Paysan parvenu*[12] hat eine vornehme Dame, Madame de Fervacques, die in der Gesellschaft die Rolle der *dévote* spielt, dem Protagonisten, Jacques, der noch vor kurzem nicht mehr als ein Diener war, in einem zweideutigen Haus ein Rendezvous gegeben; dabei wird sie von einem ihrer (standesgemäßen) Verehrer überrascht, den sie abgewiesen hatte und der außerdem noch Jacques aus seiner Zeit als Diener kennt. Der Verehrer scheut sich nicht, die Situation für seine Wünsche auszunützen. Die Dame fürchtet den Verlust ihres Rufes, schickt Jacques weg und fügt sich mit umschweifigen Reden in ihr Schicksal. In der Anlage ist das eine Situation, die auch für Boccaccio typisch ist: die bei einer verbotenen Liebe ertappte Frau begegnet dem Vertreter des sozialen Gesetzes. Im *Decamerone* muß der Mann in einer solchen Situation diese Rolle in ihrem moralischen Gehalt übernehmen. Er kann das Gesetz milde handhaben, sich sogar darüber hinwegsetzen; aber es ist extrem verwerflich, wenn er es nicht in sich fühlt, wie der homosexuelle Ehemann in der vierten Novelle des fünften Buches, der die Situation ebenso wie im *Paysan parvenu* für seine eigenen erotischen Interessen ausnützt. Die ertappte Frau kann wie Ghismonda reagieren, als stolze Gläubige, die ihre ketzerische Auffassung des Codes verteidigt. In den mehr schwankhaften Novellen herrscht die Lust am Betrug, die ganz und gar auf der Ebene der Eigentumscodierung des Geschlechterverhältnisses liegt: Es ist hochvergnüglich, dem rechtmäßigen Eigentümer seine Schätze zu entwenden, zu genießen ohne zu zahlen. Dabei funktioniert der Betrug als eine metaphorische Codierung des sexuellen Genusses: Das oben angeführte Beispiel, wo der Ehemann vom „verzauberten" Birnbaum aus dem Treiben des Liebespaares zuschaut, ist extrem, aber typisch. Offensichtlich ist der Sex umso schöner, je näher der betrogene Ehemann der Szene ist. Die Lust am Betrug setzt den Glauben an das übertretene Gesetz voraus. Diese Lust ist im 18. Jahrhundert verschwunden. Es macht keinen Spaß, ein Gesetz zu übertreten, an das man nicht glaubt. Für die sexuellen Aktivitäten der prüden Damen, von denen die erotischen Romane des 18. Jahrhunderts voll sind, paßt das Wort Betrug überhaupt nicht mehr, das immer verwendete Wort ist Hypokrisie. In dem Code des *Decamerone* ist sexueller Genuß ein Wert, um den man kämpfen kann. In dem Code der jetzigen guten Gesellschaft ist der Sex, zumindest für die Frauen, kein Wert. Will man ihn doch, muß man den Code verlassen. Daher reden auch die libertinen Romane immer abschätzig über sexuelle Lust. Hypokrisie heißt dann auch im 18. Jahrhundert nicht mehr, wie noch im *Tartuffe*, zu verbergen, woran man eigentlich gebunden ist, sondern zu verbergen, daß man an gar nichts gebunden ist. Marivaux macht konsequenterweise aus der Hypokrisie ein allgegenwärtiges inneres Prinzip, die Unmöglichkeit, zu wissen, was man will, die Unmöglichkeit der Identifikation.

---

[12] Marivaux, *Le paysan parvenu*, hrsg. von F. Deloffre [Garnier], Paris 1969, S.221 ff.

Der frühe Lacan vertritt die Auffassung, daß eine geordnete und dauerhafte Liebesbeziehung nur innerhalb eines Paktes möglich ist. Der Pakt stellt die Beziehung in die Ordnung des Symbolischen, die quer steht zu der Dimension der Gefühle und Leidenschaften. Das immer wiederkehrende Beispiel ist der Satz „tu es ma femme", der performative Satz, der im Appell an die bewußten und unbewußten Signifikanten im Subjekt Identifikationen und Bindungen schafft. Im *Decamerone* steht die Rolle von Macht und Gewalt im Geschlechterverhältnis im Vordergrund, aber die Dimension des Pakts als Grundlage der Ehe ist in einer globalen und selbstverständlichen Weise immer vorhanden; in der Griseldaerzählung, der Abschlußnovelle des *Decamerone*, wird sie in hohem Stil zelebriert. Allerdings in einer merkwürdigen Weise. In dem genealogischen System ist es eine Pflicht zu heiraten, das, was man erhalten hat, weiterzugeben. Der Protagonist, der Markgraf Gualtieri entzieht sich dieser Pflicht. Als er dem sozialen Druck schließlich nachgibt und sich zur Ehe entschließt, wählt er die Tochter eines armen Mannes, und er nimmt sie buchstäblich nackt. Was sie hat, hat sie von ihm. Sie ist nur Schuldnerin, er hat nur Rechte; und er erkennt sie erst als Frau an, als er die Gewißheit hat, daß sie auch als Gräfin an dieser Auffassung der Beziehung festhält, daß sie alles, was sie jetzt besitzt, nie als Eigentum, immer nur als geliehen ansieht und keine Rechte daraus ableitet. Das ist bestimmt keine orthodoxe Interpretation des Codes und keine normale Situation. Normalerweise bringt die Frau Eigentum mit und hat daher auch Rechte, die sie öffentlich geltend machen kann. Der Markgraf wird daher auch von den Zuhörern getadelt, aber Griselda wird wegen ihrer Tugend gerühmt. Wie auch immer, deutlich wird jedenfalls die Interpretation der Ehe im Register des Gabentauschs. Es ist dieses Verhältnis, das die Beziehung von Mann und Frau fundamental bestimmt, ihre wechselseitigen Positionen festlegt, den Pakt begründet und eine bestimmte, uns fremde Form von Liebe entstehen läßt. Auch die verbotenen Beziehungen liegen im Innern des durch den Code geschaffenen Raums und sind durch die Dimension des Gabentauschs und der Pakts bestimmt. In den an die höfische Liebeskonzeption angelehnten Novellen ist das völlig evident. Aber es gilt ebenso für eine Novelle mittleren Stils wie die oben angeführte, wo der Ehemann vom Birnbaum aus den Liebesspielen seiner Frau zuschauen muß. Die Liebesproben, die der Auserkorene von der verliebten jungen Frau verlangt, beweisen den Bruch des ehelichen Pakts, aber etablieren gleichzeitig einen neuen Pakt zwischen dem illegitimen Paar. Daß sich die Betrüger wechselseitig betrügen, gibt es im *Decamerone* nicht, außer wenn es sich um käufliche Verhältnisse handelt.

*

Im 18. Jahrhundert geht es fast ausschließlich darum, wie die Partner in der Liebe nicht so sehr den störenden Dritten, sondern wie sie einander täuschen. Hier wird nun tatsächlich historisch wahr, was Manfred Schneider zur allgemeinen Wahrheit erhebt, daß Begehren nur durch Täuschung entsteht. Diese Täuschung ist nun allerdings etwas ganz anderes als der Betrug bei Boccaccio. Dort ging es um die listige Aneignung eines Guts, das dem Gesetz nach einem anderen gehörte und dessen Wert feststand. Jetzt ist Täuschung das Mittel der Verführung: Es geht darum, durch Spiele mit allen Möglichkeiten der vorhandenen Codes sich zum Objekt des Begehrens für den anderen zu machen[13]. Man erinnert sich an Madame de Lurçay aus den *Égarements du cœur et de l'esprit*: Zuerst war sie liebenswert als die tugendhafte, unerreichbare Frau, was eine doppelte Täuschung darstellte; einmal weil ihre bewegte Vergangenheit einer solchen Beschreibung nicht entsprach, aber auch, weil sie an diesen Code überhaupt nicht glaubte. Als sie in diesem Code nicht mehr attraktiv ist und die Liebe zusammenbricht, wechselt sie zum Code der großen Liebenden und hat damit den gewünschten Erfolg. Die erotische Literatur des 18. Jahrhunderts ist voll von solchen Spielen. Dahinter ist die traurige Überzeugung fühlbar, daß Frauen sich eigentlich nichts anderes wünschen als Sex mit jedem beliebigen Mann. Wenn es viele Codes gibt und keiner verbindlich ist, dann gilt eigentlich überhaupt kein Code. Und ohne verbindlichen Code ist eine Frau nichts wert; und ebensowenig derjenige, den sie begehrt. Nun ist ja, wie Lacan sagt, das Begehren des Mannes phallisches Begehren. Er wird durch das Verlangen der Frau selbst zu etwas Begehrenswertem, aber eben nur, wenn der Wunsch der Frau auf den Phallus geht und nicht auf den Penis, wenn sie die „richtigen" Wünsche hat, d.h. wenn sie sich den Mann wünscht, der die Insignien der symbolischen Ordnung des Sozialen trägt[14]. Der Sultan in Diderots *Bijoux indiscrets* will aus untrüglicher Quelle wissen, was die Frauen begehren. Die Antwort ist immer die gleiche: Sex und Penis. Nur das Kleinod der Favoritin spricht anders: Es will nichts als Mangogul, den reinen Eigennamen oder, wenn man es anders sagt, die Person als solche. Damit gehört nun Mirzoza zu den ganz besonders wertvollen Frauen, die die seltene Eigenschaft haben, die Person als solche zu begehren. Der Roman endet mit der Empfehlung, den Zauberring zurückzugeben und die Frage lieber auf sich beruhen zu lassen. Das ist einen Hauch realistischer als die Empfehlung, mit der Manfred Schneider sein dickes Buch beendet: die Täuschung als Täuschung zu akzeptieren. Das hieße ja, sich mit dem Zwitschern des Fleisches einfach zufrieden zu geben und auf die Manifestationen des Phallus in der Beziehung der Geschlechter zu verzichten, und das möchte nun allerdings, wie die Literatur des 18. Jahrhunderts eindringlich lehrt, niemand. Man kann allerdings auch bezweifeln, ob der Sultan mit dieser Liebe zu sich als „Person an sich" wirklich auf die Dauer zufrieden ist; er hat genug Selbstironie, um zu wissen, daß er als Person so wunderbar nun auch wieder nicht ist. Laclos' *Liaisons dangereuses* haben eine bessere Lösung: Wer eine Frau verführt, die Gott begehrt, der kommt selbst an diesen

---

[13] Diese Form der Täuschung gibt es gelegentlich auch bei Boccaccio; z.B. in der zitierten Novelle IV,2, in der der Mönch Madonna Lisetta als Erzengel Gabriel verführt. Hier ist Kuriosität, was später ein zentrales Problem wird.

[14] Die Problematik, die daher rührt, daß die soziale Ordnung sich auf das richtige Begehren der Frauen stützt, ist von Lacan in dem dritten der Seminare über Hamlet (*Ornicar* Bd. 25/1982) ausführlich diskutiert. Sie wird schon in den frühen Diskussionen über die höfische Liebe angesprochen, z.B. in Chrétiens *Yvain*, in der erotischen Literatur des 19. Jahrhunderts nimmt sie, wie zu erwarten, einen großen Raum ein, z.B. bei Barbey d'Aurevilly.

großartigen Platz. Aber auch da bleibt die Frustration, ein Gott zu sein, an den man nicht glaubt. So ist denn am Ende das einzig wirkliche Objekt des Begehrens in der libertinen Literatur die Position desjenigen, der die Täuschungen durchschaut, die die anderen nicht durchschauen und der die anderen auf diese Weise manipulieren kann. Das ist die Position der Protagonisten der *Liaisons dangereuses*; es hat eine gewisse Logik, wenn dann von der Geschlechterbeziehung nur noch der Kampf auf Leben und Tod übrig bleibt.

*

Das Gebot „Du sollst nicht begehren deines Nachbarn Weib!" liest man meist als ein Verbot des sexuellen Begehrens. Das ist die christliche Lesart, und sie ist bis heute noch einflußreich, weil sie der Dimension der bürgerlichen Moral entspricht, die sich in der Kantschen Ethik und ihrer fundierenden Opposition von Sinnlichkeit und Moral ausdrückt. Es ist irreführend, diese Lesart auf die europäische Geschichte vom Mittelalter bis zur Aufklärung anzuwenden. Diese Epoche, die für uns die der Herrschaft des christlichen Glaubens darstellt, war für sich selbst immer vorzugsweise *sündig*; eine ihrer fundamentalen Unterscheidungen war die zwischen einem frommen Leben und einem Leben nach den Regeln der Welt. Diese Unterscheidung muß man ernst nehmen. Wenn man sie in einer modernen Sprache formuliert, heißt sie einfach, daß es immer eine Ethik und eine Kultur gab, die von weltlichen und nicht von christlichen Regeln beherrscht war[15]. Diese Ethik ist es, die die alltägliche Geschlechterbeziehung zuerst einmal beherrscht; die literarischen – und nicht die kirchlichen – Texte sind die wichtigste Quelle, die zu ihr Zugang gibt.

Man kann das Gebot auch lesen als einen Modus der Lenkung des Begehrens. Dann bedeutet es: Nichts ist so verführerisch wie des Nachbarn Weib.

Schließlich kann man es lesen als Element eines Systems, das Männer und Frauen identifiziert und die Geschlechterbeziehung als eine bestimmte Ordnung des Begehrens konstruiert. Dann sagt das Gebot, warum die Frau des Nachbarn begehrenswert ist, nämlich weil sie das *Eigentum* des Nachbarn ist. Es ist zwar wahr, daß das Gesetz bestimmte Wege des Begehrens verbietet, aber bevor es verboten wird, muß das Begehren erst hergestellt sein. Begehren ist etwas anderes als sexuelles Bedürfnis; begehren kann man nur Signifikanten, d.h. Objekte, die von dem Zyklus des Bedürfnisses unabhängig sind, die als abwesende gegenwärtig bleiben, in dem das eigene Begehren sich mit dem der anderen vermittelt und anerkannt werden kann. Es ist das System des identifizierenden Eigentums, der Ehre, das die Geschlechterbeziehung in der vorbürgerlichen Welt als eine wirksame und legitime Ordnung des Begehrens codiert. Selbst in der modernen Historiographie[16]

---

[15] Das ist trivial. Daß man es sagen muß, zeigt wieder einmal, daß es in der Geschichtsschreibung zur Geschlechterbeziehung keine zusammenhängende Diskussion und daher auch keinen Diskussionsstand gibt.

[16] Z.B. in dem einflußreichen Werk von Georges Duby.

werden die Dimensionen des Eigentums und der Macht als zu sexuellen Neigungen und zur Liebe grundsätzlich im Gegensatz stehend betrachtet. Wenn Interessen im Spiel sind, gilt das als Beweis, daß Gefühle und sexuelle Wünsche ausgeschlossen sind. Sehr viel spricht dafür, daß das Gegenteil richtig ist. Die Trennung von Eigentums- und Geschlechterordnung beginnt mit dem 17. Jahrhundert und wird allmählich zur modernen Norm. Vorher bildet die Eigentumsordnung den Code, der die Geschlechterbeziehung als eine Ordnung des Begehrens strukturiert, den Code – in Lacans Sprache –, der die metaphorischen Bewegungen erlaubt, in denen sich Männer und Frauen als Akteure im Spiel des Begehrens konstituieren. Die Texte aus dem 17. und 18. Jahrhundert haben an den Schwierigkeiten, die aus seiner Auflösung entstehen, die Leistungskraft dieses Codes sichtbar gemacht[17].

Die gegenwärtige Diskussion wird bestimmt von der Ablehnung des alten Systems und der Perspektive der Emanzipation. Die zentrale Frage ist die der Konstruktion von Geschlechterrollen und Machtverhältnissen. Es könnte aber allmählich lohnend und möglich sein, die Frage der Konstruktion des Begehrens ins Spiel zu bringen und das alte System, anstatt es immer wieder zu kritisieren, auf die Verfahren seines Funktionierens als begehrenerzeugendes System zu befragen.

---

[17] Zu dem Rahmen der hier entwickelten Fragestellung, zu der Historisierung von Lacans Konzept des Namens des Vaters, der Eigentumsordnung als Identifikationen und Begehren erzeugendes System, vgl. M. Waltz, *Die Ordnung der Namen. Die Entstehung der Moderne: Rousseau, Proust, Sartre*, Franfurt a.M 1993.

Franziska Sick

Die inszenierte Wahrheit der Leidenschaft: Jean Racine

Einleitung

> Détestons la flatterie! Que la Sincérité règne à sa place! Faisons la descendre du Ciel, si elle a quitté la Terre! Elle sera notre vertu tutélaire. Elle ramènera l'âge d'or et le siècle de l'innocence, tandis que le mensonge et l'artifice rentreront dans la boîte funeste de Pandore.[1]

Sincérité stellt sich bei Montesquieu im frühen 18. Jahrhundert als prospektiver Neubeginn, als Zurückweisung einer Kultur der Lüge, als Aufbruch in ein neues Goldenes Zeitalter der Wahrheit dar. Wenn man Wahrheit oder sincérité bei Racine untersucht, mag man verführt sein, die Konjunktur dieses Begriffs als einen solchen (ethischen) Neubeginn zu deuten. Vertraute Eckpunkte der Forschung, aber auch Passagen aus Racines Werk laden dazu ein. Bekannt ist, daß es mit der Hofmannsliteratur vor Racine in der Tat so etwas wie eine Kultur der Lüge, genauer: der simulatio und der dissimulatio gab[2]. In der Mitte des 17. Jahrhunderts erfährt im Gegenzug der Begriff der sincérité in unterschiedlicher Form Konjunktur[3]. Bei Racine, bei La Rochefoucauld, bei La Bruyère und, das Thema komisch umspielend, in Molières *Misanthrope*. In unterschiedlicher Weise formuliert sich der Begriff der sincérité in Absetzung von höfischer dissimulatio, so daß eben dadurch der Eindruck entstehen kann, dieser Diskurs beerbe den

---

[1] Montesquieu, „Eloge de la sincérité", in: *Œuvres complètes*, 2 Bde., hrsg. von R. Caillois [Bibliothèque de la Pléiade], Paris 1949-1951, Bd. 1, S. 99-107, hier: S. 107.

[2] Einen ausführlichen Überblick über die Konzepte des honnête homme in der ersten Jahrhunderthälfte bietet M. Magendie, *La politesse mondaine et les théories de l'honnêteté en France au XVIIe siècle, de 1600 à 1660*. Réimpression de l'édition de Paris 1925, Genève 1970. Zur weiteren historischen Entwicklung des honnêteté-Ideals, vgl. R. Reichardt, „Der *Honnête Homme* zwischen höfischer und bürgerlicher Gesellschaft. Seriell-begriffsgeschichtliche Untersuchungen von Honnêteté-Traktaten des 17. und 18. Jahrhunderts", *Archiv für Kulturgeschichte* Bd. 69/1987, S. 341-370.

[3] Vgl. R. Galle, „Honnêteté und sincérité", in: F. Nies/K. Stierle (Hrsg.), *Französische Klassik*. Theorie, Literatur, Malerei, München 1985, S. 33-60, hier: S. 36ff.

alten[4]. Freilich – und man mag hieraus eine erste Skepsis beziehen – trägt das 17. Jahrhundert diese Diskussion nur begrenzt auf einer historischen, in breiterem Maße auf einer topographischen Achse aus. In den Texten der Zeit steht weniger ein neues Zeitalter, es stehen vielmehr unterschiedliche Teilwelten zur Diskussion. Gegen einen allzu geradlinig linearen Wechsel von einer Kultur der Lüge hin zu einer Kultur der Wahrheit sprechen, detaillierter gefaßt, folgende Gründe:

1. Auch wenn man einräumt, daß die Hofmannstraktate in der Diskussion breiten Raum einnehmen, wäre es eine Überzeichnung, wollte man das Verhältnis der Zeit zur Wahrheit bloß über diese Traktatgruppe bestimmen. Neben dem honnête homme steht der homme d'honneur. Dieser ist aus Gründen der Ehre auf Wahrheit verpflichtet. Es ist deshalb triftiger, den historischen Wandel über variante Funktionssysteme von Wahrheit und Lüge als über einen Wechsel von Lüge zu Wahrheit zu bestimmen. In solchen Funktionssystemen verschiebt sich, historisch betrachtet, die Topographie von Wahrheit und Lüge. Daß es ein reines Land der Wahrheit gäbe, ist historisch so wenig anzunehmen wie die gegenteilige Auffassung. Die vorliegende Studie stellt deshalb an die neue sincérité die Gegenfrage – die nach der Lüge; sie stellt, bestimmter gesprochen, die Frage nach der Inszenierbarkeit einer Leidenschaft, die allzu aufdringlich behauptet, sie könne nicht lügen. Daß Racines Texte an dieser Stelle mehr wissen, als sie vordergründig und programmatisch einräumen, wird zu erweisen sein.

2. Racines Aufwertung der sincérité grenzt sich zwar zu Teilen von der Hofwelt ab, sie trägt sich zwar zu Teilen mit moralischem Pathos vor, sie ist andererseits aber zu sehr mit einer Teilwelt, mit der Welt der leidenschaftlichen Liebe, verknüpft, als daß sie als globaler und ausschließlich ethischer Funktionswandel zu deuten wäre. Deshalb scheint es – trotz gelegentlicher Kontrastsetzung gegen die Hofwelt – naheliegender, sincérité bei Racine von älteren Modellen von Wahrheit und Liebe abzugrenzen. Weniger eine Kritik an den dissimulativen Praktiken bei Hofe als vielmehr ein spezifisches und in dieser Spezifik neues Wahrheitsmodell der Liebe steht hier zur Debatte.

Man könnte in diesem Zusammenhang versucht sein, Wahrheit als Wahrheit der Leidenschaft aufzufassen. Wahrheit wäre dann in den Einflußbereich eines Affektwissens zu stellen[5]. Eine solche Hypothese oder Blickrichtung ratifiziert jedoch zwei gravierende Vorentscheidungen, die vielmehr zu hinterfragen sind.

---

[4] Vgl. etwa die Arbeit von H. Scheffers, *Höfische Konvention und die Aufklärung*. Wandlungen des *honnête-homme*-Ideals im 17. und 18. Jahrhundert (Bonn 1980), deren erster Teil die Entwicklung des Hofmanns vom *Cortegiano* bis hin zum bürgerlichen Drama (Garve, Schiller) beschreibt und den suggestiven Titel trägt: „Vom *honnête homme* zum *ehrlichen Mann*" (S. 13-147).

[5] Zu verweisen wäre dabei zuvörderst auf Descartes, dessen *Passions de l'âme* (Paris 1648) in der zweiten Jahrhunderthälfte zum Grundbestand des Wissens über die Affekte gehören; vgl. R. Behrens, *Problematische Rhetorik*. Studien zur französischen Theoriebildung der Affektrhetorik zwischen Cartesianismus und Frühaufklärung, München 1982. Zum Einfluß Descartes' auf Racine, vgl. E. Gilson, „Le *Traité des Passions* de Descartes inspira-t-il la *Phèdre* de Racine?", *Les nouvelles littéraires, artistiques et scientifiques* 15 avril 1939, Nr. 861, S. 1; J. C. Lapp, „The *Traité des Passions* and Racine", *Modern Language Quarterly* Bd. 3/1942, S. 611-619; P. Han, „The passions in Descartes and Ra-

Zum ersten: Wahrheit äußert sich – dieser Lesart zufolge und extrem gefaßt – wie ein Symptom, wie ein naturales Zeichen, über das der Sprecher nicht verfügen kann, und das ihn eben deshalb in einer unhintergehbaren Weise lesbar macht. Neuere Untersuchungen haben gezeigt, wie wenig solchen Symptomatologien zu trauen ist. Selbst in ihrem angestammten Bereich, im medizinischen Sektor, stellen Symptome nicht nur naturale Zeichen dar[6]. Wenn auch in Grenzen, verfügt der Patient über sie und bedient sich ihrer wie einer Sprache.

Zum zweiten: Fraglos festgeschrieben ist mit der Hypothese Affektwissen ferner, daß es genau nur einen Bereich gibt, an dem unhintergehbar für den Sprecher sich die Wahrheit sagt: am Körper[7]; oder, in älteren Termini, am Affekt. Wie zu zeigen sein wird, artikuliert sich die Wahrheit in älteren Wahrheitsmodellen, die bis zu Racine heraufreichen, nicht am Körper, sondern in Taten.

Um das Wahrheitsmodell Racines zu konturieren und historisch zu kontrastieren, stelle ich ihm einleitend das Wahrheitsmodell zweier zeitnaher Stücke – Corneilles *Cinna* und Molières *Misanthrope* – gegenüber. Trotz thematischer und gattungstypischer Differenzen kommen die beiden Stücke darin überein, daß die

---

cine's *Phèdre*", *Romance Notes* Bd. 11,1/1969, S. 107-109. – Zum Wandel des Affektwissens von der Antike bis hin zu Racine, vgl. E. Auerbach, „Passio als Leidenschaft", in: E.A., *Gesammelte Aufsätze zur romanischen Philologie*, Bern 1967, S. 161-175.

[6] Wie radikal der Symptombegriff historisch, aber auch sozial zu hinterfragen ist, zeigt die medizingeschichtliche Arbeit von Edward Shorter, *Moderne Leiden*. Zur Geschichte der psychosomatischen Krankheiten (Hamburg 1994). Pointiert formuliert, vertritt Shorter die These, daß das Symptom kein naturales Zeichen der Krankheit, sondern ein soziales Sprachmittel zwischen Arzt und Patient ist. Dieses sei stets auch an der Sprache des Arztes, und das heißt, an der jeweils gängigen wissenschaftlichen Theorie orientiert. – In durchaus ähnlicher Weise, wenn auch vor anderem Hintergrund, gelangt Jean Baudrillard (*L'échange symbolique et la mort*, Paris 1976) zu der Auffassung, daß post Freud der Patient über das Unbewußte wie über eine Sprache verfügt.

[7] Nicht unerwähnt kann in diesem Zusammenhang die soziologische Studie von Alois Hahn („Kann der Körper ehrlich sein?", in: H. U. Gumbrecht/K. L. Pfeiffer (Hrsg.), *Materialität der Kommunikation*, Frankfurt a.M. 1988, S. 666-679) bleiben. Hahn zeigt, wie man über die Zeiten hinweg in unterschiedlicher Weise auf den Körper rekurriert, um die Wahrheit auszumitteln. Obwohl am Körper vermeintlich unmittelbar sich die Wahrheit abzeichnet, kann er – in Grenzen – manipuliert, willkürlich wie eine Sprache und damit auch zum Lügen verwendet werden. Abgesehen von der triftigen philologischen Hinterfragung des Körperbegriffs erweckt Hahns Interpretation jedoch den Eindruck, als sei der Körper vergleichsweise stabil über die Zeiten hinweg der einzige Ort der Wahrheit. Zum Teil mag dies an der Fragerichtung liegen. Wenn man, wie Hahn, der Wahrheit des Körpers nachfragt, findet man eine Liste varianter Belege, die durchweg eines bestätigen: daß man die Wahrheit am Körper festmacht (ausführlicher noch ist dies dargestellt und belegt in: A. Hahn/R. Jacob, „Der Körper als soziales Bedeutungssystem", in: R. Behrens/R. Galle (Hrsg.), *Menschengestalten*. Zur Kodierung des Kreatürlichen im modernen Roman, Würzburg 1995, S. 285-316). – Wenn ich demgegenüber bei Racine von der Wahrheit des Körpers spreche, verfolge ich eine andere Fragerichtung: nicht die nach dem Körper, sondern orthogonal hierzu die nach dem Verhältnis von Wahrheit und Liebe. Unter dem Blickwinkel dieser Fragestellung findet man beträchtliche Verschiebungen von einer Wahrheit der Tat hin zu einer Wahrheit des Körpers.

Wahrheit in Taten und nicht – wie bei Racine – in leidenschaftlichem Ausdruck sich äußere.

Das traditionelle Modell von Wahrheit und Liebe
Cinna

Sicherlich ist Corneilles *Cinna* kein Stück, das in erster Linie das Verhältnis von Wahrheit und Liebe in den thematischen Vordergrund rückt[8], dennoch ist dieses Thema dem Stück in mehrfacher Weise eingeschrieben: als Nexus von Wahrheit, Tausch und Liebe, aber auch in der Typik des Wahrheitsmodells, das diesem Stück zugrundeliegt.

Mit dem Nexus von Wahrheit und Liebe eröffnet das Stück. Emilie und Cinna lieben einander. Zwischen ihnen steht Augustus. Augustus ermordete, als er im Staatsstreich die Herrschaft über Rom an sich riß, Emilies Vater. Während seiner Herrschaft verpflichtete er sich Cinna. Emilie fordert zum Eingang des Stückes von Cinna, daß er ihren Vater räche und ineins damit Rom von dem Usurpator Augustus befreie und die republikanische Staatsverfassung wiederherstelle. Sie verbindet diese Forderung mit einem Heiratsversprechen: Wenn Cinna Augustus ermordet, weiß sie, daß Cinna sie wirklich liebt, daß er ihrer würdig ist – unter dieser Voraussetzung ist sie bereit, ihn zu heiraten. Damit steht in der Exposition ein Doppeltes auf dem Spiel:

Zur Disposition steht zum einen die Frage nach der Ebenbürtigkeit der beiden Partner. Nur wenn Cinna Rom von dem Usurpator befreit, besitzt er dieselbe heroische und republikanische Gesinnung wie Emilie. Nur dann ist er ihrer wert. In dieser Ebenbürtigkeit wirken Modelle einer standesgemäßen Heirat, ethnologisch gefaßt, wirkt das Verhältnis von Frau und Gabe nach[9]. Diese Verhältnisse wirken nach, das heißt auch, daß sich diese Szenen nicht platterdings auf sie reduzieren lassen. Die Ebenbürtigkeit, die Emilie Cinna abfordert, ist keine der Geburt, sondern eine der heroischen Gesinnung.

Zur Disposition steht zum andern – wenn auch unausgesprochener – die Frage nach der Wahrheit der Liebe. Wenn Cinna sein Leben aufs Spiel setzt, so beweist er durch diese Tat, daß er Emilie liebt. Die Tat ist in diesem Verhältnis etwas, womit man nicht lügen kann. Sie ist etwas, das jenseits der leeren Worte und Versprechungen ist, etwas, in dem die Sache selbst spricht. Diese Tat ist sowohl jenseits der Sprache als auch selbst Sprache. Denn wenn Cinna bei dem

---

[8] Die nachstehende Interpretation muß deshalb Verkürzungen in Kauf nehmen: hinsichtlich einer Gesamtinterpretation, insbesondere aber hinsichtlich des Zusammenhangs von amour et devoir.

[9] Vgl. hierzu M. Mauss, *Essai sur le don* (Paris 1950) und C. Lévi-Strauss, *Les structures élémentaires de la parenté* (Paris 1949). Eine historische Anwendung dieser ethnologischen Studien wurde von Matthias Waltz (*Ordnung der Namen*, Frankfurt a.M. 1993) durchgeführt; vgl. hierzu auch – zusammengefaßter – den Beitrag von Waltz in diesem Band.

Staatsstreich sein Leben aufs Spiel setzt, ist diese Tat unmittelbar keine Tat der Liebe, sie bezeichnet lediglich seine Liebe.

Darstellung der Wahrheit der Liebe und Tauschbeziehung sind in diesem Szenario verschränkt. Der Sinn dieser Verschränkung läßt sich einsehen, wenn man den negativen Modus dieser Beziehung – den Betrug in der Liebe oder, allgemeiner, das Grundverhältnis des Betrugs – betrachtet. Ein Betrug liegt dann vor, wenn man auf der Ebene der Tauschwerte nicht das erhält, was einem zusteht. Man zahlt einen überhöhten Preis für ein minderes Gut, dieses wird einem vorenthalten, und so fort. Eine solche Inadäquanz auf der Ebene der Tauschwerte läßt sich im Regelfall nur durch eine Täuschung herstellen. Im Betrug arbeiten inäquivalente Tauschbeziehungen und Täuschung einander zu. Eben diese Möglichkeit des Betrugs schließt Emilie aus, indem sie Cinna auf eine heroische Tat verpflichtet. Sie definiert mit ihrer Forderung ineins das heroische Niveau, auf dem zu tauschen ist, das heißt, sie definiert ihren Preis (durch die Größe der Tat, die sie Cinna als Hochzeitsgabe abverlangt), und sie verweist Cinna auf ein Feld, auf dem er nicht lügen kann (denn mit Taten kann man nicht lügen).

Nun mag es überzogen erscheinen, die Frage nach der Wahrheit der Liebe in dem Verhältnis zwischen Cinna und Emilie allzu sehr zu problematisieren. Denn zwischen beiden ist stets unstrittig, daß sie einander lieben. Selbst als Cinna sich weigert, Augustus zu ermorden, stellt Emilie ihre Liebe zu Cinna nicht in Frage, und es ist davon auszugehen, daß sie auch nicht in Frage stellt, daß Cinna sie liebt.

> Je t'aime toutefois quel que tu puisses être,
> Et si pour me gagner il faut trahir ton Maître,
> Mille autres à l'envi recevraient cette loi,
> S'ils pouvaient m'acquérir à même prix que toi.
> Mais n'appréhende pas qu'un autre ainsi m'obtienne
>
> (*Cinna*, III,4, v. 1033-1037)[10]

Das Zitat belegt, daß sich auf der emotionalen Ebene zwischen Cinna und Emilie die Frage nach der Wahrheit der Liebe nicht stellt. Obwohl für die beiden Liebenden auf der emotionalen Ebene unstrittig ist, daß sie einander lieben, bedürfen sie auf der Ebene der Tauschwerte eines Wahrheitsbeweises. Das mag aus dem Blickwinkel der leidenschaftlich liebenden Helden Racines ungewohnt erscheinen, denn die Frage nach der Wahrheit der Liebe stellt sich dort überwiegend auf der Ebene der emotionalen Beziehung. Sie stellt sich damit in einem Feld jenseits der Tauschordnung und jenseits der großen, symbolträchtigen Taten.

Da im folgenden – mit Blick auf Racine – in erster Linie von Wahrheit und Lüge in der Liebe und nicht von Liebe, Betrug und Tausch die Rede sein wird, da es also um einen Vergleich von Wahrheitsmodellen im engeren Sinne geht, ist das Wahrheitsmodell des *Cinna* auch dort zu explizieren, wo es nicht unmittelbar mit

---

[10] Ich zitiere nach folgender Ausgabe: P. Corneille, *Œuvres complètes*, 3 Bde., hrsg. von G. Couton [Bibliothèque de la Pléiade], Paris 1980-1987, Bd. 1.

Liebe zu tun hat. Grundzüge des dem Stück zugrundeliegenden Wahrheitsmodells werden in der Schlußszene kenntlich. Ich rufe die einschlägige Szene kurz in Erinnerung. Als die Verschwörung gegen Augustus entdeckt ist, müssen sich zuerst Cinna und anschließend Emilie und Cinna vor Augustus rechtfertigen. In ihrer Rechtfertigung gegenüber Augustus geraten die beiden in Streit darüber, wer der eigentliche Anstifter des Komplotts gewesen sei. Jeder der beiden behauptet, die Verschwörung angezettelt zu haben und will so die Hauptschuld auf sich nehmen (V,2).

Aus einer psychologischen, und das will, wenn auch mit einigen Vergröberungen, heißen: aus einer modernen Perspektive ließe sich die Auffassung vertreten, daß Cinna an dieser Stelle lügt. Denn nicht er, sondern Emilie war die Anstifterin des Komplotts. Dennoch ist Cinnas Lüge auf einer zweiten Ebene wahr. Denn indem Cinna sich als Anstifter des Komplotts darstellt, bekennt er sich zu seiner Tat. Glaubwürdigkeit erhält er gerade dadurch, daß er sich nicht feige herausredet und versucht, seine Beteiligung und Schuld zu mindern. Einmal mehr verschränken sich an dieser Stelle Tat und Wahrheit. Die Tat der Verschwörung liegt zum einen mit der Aufdeckung des Komplotts offen zu Tage. In der (aufgedeckten) Tat wird die Wahrheit sichtbar. Dieser offenkundigen Tat antwortet, daß Cinna sich in einem heroischen Gestus zu dieser Tat bekennt. Glaubwürdigkeit gewinnt er zurück, indem er die Schuld offen auf sich nimmt.

Mehrfältig ist die Wahrheit in *Cinna* von der Sichtbarkeit der Tat bestimmt. Die Tat ist in diesem Stück Prüfstein und Medium der Wahrheit: Sie ist dasjenige, womit man nicht lügen kann. Auffällig an den beiden angeführten Wahrheitsszenarien ist nicht zuletzt, daß die Herstellung der Wahrheit gegenüber dem Herrscher und gegenüber der Geliebten selbig ist. In beiden Fällen ist es eine heroische Tat (der geplante Tyrannenmord, das Einbekenntnis der Schuld), über die Wahrheit hergestellt wird, in beiden Fällen werden die emotionalen und motivationalen Aspekte oder das, was man die innere Wahrheit nennen könnte, ausgeblendet, wenn nicht gar verstellt.

Le Misanthrope

Ein vergleichbares Wahrheitsmodell findet sich in Molières *Misanthrope*. Zuvörderst ist die Selbigkeit von Wahrheit der Liebe und gesellschaftlicher Wahrheitsfunktion zu nennen. Bekanntlich liegt der Grundwiderspruch Alcestes darin, daß er zum Menschenfeind wird, weil er alle Menschen für Heuchler hält, und daß er sich zugleich in eine Frau verliebt, die von dieser Verderbnis am meisten geprägt ist. Derjenige, der pauschal alle Menschen haßt, weil er unterstellt, daß sie lügen, verliebt sich ausgerechnet in die Schmeichlerin, in die Lügnerin und Intrigantin par excellence! Bereits in dieser Grundanlage sind Wahrheit der Liebe und gesellschaftliche Wahrheit auf dasselbe Niveau gesetzt: dadurch, daß philosophischer Menschenhaß, Kritik an der Hofgesellschaft, Kritik an der Geliebten und Liebe zur Lügnerin gegeneinander ausgespielt werden.

Diese Ineinssetzung findet jedoch nicht nur in der Auseinandersetzung von philosophischem Räsonnement und hierzu widersprüchlicher Lebenspraxis statt, sie ist ebenso sehr in dem Wahrheitsmodell verwurzelt, dem Alceste seine Vorstellung von Liebe unterstellt. Wie das Wahrheitsmodell des *Cinna* ist das des *Misanthrope* von einer Verschränkung von Wahrheit der Liebe, Tat und Tausch geprägt. Alceste exemplifiziert dieses Wahrheitsmodell, als er über ein preziöses Gedicht Orontes, das dieser ihm zur Beurteilung vorlegt, in Streit gerät. Alceste tut das Gedicht Orontes als leere Schmeichelei, als unwahres Wortgeplänkel ab. Als vorbildlich, da wahr, stellt er dem Gedicht ein – wie er sagt – altväterliches Gedicht entgegen:

„Si le Roi m'avait donné
Paris, sa grand-ville,
Et qu'il me fallût quitter
L'amour de ma mie,
Je dirais au roi Henri:
,Reprenez votre Paris:
J'aime mieux ma mie, au gué!
J'aime mieux ma mie.'"

(*Le Misanthrope*, I,2, v. 393-400)[11]

Die Liebe artikuliert sich in diesem Gedicht in einem System von Tauschwerten und gesellschaftlichen Werten – die Geliebte ist mehr wert als die Gabe des Königs, sie ist mehr wert als Paris. Daß diese Liebe wahr ist, zeigt sich daran, daß der Liebende bereit ist, auf Paris zu verzichten. Die Wahrheit seiner Liebe beweist sich in diesem Verzicht, in der großen Tat, die er zu begehen bereit ist. Wie in *Cinna* sichert die Tat die Wahrheit der Liebe auf der Ebene der Tauschwerte ab. Sie sichert ab, daß es dem Liebenden mit dem Preis, den er zu zahlen verspricht, ernst ist.

Alceste kommt in seiner Auseinandersetzung mit Célimène immer wieder auf dieses Grundmodell von Wahrheit zurück. Immer wieder versucht er, die Geliebte vor Entscheidungen zu stellen und Situationen herbeizuführen, in denen sie glaubhaft, da durch Taten belegt, zeigt, daß sie sich gegen die Vielzahl ihrer Bewerber auf seine Seite stellt. Das sind anfänglich kleine Szenen, in denen Alceste von Célimène verlangt, daß sie ihre Bewerber nach Hause schickt. Bezeugt durch die Tat will er sehen, daß sie mehr ihn als diese liebt. Diese Szenen terminieren in einem Finale, in dem die große Entscheidung des Gedichts wieder anklingt. Alceste verlangt von Célimène als Vorbedingung der Heirat, daß sie zusammen mit ihm die Gesellschaft verläßt (V,4). Er will sie damit zum einen auf seine Seite ziehen – auf die Seite der Menschenfeindschaft und seines Wahrheitsethos. Er verlangt ihr damit zugleich als Hochzeitsgabe ab, daß sie auf das verzichtet, was ihr

---

[11] Ich zitiere nach folgender Ausgabe: Molière, *Œuvres complètes*, 4 Bde., hrsg. von G. Mongrédien [Garnier Flammarion], Paris 1965, Bd. 3.

das Wichtigste ist – auf den Hofstaat ihrer galanten Bewerber. Célimène ist nicht bereit, diesen Preis zu zahlen.

Es bleibt anzumerken, daß in der vorgetragenen Lesart die komische Seite des Stückes nicht berücksichtigt ist[12]. Zur Darstellung kam nur Alcestes Wahrheit, eine Wahrheit, die, wie Alceste sagt, die Wahrheit der Väter ist, aber auch eine Wahrheit, die aus der Gesamtsicht des Stückes dem Lachen preisgegeben wird. Man mag aus diesem Lachen ablesen, wie sehr das einfache Modell von Wahrheit und Tat in diesem Stück zum Problem wird. Dennoch setzt Molières Stück dem alten Interaktionsmodell von Wahrheit, Tat, Tausch und Liebe nicht im eigentlichen Sinne ein neues entgegen.

Das belegt zum einen, daß die Position, die Alcestes radikaler philosophischer Wahrheitskritik entgegensteht, ihrerseits philosophischer Natur ist. Philinte empfiehlt Alceste, er solle weniger rigoristisch auf seinem Wahrheitsethos bestehen und maßvoller, das heißt vor allem: nachsichtiger urteilen. Dort, wo die Wahrheit zum Problem wird, dort, wo starre Verhaltenscodices nicht länger greifen, ist Maßhalten und Urteilskraft gefragt.

Das belegt zum anderen, daß das Gegengewicht von Alcestes starrem Wahrheitsethos soziale Gefälligkeit ist. Dieses ist in Célimène als seiner Gegenspielerin und Antipodin inkorporiert. Von ihr, der Geliebten, der gefallsüchtigen Koketten und Hofdame könnte er lernen, daß gesellschaftlicher Umgang, aber auch das Werben zwischen Liebenden nicht immer die Wahrheit verträgt.

Auch hierin zeichnet sich ab, daß es im *Misanthrope* keine spezifische Wahrheit der Liebe gibt. Denn Geliebtwerden und Gefallenwollen erweisen sich im *Misanthrope* als Korrektiv der Wahrheit. Sie inkorporieren das Andere der Wahrheit, Schmeichelei und Lüge, aber keine andere, spezifische Wahrheit der Liebe. Allenfalls ist Célimène als preziöse Liebende[13] zu deuten, die mit Alceste auf einen so weltfremden wie donquijotehaften Ritter der Wahrheit trifft. Freilich stellt ihre preziöse und gefallsüchtige Art kein Spezifikum der Liebe dar. Denn ihre Form der Liebe und die Form ihres gesellschaftlichen Umgangs stützen sich wechselseitig.

Das Ende der Beziehung von Tausch und Wahrheit

Sicherlich artikuliert sich noch bei Racine die Wahrheit der Liebe über ein Verhältnis von Taten und Tauschbeziehungen – wenn auch in einem sehr weiten und eher uneigentlichen Sinne des Wortes. Ohne daß diese Beziehungen hier in angemessener Weise darzustellen wären, ist im Unterschied zu den vorstehenden Tauschbeziehungen folgendes auffällig: Die Helden Racines bieten keinen be-

---

[12] Vgl. hierzu K. Stierle, „Formen des Komischen und Form der Komödie in Molières *Misanthrope*", in: R. Baader (Hrsg.), *Molière*, Darmstadt 1980, S. 406-439.

[13] Niklas Luhmann (*Liebe als Passion*, Frankfurt a.M. 1994, S. 97ff.) behandelt die preziöse Liebe als eine eigenständige Etappe in der Geschichte der Liebe und spricht ihr eine spezifische Konstellation von Wahrheit, Lüge und Liebe zu.

stimmten, sondern einen indefiniten Wert zum Tausch an. Dieser Wert ist negativ kodiert als Verbrechen. Ferner mißlingt der Tausch in einer nachgerade programmatischen Weise. Die Gabe des Liebenden bei Racine ist, streng genommen, keine Gabe, sondern einseitiger persönlicher Einsatz des Liebenden – denn seine Gabe ist vom Geliebten in den seltensten Fällen gewollt. Deshalb mißlingt der Tausch. Dem Liebenden stellt das Mißlingen des Tauschs, die Zurückweisung seiner Gabe sich als Undank des Geliebten dar[14]. Ich will diese Charakteristika an drei Beispielen – an Phèdre, Néron und Oreste – kurz skizzieren:

Phèdre verletzt zugunsten ihrer Liebe zu ihrem Stiefsohn Hippolyte die Interessen des Staates und die ihres Sohnes, ihre Liebe ist – wenn auch nicht unbedingt der Sache nach, so doch semantisch – mit dem Verstoß gegen das Inzesttabu belegt. Dieser Einsatz Phèdres, der Preis, den sie für ihre Liebe zu Hippolyte zahlt, ist vergeblich. Schließlich – und dies ist ihr letztes Verbrechen – betreibt sie durch eine Verleumdung Hippolytes Tod – oder duldet zumindest die Verleumdungen ihrer Zofe Œnone.

Néron begeht zwar keine Unzahl von Verbrechen – er setzt Junie gefangen und ermordet Britannicus –, jedoch erlauben Schluß und Akzentsetzung des Stückes die Deutung, daß Nérons erstes Verbrechen aus Liebe die folgenden erzeugt.

Oreste schließlich – das Stück weist ausdrücklich darauf hin – begeht aus Liebe alle erdenklichen Verbrechen: Er verletzt seine Pflichten als Gesandter, wird zum Tempelschänder und Königsmörder – aus Liebe zu Hermione. Obwohl Hermione selbst den Mord an ihrem Geliebten Pyrrhus als Vorbedingung der Hochzeit fordert, ist sie nicht bereit, Oreste nach dieser Tat zu heiraten. Der Tausch mißlingt, weil ihm die Liebe entgegensteht.

Man mag, unter rein motivischem Gesichtspunkt, die Auffassung vertreten, daß der Unterschied zwischen diesen Handlungssequenzen und den oben referierten Szenen aus *Cinna* und dem *Misanthrope* so groß nicht sei. Hier wie dort artikuliert sich die Liebe in Taten, hier wie dort sind diese Taten mit einem hohen Einsatz verbunden. Auch einige der Merkmale, die vorstehend als für Racine charakteristisch genannt wurden, finden sich bei Corneille und Molière. Wie Oreste von Hermione wird Cinna von Emilie zu einem Verbrechen angehalten, wie Oreste erhält Alceste die geforderte Gabe nicht, so daß es zu keiner Hochzeit kommt.

Dennoch besteht zwischen diesen Geschichten ein gewichtiger Unterschied: Emilie und Alceste fordern eine Tat, die sich auf einen Wert oder eine Wertord-

---

[14] Das Motiv des Undanks bei Racine hat erstmals Erich Köhler breit untersucht („*Ingrat* im Theater Racines. Über den Nutzen des Schlüsselworts für eine historisch-soziologische Literaturwissenschaft", in: E.K., *Vermittlungen*, München 1976, S. 203-218). Allerdings führt Köhler dieses Motiv auf die komplexen und zum Teil intriganten Beziehungen der Hofgesellschaft zurück. Nicht faßbar ist mit einer solchen Deutung, daß das Motiv des Undanks sich textuell in enger und spezifischer Weise mit dem Motiv der leidenschaftlichen Liebe verbindet.

nung[15] bezieht. Denn wenn Emilie Cinna zu einem Verbrechen aufruft, so tut sie dies vor dem Hintergrund ihrer heroisch republikanischen Gesinnung. Und wenn Alceste zur Flucht vor den Menschen aufruft, beruft er sich auf ein zwar obsoletes und deshalb schrulliges Ethos von Wahrheit, nichtsdestoweniger aber auf eine Wertordnung. Mit Bezug auf diese Wertordnung hat der Liebende die Wahrheit seiner Liebe tat- und beweiskräftig zu zeigen: Mit der Tat beweist er, daß er bereit ist, den Preis zu zahlen, daß er nicht betrügt in dem Sinne, daß er den Tauschwert durch Täuschung bloß vorspiegelt und vorenthält. Die Wahrheit der Liebe zielt in diesem Modell primär auf die Frage: „Bist du meiner wert?" Sie räumt den Zweifel dadurch aus, daß der versprochene Preis wirklich bezahlt wird.

Die Taten des Racineschen Helden beziehen sich demgegenüber auf keine Tauschwerte. Sie bezeichnen einzig das zumeist einseitige und von dem Geliebten unbeantwortete Ausmaß der Leidenschaft. Auch wenn die Helden Racines einen hohen ‚Preis' bezahlen, so stellt dieser ‚Preis' doch keinen Wert dar. Der Racinesche Held versucht nicht, den Geliebten mit einer großen Gabe zu gewinnen, er versucht, ihn mit allen Mitteln, ohne Rücksicht und unter völliger Hintansetzung jeglicher Werte zu gewinnen. Das heißt, mit anderen Worten, daß der Preis, den der Racinesche Held zahlt, rein ausdruckshaften Charakter besitzt. Er bezeichnet einzig das „Ich will", aber im Regelfall kein (Tausch-)Angebot an den Geliebten. Mit dieser Entwertung der Tauschwerte verschieben sich Stellenwert und Funktionsweise der Wahrheit.

Unter den Bedingungen von Tat und Tausch stellt das Problem von Wahrheit und Lüge sich als wesentlich soziale Relation dar. Taten sind (öffentlich) sichtbar, Gegenstand der Wahrheit ist eine Gabe, also etwas für den Anderen. Da die Wahrheit eine Gabe absichert, ist ihr Prüfstein der (äußerliche) Effekt für den Anderen, die sichtbare Tat.

Die Wahrheit des Liebenden bei Racine ist demgegenüber Wahrheit des Affekts[16]. So wie im Wahrheitsmodell des *Cinna* die Tat dasjenige ist, womit man nicht lügen kann, so ist es bei Racine die Äußerung des Affekts. Verbreitet sind im Racineschen Werk Passagen, in denen der Held sich durch affektiven Ausdruck verrät – durch Stimme, durch Blick, durch Kälte und nicht zuletzt durch Versprecher. Man hat diese Konjunktur des Affekts in unterschiedlicher Weise gedeutet: als Verfeinerung der psychologischen Darstellung[17] oder auch – zeit-

---

[15] Der Begriff des Wertes oder der Wertordnung mag Anstoß erregen, Codex und Norm klingen heutigentags gebräuchlicher. Ich verwende den Begriff, weil er zum einen zwar ein subjektives Moment beinhalten kann, weil in ihm zum anderen aber auch Momente einer Tauschbeziehung mit anklingen. Alceste zahlt für sein schrulliges Wahrheitsethos 20.000 Franken. Mit Begriffen wie Norm und Codex läßt sich dieser Nexus nicht in geeigneter Weise formulieren.

[16] Vgl. F. Sick, „Dramaturgie et tragique de l'amour dans le théâtre de Racine", *Œuvres & Critiques* Bd. 24,1/1999, S. 75-94, hier: S. 80-83.

[17] Vgl. Th. Maulnier, *Racine*, Paris 1936; P. Bénichou, *Morales du grand siècles*, Paris 1948, S. 175-209; E. Auerbach, „Racine und die Leidenschaften", in: E.A., *Gesammelte Aufsätze zur romanischen Philologie*, Bern 1967, S. 196-203.

näher – mit Bezug auf die Affektpsychologie der Zeit[18]. Der wirkungsgeschichtliche Wert solcher Studien ist nicht in Abrede zu stellen. Dennoch ist in Frage zu ziehen, ob sie das eigentlich Spezifische treffen: Ein Drama ist kein affektpsychologisches Lehrbuch. Mehr geht es in ihm, das ist Vorgabe der Form, um interaktive Beziehungen, um eine Auseinandersetzung zwischen Spieler und Gegenspieler. Wie wird diese unter den Bedingungen eines geänderten Wahrheitsmodells geführt?

Kaum zu beschreiben in Termini der Affektpsychologie ist ferner der grundlegende Wandel, der mit diesem Affektwissen sich verbindet: Bekanntlich formuliert sich Wahrheit – oder, mit einem Terminus der Zeit, sincérité – im Gegenzug gegen die Kultur der dissimulatio. Diese Gegenstellung ist weniger durch ein neues Wissen um den Affekt als vielmehr durch eine Aufwertung des Affekts als einem neuen Ort der Wahrheit bestimmt.

Aufgrund der Verschiebung der Paradigmen ist von einem Verhältnis von Liebe und Betrug bei Racine nicht zu reden[19] – einfach deshalb, weil jegliche Rede von Betrug ein Werte- oder ein Tauschsystem impliziert. Für Unwahrheiten, die im Umfeld der Leidenschaften zur Darstellung kommen, scheinen Begriffe wie Simulation und Inszenierung angemessener. Denn vorgespielt werden Gefühle, die man nicht empfindet.

Ich habe von den beiden Begriffen Simulation und Inszenierung den Begriff der Inszenierung aus folgendem Grund ins Zentrum gestellt: Der Begriff der Simulation impliziert primär eine Beziehung von Innenwelt und Außenwelt. Er besitzt damit eine einseitige Ausrichtung am Psychologischen. In einer Inszenierung kommt demgegenüber sowohl die schauspielerische Darstellung, das heißt das Vermögen des Schauspielers, zu simulieren, als auch die Szene, in der er sich befindet, zum Tragen. Wie zu zeigen sein wird, sind gerade das Arrangement der Szene – wer ist wann und wo an- oder abwesend? – und der situative Kontext der Szene für die Racineschen Wahrheits- und Lügenszenarien entscheidend.

Ungeeignet ist der Begriff der Simulation nicht zuletzt, weil er auf eben die Tradition der Hofmannsliteratur verweist, die Racine verabschiedet. Im Kontext von simulatio und dissimulatio ist die Täuschung eine Leistung des Subjekts, seiner Affektkontrolle[20]. Eben diese erkennt Racine seinen Helden ab. Dennoch

---

[18] Vgl. hierzu die bibliographischen Angaben in Anm. 4.

[19] Ein Titel wie *Liebe und Betrug* (München 1994) von Manfred Schneider wirft deshalb Fragen auf. Zuvörderst die, wie begrifflich scharf der Begriff des Betrugs verstanden werden soll. Ist mit Betrug – einigermaßen eng und deshalb begrifflich scharf – die Dimension von Sexualität und Gabe der Frau, also eine Verletzung der Tauschordnung, gemeint, oder zielt der Titel – etwas vager und damit alltagssprachlicher gefaßt – darauf ab, daß jegliche Lüge im Umfeld der Liebe mit Betrug gleichzusetzen sei?

[20] Norbert Elias (*Über den Prozeß der Zivilisation*. Soziogenetische und psychogenetische Untersuchungen, 2 Bde., 6. Aufl., Frankfurt a.M. 1979, Bd. 2, S. 312-454) legt seiner institutionssoziologischen Konstruktion eine zunehmende Affektkontrolle zugrunde. Für das Verhältnis von Wahrheit und Liebe wäre, wenn auch auf vermitteltem Niveau, die gegenteilige Entwicklung zu unterstellen.

kommen seine Helden nicht ohne Lügen aus. Da sie im Sinne einer simulatio nicht lügen können, muß die Lüge in inszenatorische Momente verlagert werden. Die Lüge erscheint in diesen Lügenszenarien wie nach außen gestülpt. Diese Bewegung wird an den einzelnen Stücken in unterschiedlicher Weise nachzuzeichnen sein.

Wahrheit bei Racine
Die Unglaubwürdigkeit der Lüge

Bereits Racines erstes namhaftes Stück, *Andromaque*, beinhaltet einen Versuch, in Liebesdingen zu lügen: Bereits in diesem Stück mißlingt dieser Versuch. Die Situation ist folgende: Hermione wird trotz ihrer geplanten Hochzeit mit Pyrrhus von diesem zurückgewiesen. Pyrrhus ist in Andromaque verliebt. Aufgrund der Kränkung, die Pyrrhus ihr zufügt, erwägt Hermione, Oreste zu erhören, sie dient ihm ihre Liebe an, die sie freilich nicht empfindet. Dieses Scheinmanöver durchschaut Oreste beinahe von Anfang an:

> Hermione:
> Vous [Oreste] que mille vertus me forçaient d'estimer,
> Vous que j'ai plaint, enfin que je voudrais aimer.
> Oreste:
> Je vous entends. Tel est mon partage funeste.
> Le Cœur est pour Pyrrhus, et les vœux pour Oreste.
>
> (*Andromaque*, II,2, v. 535-538)[21]

Der Dialog endet folgendermaßen:

> Hermione:
> Allez contre un Rebelle [Pyrrhus] armer toute la Grèce.
> Rapportez-lui le prix de sa rébellion.
> Qu'on fasse de l'Epire un second Ilion.
> Allez. Après cela, direz-vous que je l'aime?
> Oreste:
> Madame, faites plus, et venez-y vous-même.
> [...]
> Hermione:
> Mais, Seigneur, cependant s'il épouse Andromaque?
> Oreste:
> Hé Madame!
> [...]
> Et vous le haïssez? Avouez-le, Madame,

---

[21] Die Tragödien Racines werden nach folgender Ausgabe zitiert: J. Racine, *Œuvres complètes*, Bd. 1, hrsg. von Georges Forestier [Bibliothèque de la Pléiade], Paris 1999.

> L'Amour n'est pas un feu qu'on renferme en une âme.
> Tout nous trahit, la voix, le silence, les yeux.
> Et les feux mal couverts n'en éclatent que mieux.
>
> (*Andromaque*, II,2, v. 562-576)

Man wird, zumal in diesem frühen Stück Racines, das Moment von Ausdruck und Leidenschaft weder unter- noch überbewerten dürfen. Die Szene weist, obwohl sie programmatisch und explizit darauf abzielt, daß aufgrund einer Sprachlichkeit des Ausdrucks der Liebende nicht lügen könne – der Deutung Orestes zufolge verraten ihn seine Körperreaktionen –, eine gewisse Brüchigkeit auf. Sicherlich gibt es zum einen in dieser Dialogsequenz Momente, in denen Hermione sich als Lügnerin verrät. Sie verrät, daß es ihr mehr darum zu tun ist, ihren Haß gegenüber Pyrrhus auszuleben, als daß sie glaubhaft gegenüber Oreste ihre Liebe darstellen könnte. Denn Hermione führt als Beweis ihrer Liebe zu Oreste an, daß sie bereit ist, Pyrrhus zu verderben. Aber was bedeutet eine solche Bereitschaft, was bedeutet eine solche Tat, wenn Haß – und das macht die Grundkonstruktion des Stückes aus – nur die andere Seite der Liebe ist? Auf die konsequente Gegenfrage Orestes, auf den positiven Beweis, den er ihr abverlangt – „Madame, faites plus, et venez-y [en Grèce] vous-même" (v. 566) – antwortet Hermione mit Ausflüchten. Kaum verhohlen schielt sie mehr auf die Reaktion des Pyrrhus, als daß sie sich ihrem neuen Glück zuwendet.

Aufgrund ihres Gehalts, aufgrund der Wechselspannung von Liebe und Haß, ist der Szene ein psychologisches Moment nicht abzusprechen. Dieses betrifft jedoch mehr den Inhalt als die Interaktionsform, das heißt den Bereich, an dem Wahrheit und Lüge zur Darstellung kommen. Erkennbar wird Hermiones Lüge neben psychologischen Momenten in letzter Konsequenz in ganz traditioneller Weise an Taten. Sie ist bereit, Pyrrhus zu verderben, nicht aber, Oreste zu folgen. Es ist die Beweiskraft dieser avisierten Taten, an der sich zeigt, daß Hermione Pyrrhus haßt, aber eben deshalb Oreste nicht bereits liebt.

Brüchig ist diese Szene, weil Oreste die Lesbarkeit der Lüge aus einem ganz anderen Bereich herleitet. Oreste zufolge ist die Lüge Hermiones – genauer: ist allgemein die Lüge – an ihren körperlichen Reaktionen, an Stimme, Schweigen, Blick ablesbar. Die von Oreste behauptete Lesbarkeit des Körpers gelangt in den Äußerungen Hermiones jedoch nicht zur Darstellung. Man könnte einwenden, daß solche Momente primär schauspielerisch darzustellen sind, jedoch wäre dem seinerseits entgegenzusetzen, daß das Theater Racines zu wesentlichen Teilen Sprechtheater ist[22]. Das schauspielerische Moment wird man deshalb nicht überbewerten dürfen.

---

[22] Zum Stellenwert der „tirade" im Theater des 17. Jahrhunderts, vgl. J. Scherer, *La dramaturgie classique en France*, Paris 1950, S. 225-228. Zur Architektur der Bühne und den sozialen Aufführungsbedingungen, vgl. J. de Jomaron, „La raison d'Etat", in: J. de J. (Hrsg.), *Le théâtre en France*, 2 Bde., Paris 1988, Bd. 1, S. 143-184, hier: S. 170-177.

Das Darstellungsmittel, dessen Racine sich in der Rede Orestes bedient, ist im übrigen vergleichsweise einfach: Das ausdruckshafte Mißlingen der Lüge ist weniger aus dem mimisch-gestischen Verhalten des Lügners selbst ersichtlich als daraus, daß es vom Belogenen konstatiert wird. Dargestellt im strengen Sinne ist nicht, daß der Lügner auf der Ausdrucksebene nicht lügen kann, sondern daß für den Belogenen die Lüge lesbar ist. Unter der Voraussetzung dieser Brechung stehen für die Darstellung der Lüge alle sprachlichen Mittel zur Verfügung, obwohl der Behauptung zufolge die Unfähigkeit zu lügen sich gerade außerhalb des verbalsprachlichen Bereichs zeigt. Die eindrucksvollsten Szenen Racines im Umkreis von Wahrheit und Lüge bedienen sich anderer Darstellungsmittel. Doch kommt Racine auf diese einfache Darstellungstechnik immer wieder zurück. Immer wieder wird das Mißlingen der Lüge aus der Perspektive des Belogenen dargestellt, so etwa in *Bérénice*: „Hé quoi? vous me jurez une éternelle ardeur, / Et vous me la jurez avec cette froideur?" (II,4, v. 589f.).

Zweierlei Wahrheit

Es bleibt anzumerken, daß diese kleine, auf den ersten Blick vielleicht etwas unscheinbare Szene aus der *Andromaque* – ihr Stellenwert ist freilich nicht zu unterschätzen, denn sie stellt die erste Begegnung zwischen Oreste und Hermione dar – im Keim den tragischen Ausgang des Stückes enthält. Es ist eben dieses Spannungsverhältnis von Wahrheit, Tat und Tausch einerseits und ausdruckshafter Wahrheit andererseits, das in *Andromaque* zwischen Hermione und Oreste nicht abgeglichen werden kann und deshalb zur tragischen Katastrophe führt.

Nach einer neuerlichen Enttäuschung wird Hermione Oreste erneut auffordern, Pyrrhus zu ermorden, sie wird – anders als in der vorgestellten Szene – Oreste im Gegenzug versprechen, ihn zu heiraten. Der Widerspruch, der sich auf der Ebene der Wahrheit der Tat stellte, ist damit aufgehoben. Im Rahmen dieses Wahrheitsmodells ist die Lüge nicht mehr kenntlich. Das Wahrheitsmodell der Tat erweist sich jedoch als nicht tragfähig. Nachdem Oreste Pyrrhus ermordet oder dessen Ermordung zumindest betrieben hat, verflucht ihn Hermione. Sie hält ihm in letzter Konsequenz vor, er hätte sich nicht belügen lassen dürfen. Er hätte erkennen müssen, daß sie Pyrrhus liebt.

> Ah! Fallait-il en croire une Amante insensée?
> Ne devais-tu pas lire au fond de ma pensée?
> Et ne voyais-tu pas dans mes emportements,
> Que mon cœur démentait ma bouche à tous moments?
>
> (*Andromaque*, V,3, v. 1585-1588)

Eine Interpretation, die auf das Psychologische oder die Leidenschaft bei Racine zielt, wird in dem Schluß der Tragödie primär die Ambivalenz der Haßliebe sehen. Nur allzu widersprüchlich sind die Wünsche Hermiones, nur allzu bereitwillig läßt auf der Gegenseite Oreste, sich selbst betrügend, sich von Hermione betrügen. Einer solchen Lesart ist – sofern man unter psychologischem Gesichtspunkt liest – nicht zu widersprechen.

Zu betrachten ist jedoch nicht nur die Ambivalenz der Charaktere, sondern auch die Doppelbödigkeit ihrer Interaktionsbeziehungen. Möglich ist dieses zweideutige Spiel um die Wahrheit der Liebe nur, weil in ihm mit zwei Wahrheitsmodellen – einer Wahrheit der Tat und einer Wahrheit des Ausdrucks – gespielt wird. Hermione und Oreste scheitern daran, daß sie sich auf ein Wahrheitsspiel von Gabe, Tat und Liebesbeweis einlassen, das für sie als leidenschaftlich Liebende keine Gültigkeit mehr besitzt. Signum für diesen uneigentlichen Bezug ist, daß die Gabe, die Hermione von Oreste fordert, nicht – wie bei Emilie oder Alceste – in einer Werthaltung, sondern in Leidenschaft, in der Haßliebe zu Pyrrhus gegründet ist. Signum hierfür ist ferner, daß Hermione ihren Vertragsbruch und ihren Betrug Oreste gegenüber kaum zur Kenntnis nimmt. Das Tauschgeschäft Mord gegen Liebe, die Wahrheitsmomente, die es enthält – Beweis durch Tat und Versprechen –, sind nichtig und nicht wahrheitsfähig von Anfang an, weil die Wahrheit der Liebe etwas jenseits von Tausch und Tat ist. Mit Taten läßt sich (bei Racine und fortan) Liebe weder beweisen noch erkaufen.

Die folgenden Stücke Racines werden die Ambiguität und Gegenläufigkeit dieser beiden Wahrheitsmodelle nicht oder nurmehr in peripherer Weise enthalten. Das Gros der Racineschen Helden scheitert nicht daran, daß es die Ebene von Wahrheit, Tat und Tausch und die Ebene der Wahrheit der Leidenschaft vermischt. Die Racineschen Helden scheitern, anders formuliert, nicht am Betrug, sondern daran, daß sie nicht lügen können. Eine gewisse Ausnahme bildet lediglich *Bajazet*. Roxane hat – wie Oreste – Zweifel, ob ihr Geliebter Bajazet sie wirklich liebt. Wie Oreste will sie sich die Liebe ihres Geliebten durch einen Tausch erkaufen, wie Oreste versucht sie, durch eine Gabe als Gegengabe die Hochzeit zu erzwingen. Aus Liebe und um sein Leben zu retten, will Roxane Bajazet aus dem Kerker befreien und ihm die Herrschaft über das Sultanat geben. Als Vorbedingung für seine Befreiung, als Gegengabe der Liebe, verlangt sie seine Einwilligung in die Hochzeit.

Selbst in *Bajazet* ist das Betrugsmotiv jedoch nebenläufig. Denn anders als Oreste erbringt Roxane die Gabe der Liebe nicht als Vorleistung. Bevor Roxane sich entschließt, Bajazet freizulassen, verrät dieser sich, verrät er, daß er sie nicht liebt. Die Tragik des Stückes entwickelt sich nicht aus dem vollzogenen Betrug, sondern aus der Unfähigkeit Bajazets zu lügen.

Junie und Britannicus: Behauptetes Wahrheitsethos
Die Unfähigkeit zu lügen: Bajazet, Britannicus

Wie wir anhand von *Andromaque* sehen konnten, überlagern sich bei Racine traditionelle und neue Wahrheitsmodelle. Diese Überlagerungen sind nicht nur funktional, mit Blick auf das zugrundeliegende Interaktions- und Wahrheitsmodell, sondern auch auf einer motivischen Ebene zu betrachten. Sie sind selbst dort noch zu verzeichnen, wo Racine nicht mehr die Konkurrenz der beiden Wahrheitsmodelle vorführt, wo wir uns also nicht mehr im Umfeld von Liebe und Betrug, sondern im Umfeld der Wahrheit im engeren Sinne befinden.

Daß der Racinesche Held nicht lügen kann, ist in *Britannicus* mit am eindringlichsten dargestellt. Das Thema klingt bereits im ersten Akt an. Nachdem Néron Junie entführt hat, eilt Britannicus an den Hof, um sie zu sehen, vielleicht, um sie zu befreien. In einem Gespräch mit Narcisse, einem vermeintlichen Vertrauten, beklagt er, daß falsche Vertraute Néron seine geheimsten Pläne verraten. In die Empfehlung Narcisses, er solle weniger vertrauensselig sein, will Britannicus sich mit folgendem Argument nicht fügen:

> Narcisse, tu dis vrai. Mais cette défiance
> Est toujours d'un grand cœur la dernière science,
> On le trompe longtemps. [...]
>
> (*Britannicus*, I,4, v. 339-341)

Eine ähnliche Haltung bezieht Junie. Als der eifersüchtige Néron von ihr wissen will, ob sie Britannicus liebt, erwidert sie:

> Il a su me toucher,
> Seigneur, et je n'ai point prétendu m'en cacher.
> Cette sincérité sans doute est peu discrète,
> Mais toujours de mon cœur ma bouche est l'interprète.
> Absente de la Cour je n'ai pas dû penser,
> Seigneur, qu'en l'art de feindre il fallut m'exercer.
>
> (*Britannicus*, II,3, v. 637-642)

In beiden Fällen begründet sich die Unfähigkeit zu lügen nachgerade programmatisch aus einer ethischen Haltung. Es klingt eine heroisch geradlinige Geisteshaltung an, die überschlagshaft mehr Corneille als Racine zuzuschlagen wäre. In dieselbe Richtung einer heroischen Wahrhaftigkeit deutet Britannicus' trotziges Aufbegehren gegen Néron (III,7). Selbst Nérons Gebot zu schweigen, selbst sein Befehl, ihm nicht die Wahrheit zu sagen, kann Britannicus nicht davon abhalten, eben dies zu tun.

Wenig später wird Néron Britannicus ermorden. Dennoch ginge man fehl, wollte man den Mord auf die heroische Wahrhaftigkeit und Unerschrockenheit Britannicus' zurückführen. Britannicus zerbricht nicht daran, daß er in einem trotzig heroischen Aufbegehren Néron herausfordert, er zerbricht daran, daß Néron um seine Liebe zu Junie weiß und eifersüchtig auf seinen Tod sinnt. Britannicus zerbricht an einer Leidenschaft, die sich – bei ihm wie bei seiner Geliebten Junie – nicht anders als äußern kann. Dieser Wahrhaftigkeit, die nicht in heroischer Stärke, sondern in Schwäche, in einer nachgerade physischen Unfähigkeit zu lügen, gründet, wird im folgenden anhand der Szenen II,4 und II,6 genauer nachzufragen sein.

Verräterische und verborgene Blicke

Ich skizziere kurz den Kontext der Handlung: Nachdem Néron Junie gefangengesetzt hat, verliebt er sich in sie. Eifersüchtig auf Britannicus, vielleicht aus Grausamkeit[23], vielleicht aber auch, um sich seines lästigen Rivalen zu entledigen, verfällt er auf folgendes perfide Arrangement (II,3): Junie selbst soll Britannicus sagen, daß sie ihn nicht mehr liebt. Er, Néron, wird dieses Gespräch aus einem verborgenen Winkel belauschen. Wenn Junie, entgegen dieser Abmachung, Britannicus auch nur heimlich Zeichen der Liebe gibt, hat sie sein Leben verwirkt.

Das von Néron erdachte Szenario – oder seine Inszenierung – verlangt Junie ein Schauspiel ab, das sie so nicht geben kann. Sie kann Britannicus zwar mit Worten sagen, daß sie ihn nicht mehr liebt, sie kann diesen Text zwar aufsagen, aber sie kann ihre Liebe weder in der Stimme noch im Blick verbergen. Die Wahrheit der Liebe erweist sich am körperlichen Ausdruck, sie erweist sich daran, daß dieser weder dissimulierbar noch simulierbar ist. Das heißt mit anderen Worten auch, daß die Liebe nicht inszenierbar ist – wenigstens nicht in unmittelbarer Weise.

Bevor wir dem nachgehen, mag eine Seitenbemerkung und eine Abgrenzung im Vorfeld erforderlich sein. Daß sich Liebe in körperlichen Symptomen zeigt, gehört zum Kernmotivbestand europäischer Liebesliteratur. Bereits in Gottfried von Straßburgs *Tristan* stellt Liebe sich in körperlichen Reaktionen, im Rot- und Blaßwerden dar[24]. Ein solcher bloß motivgeschichtlicher Hinweis würde der in Rede stehenden Szene jedoch nicht gerecht. Denn das Rot- und Blaßwerden hat im *Tristan* mehr poetischen, ausschmückenden Charakter, als daß es ein handlungsbestimmendes und damit interaktives Moment darstellen würde. Kein Zufall, daß es der Erzähler ist, der von diesem Rot- und Blaßwerden berichtet, kein Zufall auch, daß diese Kenntlichkeit der Liebe am Körper auf der Handlungsebene nicht zum Austrag kommt. Dort spielt man das Spiel von Wahrheit und Liebe listenreich, mit nachgerade durchtriebener Vernunft. Diese artikuliert sich in einem Zeichen- und Symbolumfeld, das der öffentlich-rechtlichen Sphäre entnommen ist – und subvertiert in der Lüge diese. So etwa, wenn das Schwert, das das Lager von Tristan und Isolde teilt, zum Zeichen ihrer Keuschheit genommen wird.

Von einer Kenntlichkeit des Liebenden am körperlichen Ausdruck ist deshalb präzise erst dann zu reden, wenn körperlicher Ausdruck als etwas erscheint, mit dem man nicht lügen kann, und wenn ferner diese Unfähigkeit zu lügen handlungsbestimmend ist. Erst unter dieser Voraussetzung ist der Körper etwas, das die zwischenmenschliche Wahrheit, die interaktive Beziehung zwischen den Liebenden bestimmt. Das Rot- und Blaßwerden stellt demgegenüber bloß ein Wissen

---

[23] Vgl. J. Starobinski, „Racine et la poétique du regard", in: J.S., *L'œil vivant* [Gallimard, coll. tel], Paris 1999, S. 71-92, hier: S. 87f.

[24] Vgl. Gottfried von Straßburg, *Tristan*, 3 Bde., hrsg. und übersetzt von R. Krohn [RUB], Stuttgart 1980, Bd. 2, S. 124f., v. 11912-11933.

dar. Als solches ist es aufs strengste von Wahrheitsmodellen, und das heißt auch: von Interaktionsbeziehungen, zu scheiden.

In dem Maße, in dem freilich der Körper zum Ort der Wahrheit wird, gerät er zugleich in das Spannungsfeld sozialer Kalküle und Arrangements. Das heißt, er wird zum Gegenstand von Inszenierungen. Dies läßt sich in mehrfacher Weise an der Szene zwischen Junie, Britannicus und Néron nachzeichnen.

Zuvörderst ex negativo: Junie kann mit ihren Augen nicht lügen. Dieses Unvermögen erweist sich in dem Gespräch zwischen ihr und Britannicus (II,6). In eklatanter Weise widersprechen sich in dieser Konstruktion interaktive Form und Gehalt der Szene. Denn damit zweifelsfrei zur Darstellung kommt, daß die Wahrheit des Körpers nicht inszenierbar ist, bedarf es erheblicher inszenatorischer Zurichtungen. Es bedarf einer hoch komplexen Dreiecksstruktur, in der Sichtbarkeiten, Blicke und das Wissen um diese sich mehrfach verschränken. Junie weiß sich von Néron beobachtet, sie weiß, daß Britannicus nichts von diesem Blick weiß, und so fort. Eingespannt in dieses komplexe Beobachtungsfeld – man könnte nachgerade von einer experimentellen Anordnung reden –, soll Junie Britannicus glaubhaft versichern und vorspielen, daß sie ihn nicht mehr liebt.

Das Arrangement dieser Inszenierung überschreitet die vermeintliche Unmittelbarkeit des körperlichen Ausdrucks in beträchtlichem Maß. Über Wahrheit und Lüge entscheidet nicht nur der Körper, sondern ebenso die Geometrie, die Anordnung und die Verschränkung der Figuren. Wenn die Hinzukunft des Dritten, wenn der beobachtende Blick Nérons die Liebenden zur Lüge zwingt, ist damit ex negativo zugleich eine Interaktionsnorm definiert, die die Wahrheit der Liebe in die intime Kommunikation zwischen zweien verlegt. Grausam erscheint Néron, weil er diese Interaktionsform durchbricht und sie zugleich ausbeutet. Im Gegenzug gegen diese Grausamkeit definiert sich die intime Kommunikation als neuer Ort der Wahrheit zwischen den Liebenden[25]. Wahr ist die intime Kommunikation zwischen zweien – unter Ausschluß des Dritten. Anhand von Molières *Misanthrope* und Corneilles *Cinna* konnten wir sehen, daß gesellschaftliche Wahrheit und Wahrheit der Liebe nicht geschieden sind. Eine spezifische Wahrheit der Liebe, dezidiert als intime Wahrheit zwischen zweien gefaßt, gibt es erst bei Racine.

Inszenatorische Züge besitzt nicht zuletzt die Umsetzung der von Néron erdachten Szene – noch über das von Néron geplante Maß hinaus. Denn obwohl Junie, wie sie versichert, mit ihren Augen nicht lügen kann, gelingt ihr die Lüge wider Erwarten gut. Folgende List ermöglicht es ihr, zu lügen: Damit ihre Augen ihre Liebe zu Britannicus nicht verraten, senkt sie den Blick und sieht Britannicus nicht in die Augen. Sie erreicht damit zum einen, daß ihr Néron nicht vorhalten

---

[25] Strukturell bezeichnet dieser Ort das Andere der Gesellschaft oder ihren Nicht-Ort, vgl. F. Sick, „Etranger et aimé: l'autre dans les tragédies de Racine", in: R. Heyndels/B. Woshinsky (Hrsg.), *L'autre au XVIIe siècle*. Actes du 4e colloque du Centre International de Rencontres sur le XVIIe siècle (Miami, 23-25 avril 1998), Tübingen 1999, S. 425-439, hier: S. 426-429.

Die inszenierte Wahrheit der Leidenschaft 161

kann, sie habe Britannicus heimliche Zeichen der Liebe gegeben, sie bewirkt damit zum anderen freilich auch, daß Britannicus glaubt, sie liebe ihn nicht mehr. Ihre niedergeschlagenen Augen deutet Britannicus dahingehend, daß sie ihn verraten habe und ihm deshalb nicht mehr in die Augen sehen könne.

Die Lügentechnik Junies folgt präzise, wenn auch invers, dem Modell ausdruckshafter Wahrheit des Körpers. Junie senkt die Augen und entzieht damit dasjenige, was unverbrüchlich die Wahrheit sagt: den Blick. Wenn Körper nichts als die Wahrheit sagen können, kann man – unter den Bedingungen dieses Wahrheitsmodells – nur lügen, wenn man den Körper in der Szene nicht exponiert. Als Inszenierung ist auch dies zu lesen, wenn wir unter einer Inszenierung die Dispositve verstehen, die etwas zur Schau stellen, oder eben im Gegenteil, es der Schaustellung entziehen.

Die Inszenierung der Wahrheit betrifft jedoch nicht nur die interaktiven Beziehungen zwischen den Figuren. Sie ist auch unter dem Gesichtspunkt der Darstellungstechnik zu betrachten. In *Andromaque* ist, wie wir oben gesehen haben, die Unfähigkeit zu lügen in der Darstellung brüchig. Sie wird vom Belogenen (Oreste) zwar diagnostiziert, gelangt am Lügner selbst jedoch nicht bündig zur Darstellung – es sei denn, man setzte zeitwidrig in hohem Maße ausdruckshafte schauspielerische Leistung voraus. Ungleich schlüssiger, weniger brüchig, konsequent die Darstellungsmittel der Zeit nutzend, ist Junies Unfähigkeit zu lügen in *Britannicus* dargestellt.

Daß Junie nicht lügen kann, ist in den Gehalt der Szene eingewoben. Gerade indem Racine ein komplexes Beobachtungsfeld zwischen Néron, Junie und Britannicus aufbaut, kann er, verteilt auf die unterschiedlichen Sprecher und Beobachterpositionen, darstellen, daß Junie nicht lügen kann. Wenn Britannicus Junie entgegnet:

> Quoi! même vos regards ont appris à se taire?
> Que vois-je? Vous craignez de rencontrer mes yeux?
>
> (*Britannicus*, II,6, v. 736-737),

so ist es, wie in *Andromaque*, der Belogene, der den Körper des Lügners bespricht. Wie in *Andromaque* – und typisch für das Sprechtheater der Zeit – wird das, was man in einer Regieanweisung, und das heißt, das, was man als darstellerische Leistung des Schauspielers erwarten würde, dem Gegenspieler in den Mund gelegt. Anders als in *Andromaque* jedoch muß und kann Britannicus nicht in den Mund gelegt werden, daß an dem gesenkten Blick, daß an der Körperreaktion Junies die Lüge kenntlich wird.

Dies kann Britannicus nicht in den Mund gelegt werden, denn es kommt in dieser Szene alles darauf an, daß der Belogene, Britannicus, die Lüge nicht durchschaut. Die Spitze von Nérons Grausamkeit besteht ja gerade darin, daß die perfide Inszenierung die unverbrüchliche Wahrheit zwischen den Liebenden hintertreibt.

Dies muß Britannicus nicht in den Mund gelegt werden, da der Zuschauer das Arrangement der Inszenierung und Junies Nöte kennt (II,3) und für ihn so auch ohne den Kommentar des Belogenen und ohne schauspielerische Leistung deutlich ist, was der gesenkte Blick bedeutet. Weil Vorgeschichte und szenisches Arrangement genug eigene Erklärungskraft besitzen, genügt es, daß Britannicus auf den gesenkten Blick Junies lediglich verweist. Er muß und kann nicht sagen, was dieser gesenkte Blick bedeutet.

Inszeniert ist die Wahrheit der Leidenschaft bei Racine also auch deshalb, weil sie unter den Bedingungen des Sprechtheaters nicht durch schauspielerische Leistungen darstellbar ist. Unter den Bedingungen des Sprechtheaters läßt sich die Unfähigkeit zu lügen nur szenisch oder eben in einer Inszenierung bündig darstellen.

Inszenierte Lügen und Wahrheiten
Aus dem Kerker heraus lügen

Neben Junie und Britannicus ist Bajazet diejenige Figur in Racines Werk, von der am deutlichsten gesagt wird, daß sie nicht lügen kann. Wie in *Britannicus* spielen ethische Bedenken eine Rolle, wie bei Junie und Britannicus ist die Unfähigkeit zu lügen bei Bajazet habituell, wie in *Britannicus* gelingt dem Helden nichtsdestoweniger – zumindest im Ansatz – eine Lüge.

Während jedoch das Lügenszenario in *Britannicus* nur einige wenige, wenn auch zentrale Szenen umfaßt, bildet es in *Bajazet* den Grundstock der Geschichte. Zusammengefaßt geht es um folgendes: Der Sultan Amurat läßt seinen Bruder Bajazet, dem er nach dem Leben trachtet, während seiner Abwesenheit im Gefängnis verwahren. Die Verantwortung für Bajazets Leben überträgt er seiner Geliebten, der Sultanin Roxane. Um Bajazets Leben zu retten, verfällt aus politischen Gründen Acomat auf den Plan, eine Liebesbeziehung zwischen Roxane und Bajazet zu stiften. Dieses Unterfangen gelingt ihm bei Roxane – Roxane verliebt sich in Bajazet –, nicht aber bei Bajazet. Bajazet liebt Atalide. Atalide arbeitet dem Plan Acomats zu – sie spielt zwischen Bajazet und Roxane den Liebesboten –, schließlich will auch sie, wenngleich nicht aus politischen, sondern aus persönlichen Gründen, das Leben ihres Geliebten retten.

Diese Geschichte – sie stellt die Vorgeschichte des Stückes dar – mag als Lügengeschichte in der Grundkonstruktion unspektakulär erscheinen: Atalide spielt ihrer Rivalin Roxane vor, daß Bajazet sie liebt, um so das Leben ihres Geliebten zu retten. Sie wird zwischen Roxane und Bajazet als Botin und Vermittlerin tätig, da Bajazet im Kerker gefangen ist. Beachtung verdient, wie Racine diese Handlungselemente im Sinne einer Wahrheit der Liebe, einer Nichtsimulierbarkeit von Leidenschaft ausgestaltet und -deutet. Zentrale Bedeutung kommt dabei der Gefangenschaft Bajazets zu. Die Lüge gegenüber Roxane gelingt Bajazet nur aus der Distanz des Kerkers. Der Kerker stellt für ihn eine Bedrohung, aber auch einen Schutzraum dar: Er verbirgt seinen Körper, der in Stimme und Blick unverbrüchlich die Wahrheit sagt. Kaum freigelassen, kaum daß Bajazet Roxane ge-

genübertreten muß, verrät er sich, kann die geheuchelte Liebe nicht mehr simulieren und verwirkt so sein Leben.

Eimal mehr – wie bereits in *Britannicus* – ist die Lüge nur möglich aufgrund eines absenten Körpers. So wie Junie mit einer kleinen Geste, indem sie die Augen niederschlägt, ihren Körper aus der Szene heraussetzt, so gründet auch Bajazets Lüge – freilich makrostrukturell, in der Gesamtanlage der Handlung – auf der Absenz des Körpers.

So wie in *Britannicus* die Wahrheit der Liebe sich nicht äußern kann, weil ein Dritter die Beziehung der Liebenden stört, so kann in *Bajazet* nur durch Vermittlung eines Dritten die nicht empfundene Liebe simuliert werden. Dieser menage oder auch dieser mensonge à trois ist durchaus beziehungsreich gestaltet. Es klingt an, daß Atalide Roxane nur deshalb so erfolgreich belügen kann, weil sie selbst von Bajazet geliebt wird. Sie empfängt von Bajazet den Ausdruck der Liebe, den sie an Roxane weitergibt:

> Du Prince [Bajazet] en apparence elle reçoit les vœux;
> Mais elle les reçoit pour les rendre à Roxane,
> Et veut bien sous son nom qu'il aime la Sultane.

(*Bajazet*, I,1, v. 172-174)

Unter den Bedingungen der ausdruckshaften Liebe nistet die Lüge sich dort ein, wo die Liebe weitergesagt und überbracht wird.

Lügen mit Beihilfe szenischer Umstände

Bajazet kann nur aus dem Kerker heraus lügen, er kann nur lügen aus der Distanz und durch Vermittlung eines Dritten. Dort, wo er diese Distanz nicht besitzt, kann er nur glaubhaft lügen, wenn ihm Szene und Umstände zu Hilfe kommen, und das heißt, mit Hilfe einer Inszenierung. Nicht er freilich bewerkstelligt diese Inszenierung: Vielmehr verfällt er ihr, ist deren Objekt. Umstandsreich genug sind deshalb die Szenen, in denen Bajazet die Lüge gegenüber Roxane gelingt. *Bajazet* kennt zwei solche Szenen, beide finden nicht auf der Bühne statt, von ihnen wird lediglich berichtet.

Die erste Szene betrifft die Vorgeschichte, sie berichtet von der ersten Begegnung zwischen Roxane und Bajazet, in der sich Roxane in Bajazet verliebt und dieser zumindest den Anschein von Gegenliebe erweckt. Hierfür bedarf es nicht weniger Umstände: Man verbreitet das Gerücht, Amurat sei tot, Roxane besucht hierauf Bajazet im Kerker. Die politisch kritische Situation, die besonderen Umstände des Kerkers: Bajazet ist verwirrt, er wahrt in dieser Begegnung nicht in jeder Hinsicht die Fassung. Roxane deutet eben diese Verwirrung als Zeichen der Liebe (I,1, v. 145ff.).

Durchaus gleichartig ist die zweite Begegnung, in der es Bajazet – mehr unabsichtlich als absichtlich – gelingt, Roxane vorzuspielen, er sei in sie verliebt. Angespannt ist zu diesem Zeitpunkt der dramatischen Entwicklung die Situation bereits genug. Bajazet konnte in ersten Zusammentreffen Roxane gegenüber nicht glaubhaft machen, daß er sie liebt, seine Freiheit, wenn nicht gar sein Leben, hat er damit verwirkt. Atalide, durchaus schwankend zwischen Eifersucht und Sorge um Bajazets Leben, fordert Bajazet auf, Roxane erneut aufzusuchen und ihr zu versichern, daß er sie liebt. Das Unterfangen gelingt, mehr zufällig als geplant, mehr bedingt durch die angespannten Umstände und durch die Reaktionen Roxanes als dadurch, daß Bajazet erfolgreich lügt.

> La Sultane a suivi son penchant ordinaire.
> Et soit qu'elle ait d'abord expliqué mon retour
> Comme un gage certain qui marquait mon amour,
> Soit que le temps trop cher la pressât de se rendre;
> A peine ai-je parlé, que sans presque m'entendre,
> Ses pleurs précipités ont coupé mes discours.
> Elle met dans ma main sa fortune, ses jours,
> Et se fiant enfin à ma reconnaissance,
> D'un hymen infaillible a formé l'espérance.
> Moi-même rougissant de sa crédulité,
> Et d'un amour si tendre et si peu mérité;
> Dans ma confusion, que Roxane, Madame,
> Attribuait encore à l'excès de ma flamme,
> Je me trouvais barbare, injuste, criminel.
>
> (*Bajazet*, III,4, v. 982-995)

Die Lüge gelingt, nicht weil Bajazet es versteht, eine Liebe zu simulieren, die er nicht empfindet, sondern weil er in einen Simulationsraum gerät, der ihn in eine Verlegenheit versetzt, deren Zeichen mit denen der Liebe verwechselbar sind.

Signifikant ist nicht zuletzt, daß von dieser zweiten Begegnung zwischen Roxane und Bajazet lediglich berichtet wird, und wie, in welchen Stufungen und Brechungen, von ihr berichtet wird. Zunächst informiert Acomat Atalide (III,2). Er war Zeuge der Szene, durchschaute jedoch nicht das Trügerische der Situation. Deshalb spricht er wie selbstverständlich von der Liebe zwischen Roxane und Bajazet[26]. Atalide glaubt ihm und wird eifersüchtig auf Roxane. Erst in einem zweiten Durchgang, erst in der Begegnung zwischen ihr und Bajazet, klärt sich in der oben zitierten Weise der Sachverhalt auf.

Einmal mehr befördert in dieser Sequenz die Hinzukunft und Vermittlung eines Dritten die Lüge. So wie die Hinzukunft Nérons in wahrheitswidriger Weise verhindert, daß Junie sagen kann, daß sie Britannicus liebt, so wie Bajazet aus der Distanz und aus dem Kerker heraus eine Liebe simulieren kann, die er

---

[26] Vgl. *Bajazet*, III,2, v. 884-888: „J'ai longtemps immobile observé leur maintien. / Enfin avec des yeux qui découvraient son âme, / L'une a tendu la main pour gage de sa flamme, / L'autre avec des regards éloquents, pleins d'amour, / L'a de ses feux, Madame, assurée à son tour."

nicht empfindet, so befördert Acomats Bericht den Schein einer Liebe zwischen Bajazet und Roxane.

Regie der Anordnung der Figuren, Konstruktion von Beobachtungsfeldern, Verschränkung der Blicke, Staffelung und Stauung der Berichtswege, Regie nicht zuletzt der Umstände: Möglich wird in all diesen Szenen die Lüge durch inszenatorische Zurichtungen.

Tragische Verwechslungen von Wahrheit und Lüge

Wenn jemandem, der nicht lügen kann, wie fragil auch immer eine Lüge gelingt, stürzen Wahrheit und Lüge in einer ununterscheidbaren Gemengelage ineinander. Es muß der Anschein entstehen, seine Lüge sei Wahrheit. Diesem Rätsel von Wahrheit und Lüge sieht Atalide als Gegenspielerin Bajazets sich ausgesetzt. Daß es ihr nicht gelingt, dieses Rätsel, das sie im übrigen selbst initiiert, zu lösen, führt in *Bajazet* nicht nur zur tragischen Katastrophe, auf diesem Rätsel ruhen nahezu alle Peripetien der Handlung auf. Atalide fordert von Bajazet, daß er, um sein Leben zu erhalten, Roxane vorspielen müsse, er liebe sie. Der Wunsch, das Leben des Geliebten zu retten, widerstreitet dem Wunsch, ihn zu besitzen, und dieses Dilemma verschränkt sich mit der Wahrheit der Liebe. Daraus ergibt sich folgende Gegenläufigkeit: In dem Maße, wie Bajazet die Lüge nicht gelingt, steht sein Leben auf dem Spiel. Atalide fordert ihn deshalb auf, zu lügen. In dem Maße, wie Bajazet die Lüge gelingt, ist sie eifersüchtig. Denn wenn Bajazet als Liebender nicht lügen kann, steht zu vermuten, daß er Roxane nur dadurch von seiner Liebe überzeugen kann, daß er sie wirklich liebt.

In mehrfachen Wendungen und Gegenwendungen schreitet das Stück diesen Widerspruch ab, bis schließlich, veranlaßt durch die Eifersucht Atalides, eine letzte und schriftliche Liebesbeteuerung Bajazets – man entdeckt einen Brief Bajazets, in dem er Atalide schreibt: „.... Ni la mort, ni vous-même, / Ne me ferez jamais prononcer que je l'aime [Roxane], / Puisque jamais je n'aimerai que vous" (v. 1267-1268) – zur tragischen Katastrophe führt.

Obwohl Atalide Bajazet selbst dazu auffordert, Roxane vorzuspielen, daß er sie liebt, verfällt sie der von ihr veranlaßten Inszenierung. Dieses Motiv ist in der Liebesliteratur vergleichsweise neu und einzigartig. Vorgeprägt ist es in d'Urfés *Astrée*. Dort verlangt Astrée von ihrem Geliebten Céladon, daß er andere Schäferinnen umwerbe, damit man ihrer beider Liebe nicht entdecke[27]. Wie Atalide kann Astrée nicht zwischen gespielter und wahrer Liebe unterscheiden. Wie Atalide verzweifelt sie an einer Inszenierung, zu der sie selbst den Anstoß gab.

Während von *Tristan* über Boccaccio und Marguerite de Navarre bis hin zu den *Histoires tragiques* im frühen 17. Jahrhundert die Liebenden einvernehmlich den ungeliebten Dritten betrügen, verfangen sie sich bei d'Urfé und Racine in ihren eigenen Täuschungsszenarien. Anstatt sich die gelungene Täuschung zunutze zu

---

[27] Vgl. H. d'Urfé, *L'Astrée*, hrsg. von J. Lafond [Gallimard, coll. folio], Paris 1984, S. 49f.

machen, zweifeln und verzweifeln die Liebenden an der simulierten Liebe. Mit diesem Positionswechsel ist zugleich ein Funktionswandel im Verhältnis von Lüge und Liebe benannt: Die Lüge steht nicht mehr auf der Seite der Liebenden, sie arbeitet in erster Instanz gegen sie. Sie arbeitet in zweiter Instanz freilich auch für sie. Denn in der kaum unterscheidbaren Differenz von simulierter Liebe und wahrer Liebe stellt sich in verschärfter Form die Frage nach der Wahrheit der Liebe. Nur dadurch, daß man die gespielte Liebe mit der wahren Liebe kontrastiert, kann man die sich neu stellende Frage „Liebst du mich wirklich?" beantworten. Daß diese Wahrheit der Liebe nicht unmittelbar Wahrheit des Affekts, sondern ihrerseits Spiel und Widerspiel ist, belegen eben die Gründungsakten dieser Interaktionsform.

Es ist im übrigen wohl kein Zufall, daß Racine dieses Motiv aus der *Astrée* übernimmt. Denn seine Tragödien, die sich an der Wahrheit der Liebe entzünden, stehen aufs schärfste im Widerspruch zu einer Tradition, in der die Liebe als Schäferspiel – und das heißt: als Inszenierung[28] – erscheint. Die Anschlußmöglichkeit an das pastorale Thema ergibt sich für Racine auf der Ebene der Handlungs- und Interaktionsstrukturen präzise dort, wo am Endpunkt der pastoralen Tradition diese selbst ihr wesentliches Merkmal, die Inszenierung, in Frage stellt und als Gegenthema zu den Verkleidungen und Rollen der Schäfer eine Wahrheit der Liebe jenseits des Spiels ins Spiel bringt.

Vor diesem Hintergrund ist der verbreitete Hinweis auf pastorale Anklänge bei Racine[29] zu relativieren. Unstrittig ist, daß Racine mit der Liebe ein pastorales Thema aufgreift. Deutlich ist jedoch auch, daß Wahrheit, Inszenierung und Spiel in den Tragödien Racines und in der pastoralen Literatur gänzlich verschiedenen Stellenwert besitzen. Pastorale und Tragödie verhalten sich zueinander wie Spiel und Ernst. Daß auch der neue Ernst, das Pathos der neuen Wahrheit nicht ohne Inszenierung zu haben ist, ist eine zweite und andere Frage.

Zwischenbetrachtung

Die vorstehend analysierten Szenen und Stücke stellen wohl die markantesten Szenen zur Lüge bei Racine dar. Sie lassen sich über ein vergleichbar einliges Handlungsschema dahingehend zusammenfassen, daß in ihnen ein Held lügen soll, der nicht lügen kann, dem aber die Lüge dennoch gelingt, freilich so, daß wir nicht an seiner Unfähigkeit, lügen zu können, zweifeln. Virulent werden solche

---

[28] Vgl. W. Iser, *Das Fiktive und das Imaginäre*. Perspektiven literarischer Anthropologie, Frankfurt a.M. 1991, S. 52-157.

[29] Vgl. I. Heyndels, „Pastorale dramatique et tragédie classique. De Rotrou à Racine", in: *Le genre pastoral en Europe du XVe au XVIIe siècle*. Actes du colloque international tenu à Saint-Etienne (28.9.-1.10.1978), hrsg. von C. Longeon, Saint-Etienne 1980, S. 327-336; H. Weinrich, „Variationen der Liebeskette", in: H.W., *Literatur für Leser. Essays und Aufsätze zur Literaturwissenschaft*, München 1986, S. 50-65; K. Maurer, „Die verkannte Tragödie. Die Wiedergeburt der Tragödie aus dem Geist der Pastorale", in: K.M., *Goethe und die romanische Welt*, Paderborn 1997, S. 181-342.

Szenen in einem Kontext, in dem die Wahrheit der Liebe nicht mehr über Tat, Tausch und symbolisch hoch kodifizierte Auftritte zu fassen versucht wird, sondern über eine intime, ausdruckshafte Beziehung, die zwischen zweien statthat. Obwohl programmatisch behauptet ist, diese neue Wahrheit sei unmittelbar eine Wahrheit des Körpers, von Stimme und Blick, wird sie, wird insbesondere leidenschaftlicher Ausdruck nicht unmittelbar am Körper, sondern erst in einer komplexen Verflechtung der Handlungs- und Interaktionsstrukturen kenntlich.

Diese Grundbeobachtung ist anhand weiterer Stücke und Motivzusammenhänge einerseits zu ergänzen und andererseits abzuschatten. Sie ist zu ergänzen, weil dieses neue Interaktionsmodell Komplikationen nicht nur auf der Seite des Sprechers, der nicht lügen könnend lügt, sondern auch auf der Seite des Hörers aufwirft. Dies zeichnet sich bereits bei Atalide ab.

Sie ist abzuschatten, weil die Lüge nicht die einzige Negativfolie ist, an der die neue Wahrheit zur Darstellung kommt, und weil die bisher unterlegte Opposition von Wahrheit des Ausdrucks und Wahrheit der Tat vielleicht allzu plakativ ist. Bereits die bisher vorgeschlagene Lesart zeigt, daß die neue Wahrheit der Leidenschaft nicht ohne jegliches Moment von Handlung auskommt. Denn insoweit die Wahrheit der Leidenschaft inszeniert ist, resultiert sie mehr aus einem Handlungsgeflecht als aus einer ausdruckshaften Wahrheit des Körpers. Einer begrifflichen Klärung bedarf es deshalb, ob und inwieweit solche Handungsmomente nicht ihrerseits als Tat im emphatischen Sinne anzusehen sind. Beides, ein alternatives Modell zum Nichtlügenkönnen und eine Differenzierung der Begriffe von Handlung und Tat ist im nächsten Schritt zu entwickeln.

Daß jemand unverbrüchlich die Wahrheit sagt, dadurch zu belegen, daß er nicht lügen kann, stellt ein vergleichsweise umwegiges Verfahren dar, seine Wahrhaftigkeit zu beweisen – umwegig schon deshalb, weil dieser Nachweis stets äußerer, konstruierter Umstände bedarf, die zur Lüge zwingen. Wie durchgängig diese äußeren Umstände bei Racine zu finden sind, läßt sich über die angeführten Belege hinaus überschlägig an einer in nahezu allen Werken Racines konstanten Handlungs- und Figurenkonstellation ablesen. Stets steht ein ungeliebter Dritter einem sich wechselseitig liebenden Paar gegenüber. Der ungeliebte Dritte, zumeist ein eifersüchtiger Machthaber, zwingt die Liebenden, ihre Liebe zu verbergen. Er zwingt sie zur Lüge.

Weniger umwegig und konstruiert ist es, die neue Wahrheit als etwas darzustellen, das von sich aus nicht anders kann als sich äußern. Die Wahrheit in dieser positiven Form stellt sich als Übertritt vom nicht Gesagten zum Gesagten, als gebrochenes Schweigen oder als Geständnis dar.

Bekanntlich hat Roland Barthes die Figur des Geständnisses als für Racine bestimmende Figur herausgearbeitet[30]. Auf diesen Befund ist hier insoweit hinzuweisen, als das Geständnis neben der Unfähigkeit zu lügen ein zweites und durchaus eigenständiges Handlungs- und Wahrheitsmoment darstellt. Die Eigen-

---

[30] Vgl. R. Barthes, *Sur Racine*, Paris 1963, S. 109-112.

ständigkeit und Koexistenz beider Handlungszüge läßt sich exemplarisch, etwas idealisiert und vergröbert am Beispiel der *Phèdre* verdeutlichen. Phèdre ist eine Figur, die von sich aus gestehen muß. Nicht ans Licht wollend muß sie ans Licht. Hippolyte und Aricie sind Figuren, die ihre Liebe vor Phèdre verbergen müssen. Während Phèdre gestehen muß, können Hippolyte und Aricie nicht lügen[31]. So triftig Barthes' Hinweis auf das Gestehen als bestimmender Figur der Wahrheit bei Racine ist, so wenig ist doch zu übersehen, daß das neue Wahrheitsmodell sich in einer gedoppelten Interaktionsstruktur formuliert. Vergleichsweise äußerlich veranlaßt durch den Zwang zur Lüge und die Unfähigkeit zu lügen, vergleichsweise innerlich veranlaßt durch den Zwang zu gestehen.

Die Figur des Gestehens im einzelnen nachzuzeichnen liegt nicht im Rahmen dieser Studie, die sich mit der Lüge befaßt. Sie wird im folgenden nur insoweit berücksichtigt, als sich an ihr die Begriffe der Tat und der Inszenierung differenzieren lassen. Dies ist an einem bei Racine verbreiteten Motivkomplex von Gestehen, Schweigen und Aufbruch/Flucht vor dem Geliebten zu zeigen.

Vorgängig vor das Gestehen ist das Schweigen gesetzt. Es stellt – wie der Zwang zur Lüge – eine Barriere dar, die sich der Wahrheit entgegenstellt, und deren Überwindung erweist, daß der Held nichts anderes als die Wahrheit sagen kann. Viele der Stücke Racines setzen mit einem Schweigen oder auch einem abrupten Bruch des Schweigens ein. Mit der Schwierigkeit zu reden verbindet sich das Motiv des „Je pars", des Rückzugs, der Flucht.

Das Motiv ist zu Teilen nebenläufig wie in *Andromaque* gesetzt – kaum angekommen, berichtet Oreste von seiner früheren Flucht – oder wie bei Phèdre – kaum tritt sie ans Licht, will sie zurückweichen. Markanter ausgeprägt ist es in den Eingangsszenen von *Bérénice* und *Phèdre*, in denen Antiochus bzw. Hippolyte in Ansätzen ihre Liebe ihrem Vertrauten gegenüber gestehen.

Beide Helden kündigen ihren Vertrauten unverhofft an, daß sie sich zum Aufbruch entschlossen haben. Durchsichtig wird dieser Aufbruch in Ansätzen darauf hin, daß er in enttäuschter oder unerfüllbarer Liebe gründet. Hippolyte, der sprichwörtlich keusche Jüngling, flieht vor seiner ersten Liebe, Aricie, unter dem Vorwand, seinen Vater zu suchen. Antiochus will vor der Hochzeit von Titus und Bérénice dieser ein letztes Mal seine Liebe gestehen, um dann zu fliehen. Daß der Entschluß zum Aufbruch nicht dem, der diesen Aufbruch veranlaßt, sondern dem Vertrauten gesagt wird, ist signifikant. Was die Tat bedeutet, ist wie in einem Beiseite dem Vertrauten oder dem anderen Selbst gesagt – und nur diesem. Der eigentliche Adressat der Tat wäre – wenn es denn zum Aufbruch käme – mit einem reinen Schweigen oder ausschließlich mit dem Faktum der Tat konfrontiert.

---

[31] Diese Darstellung ist etwas vergröbernd, weil sie nur makrostrukturell die Grundkonstellation von Interaktions-, Handlungs- und Lügenszenarien beschreibt. Daß auch Hippolyte zu Beginn des Stückes (I,1) seine Liebe zunächst nicht gestehen will, ist einzuräumen. Aber sein Schweigen ist für den Fortgang des Stückes folgenlos.

Man kann die Auffassung vertreten, daß das „Je pars" den Charakter der Tat besitzt, eben weil es sich um eine hoch symbolische Geste handelt. Anders als in den Szenen zur Lüge, in denen Handlungselemente aufgrund der Defizite einer Darstellung ausdruckshafter Wahrheit erforderlich sind – man denke daran, welcher szenischen Umwege es bedarf, um darzutun, daß Junie nicht lügen kann, aber auch daran, daß bereits die Situationen, die den Zwang zur Lüge herbeiführen, konstruiert sind –, artikuliert sich Wahrheit im „Je pars" unmittelbar in einer sprechenden Tat. Sie ist mit den Szenen in *Cinna* und im *Misanthrope* in dieser Hinsicht durchaus vergleichbar. Woran man mit dem Helden ist, läßt sich daran ablesen, was er tut. Wer fährt, bricht die Beziehung ab. Er untermauert sein Schweigen, sein Nichtgestehenwollen oder aber auch das Ende der Beziehung durch eine unverbrüchliche Tat und sichert es damit ab.

Dennoch sind die Differenzen gegenüber den Taten und gegenüber dem Wahrheitscharakter der Tat in *Cinna* und im *Misanthrope* unübersehbar. Zuvörderst ist darauf zu verweisen, daß der unvermutete Aufbruch nicht eigentlich eine Wahrheit absichert, sondern ihr Gegenteil: Der Aufbruch zementiert das Schweigen, das Nichtgestehen. Er ist am anderen Ende der Wahrheit.

Das „Je pars" stellt ferner keine große, heroische Tat dar. Nur allzu persönlich veranlaßt sind die Beweggründe. Hippolyte besitzt zwar einen heroischen Vorwand für seine Ausfahrt, im Grunde aber geht es ihm weniger darum, seinen Vater zu suchen, als vielmehr darum, seine Geliebte zu fliehen. In gleicher Weise ist der Aufbruch des Antiochus den politischen Ereignissen diametral entgegengesetzt. Antiochus will just zu dem Zeitpunkt fliehen, als sich ihm aufgrund der Thronbesteigung des Titus alle Wege öffnen. Deshalb ist sein Abschied für den Vertrauten unverständlich und rätselhaft.

Nicht zuletzt aufgrund solcher Bezüge ist der sprechende Charakter der Tat hier und dort different. Dies betrifft nicht nur, wie soeben gezeigt, makrostrukturell ihre Einbettung in den Handlungskontext, sondern auch – mikrostrukturell – die Sprechweise und den Vortrag des Fahrenden. Stets ist bei Racine die Mitteilung der geplanten Abfahrt rätselhaft, unerklärt und unverhofft, wenn nicht nachgerade für den Gesprächspartner überfallartig an den Anfang eines Gesprächs gesetzt. Nur allmählich, in Rede und Gegenrede, wird das Unerklärte und Unerklärliche, das hinter dem „Je pars" steht, gelüftet.

Mit anderen Worten: Bei Racine wird die Tat opak. Das „Je pars" ist zwar eine hoch bedeutsame Geste, aber was sie bedeutet, ist rätselhaft. Gänzlich anders ist die Tat in *Cinna* und im *Misanthrope* kodiert. Dort wirft die Tat keine Rätsel auf. Paris oder die Geliebte, der Tyrannenmord als Morgengabe für die republikanische Emilie, Verzicht auf die und Rückzug aus der verlogenen Hofgesellschaft, heroisches Einbekenntnis schuldhafter Verschwörung – solche Taten sprechen für sich selbst, oder genauer: sie sind sprechend, weil sie sich auf kodifizierte und werthaltige Verhaltensmodelle beziehen.

Dieser differenten Typik der Tat entspricht nicht zuletzt ihr dramaturgischer Stellenwert. Während das Rätsel der Tat bei Racine am Anfang steht, bildet die Tat bei Corneille und Molière den Zielpunkt eines realen oder möglichen Endpunkts der Handlung. Während dort die Tat Ausgangspunkt und Einleitung ist für ein Gestehen, kann sie hier den Endpunkt bilden, weil in der Tat der Held zu seiner Wahrheit kommt.

Diese Wertigkeit des Aufbruchs oder der Tat bei Racine zeigt, daß die Tat nicht mehr – wie in dem alten Wahrheitssytem – im eigentlichen Sinne sprechend, sondern sprechend nurmehr in einer opaken Weise ist. An diesem opaken Charakter der Tat läßt sich ablesen, wie sehr die Tat in ein Funktionssystem ausdruckshafter Wahrheit eingebettet und auf es hin funktionalisiert ist. Die Tat besitzt zwar noch die Bedeutsamkeit, die ihr im alten Wahrheitssystem zukam, aber sie ist nicht mehr letzte Instanz und letzter Ausweis der Wahrheit. Vielmehr leitet sie ein Geständnis ein.

Ausdruckshaftigkeit, die Unfähigkeit zu lügen einerseits und Gestehen in Verbindung mit dem „Je pars" andererseits nehmen bei Racine diametral entgegengesetzte Positionen ein, die aber trotz und in ihrer Komplementarität dasselbe bezeichnen. Anhand der Szenen zur Lüge ließ sich zeigen, daß ausdruckshafte Wahrheit sich nur über den Umweg der Inszenierung darstellen läßt. Reiner Ausdruck gelingt nicht ohne Handlung, er gelingt nicht ohne ein Moment von Tat. Ausdruck wird konterkariert von Handlung.

Anhand des Schweigens und der Flucht des Geliebten ließ sich zeigen, daß selbst dort, wo Racine auf Taten aufsetzt, diese Taten nicht sprechend sind aufgrund ihres Tatcharakters, sondern nur aufgrund ihrer ausdruckshaften Bedeutsamkeit. Sprechende Taten werden zu ausdruckshaften, vielsagenden Gebärden.

Es sind diese feinen funktionalen Verschiebungen und Gegenläufigkeiten in einem Geflecht von Wahrheit und Lüge, über die ein Funktionswandel der Interaktionsstrukturen von Wahrheit und Lüge zu beschreiben ist. Gerade weil es sich um eine Umbruchsituation handelt, ist einerseits das Neue noch nicht in reiner Ausprägung herstellbar – Ausdruck ist deshalb stets durchsetzt von Inszenierungen –, und stützt sich andererseits dieses Neue auf einen alten Motivbestand – den der Tat – ab, freilich nicht, ohne diesen radikal zu transformieren: Taten werden ausdruckshaft bedeutsam, und sie leiten Geständnisse ein.

Bérénice: Nichts hören können / Es nicht sagen können

Neben dem Lügen und Schweigen stellt das „Die Wahrheit hören können" einen wesentlichen Bestandteil eines Wahrheitsmodells dar. Da bisher die Wahrheitsszenarien in Anlehnung an Handlungskonstellationen analysiert wurden, soll auch im folgenden so verfahren werden – wenngleich hierfür ein gewisser Umweg erforderlich ist.

Während die bisher besprochenen Stücke Racines davon handeln, daß die höfische dissimulatio oder ein übermächtiger Gegenspieler die Liebe verhindert, während die Bedrohung durch die Macht und die Intrige sich in diesen Stücken der intimen Wahrheit zwischen zweien entgegenstellt, liegt in *Bérénice* der Akzent auf der Problematik dieses intimen Wahrheitsverhältnisses selbst. In *Bérénice* verfangen sich die Helden darin, daß zwischen zweien, ohne das Zutun eines Dritten, die Wahrheit der Liebe nicht herstellbar ist. Nachdem feststeht, daß Titus aus politischen Gründen Bérénice nicht heiraten kann, entspinnt sich weniger ein Konflikt zwischen Liebe, Macht und ungeliebtem Dritten als eine Auseinandersetzung zwischen den Liebenden selbst.

Man kann diese Verschiebung der Problematik bereits in einer negativen, ausschließenden Weise an den Schwergewichten der Handlung ablesen. Obwohl das Verdikt über die Liebenden höfisch-politischer Natur ist - der Senat verbietet dem Kaiser Titus die Heirat mit der Königin Bérénice, weil die Satzung Roms sich gegen das Königtum sperrt -, kommt der Senat als in das Geschehen eingreifende Figur nicht vor. Er betritt nicht die Bühne, von seinem Einspruch berichtet Titus nur sein Vertrauter. Mehr stellt der Senat die Anlässe und die Bedingungen bereit für ein Szenario, das ausschließlich zwischen den Liebenden stattfand. Die Dramatik der Wahrheit der Liebe entwickelt sich in *Bérénice* aus einer Aporetik der Wahrheit der Liebe selbst.

Diese geänderte Verteilung der Gewichte ist mit darauf zurückzuführen, daß Racine seine *Bérénice* in Konkurrenz zu Corneille (*Tite et Bérénice*) schreibt. Vorgegeben ist damit die für Corneille spezifische Konfliktstellung von amour et devoir. Wie sehr sich Racine diesem Thema zu entziehen versucht, ist daran zu ersehen, daß der Konfliktpartner, der die Seite der Pflicht vertritt (der Senat), aus der Handlung gleichsam herausgedrängt ist. Diese Ausklammerung des Politischen wirft ein Licht zurück auf die sonst die Stücke Racines prägende Handlungskonstellation. Die Figuren, die bei Racine die Seite der Macht vertreten, sind stets selbst große Liebende. In dem Maße, wie die Figur des mächtigen, ungeliebten, aber Liebe einfordernden Herrschers ausfällt[32] - das sind idealtypisch Phèdre, Roxane, Mithridate -, muß Racine das Hauptschwergewicht der Dramatik der Wahrheit der Liebe in das Verhältnis zwischen zweien legen.

Genauer besehen geht es in diesem Konfliktverhältnis um folgendes: Titus ist - sieht man von einigen Schwankungen ab, die der Sache nach jedoch kaum ins Gewicht fallen - von Beginn an entschlossen, Bérénice zugunsten seiner Herrscherpflicht zu verlassen, und er rückt von diesem Entschluß im weiteren Verlauf des Stückes nicht ab. Die Dramatik der *Bérénice* - oder ihre viel zitierte Einfachheit der Handlung[33] - resultiert aus der Frage, wie Titus seinen Entschluß Bérénice kundtun kann, ohne durch diese Kundgabe ihrer beider Liebe zu verletzen. Einfach ist diese Handlung, weil hier handlungsmäßig alles schon geschehen und vorentschieden ist, Komplexität und Peripetienreichtum besitzt das Stück aufgrund

---

[32] Zwar löst Racine die Figur des ungeliebten Dritten nicht ganz auf - seine Position nimmt in *Bérénice* Antiochus ein -, aber anders als Roxane oder Néron ist Antiochus depotenziert.

[33] Vgl. L. Mall, „Dire le départ, ou comment faire quelque chose de rien. Etude sur *Bérénice*", *Neophilologus* Bd. 75/1991, S. 41-55; H. Häufle, „Die schwierige Einfachheit. Aspekte der Handlungsstruktur von Racines *Bérénice*", *Romanistische Zeitschrift für Literaturgeschichte* Bd. 17/1993, S. 264-287.

der Schwierigkeiten, die es Titus bereitet, Bérénice seine Entscheidung mitzuteilen. Die Dramatik des Stückes ruht nicht auf der Verwicklung der Handlung oder einer zu erbringenden Tat, sondern auf einer Verflechtung des Diskurses zwischen den Liebenden auf.

Wie kann man der Geliebten sagen, daß man sie verläßt, obwohl man sie liebt, und wie kann man dem Geliebten glauben, daß die Liebe fortbesteht, wenn man verlassen wird? *Bérénice* entfaltet die Paradoxien dieser Sprech- und Hörsituation. Es geht in dem Stück um den interaktiven Prozeß der Wahrheit zwischen den Liebenden und damit, wie implizit auch immer, um die Lüge zwischen den Liebenden. Denn wiewohl man nicht platterdings wird sagen wollen, Titus belüge Bérénice, so hält Titus doch unabweisbar mit der Wahrheit, mit seiner bereits getroffenen Entscheidung, hinter den Berg. Titus ist in dieser Hinsicht eine Spiegelfigur zu Bajazet und Britannicus. Während Bajazet und Britannicus nicht lügen können, kann Titus nicht die Wahrheit sagen. Die Wahrheit, die er zu sagen hätte, ist freilich nicht die Wahrheit der Liebe, sondern die einer Entscheidung aus Pflicht.

Durchaus prominente Interpretationen lasten dieses „Nicht die Wahrheit sagen können" ausschließlich Titus an. Roland Barthes spricht von der Aphasie des Titus[34], Charles Mauron von seiner Heuchelei[35], Bernard Weinberg gar von seiner Feigheit[36]. Es ist jedoch in Frage zu ziehen, ob Titus das, was er zu sagen hätte, unter den Bedingungen der Interaktionsstrukturen, denen er untersteht, überhaupt sagen kann. Die Aphasie des Titus wäre – unter dieser Prämisse – weniger ihm als vielmehr seiner und Bérénices Sprache, der Sprache der Liebe, anzulasten. Ferner ist in Frage zu ziehen, ob Bérénice das, was Titus nicht sagen kann, überhaupt hören will.

Das Stück weist in der Gesamtanlage auf diese Zusammenhänge hin, es entwickelt über zwei oder drei Etappen eine streng aufeinander bezogene Abfolge von „es nicht sagen können", „es nicht gesagt haben wollen" einerseits und „es nicht hören wollen" bis hin zum „Ich will nichts mehr hören" von Bérénice andererseits.

Zur ersten Etappe: Nach einigem Zaudern, während dem er Bérénice ausweicht, ringt Titus sich durch, ihr seinen Entschluß kundzutun, sich von ihr zu trennen. Bérénice kommt ihm jedoch zuvor. Sie beklagt sich bei Titus über seine lange Abwesenheit, entschuldigt diese mit dem Schmerz über den Tod des Vaters, um schließlich folgendermaßen zu enden: „Moi, qui mourrais le jour qu'on viendrait m'interdire / De vous..." (v. 615f.). Unter dieser Bedingung – und durchaus verständlicherweise – ist der Satz des Titus nicht oder nur in konfusen Andeutungen, die mehr ein Gestammele als eine Rede sind, sagbar:

---

[34] Vgl. R. Barthes, *Sur Racine*, S. 91.
[35] Vgl. Ch. Mauron, *L'inconscient dans l'œuvre et la vie de Jean Racine*, Paris 1969, S. 84f.
[36] Vgl. B. Weinberg, *The Art of Jean Racine*, Chicago and London, 1963, S. 130-162.

> Bérénice:
> Achevez.
> Titus:
>   Hélas!
> Bérénice:
>   Parlez.
> Titus:
>   Rome... L'Empire...
> Bérénice:
> Hé bien?
> Titus:
>   Sortons, Paulin, je ne lui puis rien dire.
>
> (*Bérénice*, II,4, v. 623-624)

Wie wenig Bérénice ihrerseits bereit ist, zu hören, und wie sehr sie sich in einem Selbstbetrug verfängt, zeigt die folgende Szene. Obwohl Titus nicht mit der Sprache herausrückt, ist Bérénice doch deutlich genug gesagt, weshalb er sich von ihr trennen will: „Rome... L'Empire..." (v. 623), das ist das nachgerade unüberhörbare Stichwort. Bérénice deutet die sich abzeichnende Trennung jedoch in eine Eifersucht Titus' auf Antiochus um, und diese Eifersucht nimmt sie als Beweis der Liebe: „Si Titus est jaloux, Titus est amoureux" (v. 666). Wie kann man – bei aller Aphasie eines Titus – weniger hören, was gesagt ward?

Die zweite Etappe verhält sich, zusammengefaßt und etwas knapper dargestellt, komplementär zur ersten. Bérénice hat in dieser Handlungssequenz verstanden, daß Titus sich von ihr trennen will, sie kann eben deshalb nicht mehr glauben, daß Titus sie noch liebt. Auch diese Haltung drückt sich in einer mangelnden Bereitschaft, zuzuhören, aus. So am knappsten in folgendem Satz: „Non, je n'écoute rien. Me voilà résolue, / Je veux partir" (v. 1315f). Titus nun versucht, die Liebe Bérénices zurückzugewinnen, er leugnet deshalb das, was er kaum sagte, was jedoch dennoch gesagt ward. Dem „Ich kann es ihr nicht sagen" antwortet in dieser Phase auf Seiten Titus' ein „Ich habe das nicht gesagt".

Wenn man mit Barthes Titus ein Sprachleiden attestieren wollte, so müßte man, um dem die Waage zu halten, Bérénice im Gegenzug ein Hörleiden unterstellen. Indessen geht es weniger um solche Personalisierungen. Das Nichtsagenkönnen des Titus hat strukturellere Gründe.

Diese lassen sich kontrastiv beschreiben, indem man Corneilles amour-estime als Referenzpunkt wählt. Anders als bei Racine führt der Konflikt von amour und devoir bei Corneille nicht zu einer immanenten Infragestellung der Liebe, er entzweit die Liebenden nicht in Liebesdingen, sondern setzt sie dem Konflikt zwischen amour und devoir aus. Die Helden Corneilles verlieren in diesem Konflikt nie die Grundlage ihrer Kommunikation. Sie beziehen sich auf ein gemeinsames Wertesystem, das der Ehre. Wenn, um ein Beispiel zu nennen, Rodrigue im Duell den Vater Chimènes ermordet, so weiß er, daß er damit seine Geliebte verliert – diese kann nicht den Mörder ihres Vaters heiraten –, er weiß jedoch auch, daß er, wenn er sich für die Liebe entschiede, Chimène gleichermaßen verlieren würde –

Chimène kann keinen Entehrten heiraten. Schließlich versteht Rodrigue, daß Chimène im Gegenzug seinen Kopf fordern muß, obwohl sie ihn liebt. Stets ist in diesem Verhältnis die Position des anderen, der Zug, den er als Gegenspieler machen muß, mitgedacht und mitverstanden. Auf der Ebene dieses gemeinsamen Verständnisses können Rodrigue und Chimène ihren Konflikt formulieren, und das heißt zuvörderst, sie können die Konfliktfelder von amour und devoir auseinanderhalten. Der Satz „Ich fordere deinen Kopf" widerlegt nicht den Satz „Ich liebe dich". Beides kann zugleich gesagt und beides kann zugleich geglaubt werden. Amour und devoir verteilen sich bei Corneille auf verschiedenen Ebenen der Kommunikation, und eben deshalb können die Helden Corneilles sich ebenengerecht verständigen.

Bérénice legt diese beiden Ebenen zusammen, oder genauer: sie kennt nur eine. Alles, was Titus sagt und tut, legt Bérénice als Ausdrucksgebärde von Liebe oder fehlender Liebe aus. Deshalb ist für Titus der Satz „Ich muß mich von dir aus politischen Gründen, aus Gründen des devoir trennen, obwohl ich dich liebe", nicht sagbar. Er ist nicht sagbar, weil er für Bérénice eine nachgerade paradoxe Botschaft beinhaltet. Der Satz „Ich muß mich von dir trennen" bedeutet in den Ohren der Bérénice „Ich liebe dich nicht mehr", sie kann deshalb den Zusatz „obwohl ich dich liebe" nicht mehr hören, oder genauer: sie kann von den beiden Teilsätzen immer nur einen hören.

Die Aphasie des Titus ist deshalb weniger ihm anzulasten, sie gründet darin, daß Bérénice ihm die Sprache der Liebe und des Ausdrucks als ausschließliche aufzwingt. In dieser sind die Belange der Pflicht nicht sagbar. Wie ein Held, der aus einem Corneille-Stück sich in ein Racine-Stück verirrt hat, erscheint deshalb Titus. Er spricht eine Sprache, die hier nicht oder nur mißverständlich gehört werden kann. Deshalb ist er sprachlos.

Eine bloß historische Zuordnung würde das Problem jedoch zugleich verharmlosen. Es steht Grundsätzlicheres auf dem Spiel. *Bérénice* relativiert und verkehrt das Grundmodell ausdruckshafter Wahrheit. Während dieses in der Grundanlage davon ausgeht, daß Wahrheit dann zustande kommt, wenn eine Figur mit ihrem Körper, mit ihren Handlungen und Gesten durchsichtig wird auf ihre inneren Beweggründe, erweist sich in *Bérénice* gerade diese Blickrichtung als der Wahrheit abträglich. Gerade dadurch, daß Bérénice alles für Ausdruck der Liebe nimmt, verstellt sie die Wahrheit. Das Modell ausdruckshafter Wahrheit ist deshalb zu differenzieren: Ausdruckshafte Wahrheit meint nicht nur die Ehrlichkeit des Sprechers. Dieser korrespondiert eine neue Hörweise, die Hörweise der Bérénice. Es ist in *Bérénice* nicht der neue Sprecher der Wahrheit, es ist der Hörer, der die Wahrheit verstellt. Diese Verstellung ist strukturbedingt. Wenn Sprecher sich einem Hören gegenüberfinden, das sie stets schon auf eine Tiefenbotschaft hin abtastet, können sie nicht mehr in einer einfachen Weise die Wahrheit sagen.

Mythos – textintern
Wahrheit & Lüge – texttranszendent (=Welt $\neq$ des Werks)
Teufel als Teil (des Autor-)Gottes